江苏省十四

犯罪学前沿译丛

刘蔚文 主编

THE RISE OF BIG DATA POLICING:
SURVEILLANCE, RACE, AND THE FUTURE OF LAW ENFORCEMENT

大数据警务的崛起
监控、族群和警务执法未来趋势

[美]安德鲁·格思里·弗格森（Andrew Guthrie Ferguson）◎著

谢全发 徐青◎译 谢东升◎校

知识产权出版社
全国百佳图书出版单位
——北京——

Copyright© 2017 by New York University

Authorized translation from English language edition published by NEW YORK UNIVERSITY PRESS. All rights reserved.

本书原版由 NEW YORK UNIVERSITY PRESS 出版,并经其授权翻译出版。版权所有,侵权必究。

图书在版编目(CIP)数据

大数据警务的崛起:监控、族群和警务执法未来趋势/(美)安德鲁·格思里·弗格森(Andrew Guthrie Ferguson)著;谢全发,徐青译.—北京:知识产权出版社,2024.1
(犯罪学前沿译丛/刘蔚文主编)

书名原文:The Rise of Big Data Policing:Surveillance,Race,and the Future of Law Enforcement

ISBN 978-7-5130-8946-3

Ⅰ.①大… Ⅱ.①安… ②谢… ③徐… Ⅲ.①警察—工作—研究 Ⅳ.①D035.3

中国国家版本馆 CIP 数据核字(2023)第 193265 号

责任编辑:韩婷婷	责任校对:潘凤越
封面设计:北京乾达文化艺术有限公司	责任印制:刘译文

犯罪学前沿译丛

大数据警务的崛起:监控、族群和警务执法未来趋势

[美] 安德鲁·格思里·弗格森(Andrew Guthrie Ferguson)◎著
谢全发 徐 青◎译
谢东升◎校

出版发行:	知识产权出版社有限责任公司	网 址:	http://www.ipph.cn
社 址:	北京市海淀区气象路50号院	邮 编:	100081
责编电话:	010-82000860 转 8359	责编邮箱:	176245578@qq.com
发行电话:	010-82000860 转 8101/8102	发行传真:	010-82000893/82005070/82000270
印 刷:	天津嘉恒印务有限公司	经 销:	新华书店、各大网上书店及相关专业书店
开 本:	720mm×1000mm 1/16	印 张:	19.25
版 次:	2024年1月第1版	印 次:	2024年1月第1次印刷
字 数:	296千字	定 价:	99.00元

ISBN 978-7-5130-8946-3
京权图字:01-2023-5517

出版权专有 侵权必究
如有印装质量问题,本社负责调换。

感谢积极支持改善警务的警察、公民和倡导者，感谢你们积极参与警务改革。

我在哥伦比亚大学大卫·A. 克拉克（David A. Clarke）法学院的同事们，感谢你们对我从事学术研究的资助和鼓励。

致爸爸妈妈、艾莉莎（Alissa）、科尔（Cole）和亚历克斯（Alexa），谢谢你们为我做的一切。

目 录

导论　大数据警务 ………………………………………………… 001

第一章　大数据的警惕之眼：数据监控的兴起 …………………… 009
　　第一节　数据痕迹 …………………………………………… 011
　　第二节　什么是大数据 ……………………………………… 012
　　第三节　大数据来源于何处 ………………………………… 013
　　第四节　谁拥有大数据 ……………………………………… 017
　　第五节　永久性数字记录 …………………………………… 019
　　第六节　大数据工具 ………………………………………… 023

第二章　数据是新风尚：数据驱动警务的诱惑 …………………… 025
　　第一节　警务黑暗时代 ……………………………………… 027
　　第二节　争议的焦点 ………………………………………… 028
　　第三节　蓝领警察生活遭遇的困苦 ………………………… 034
　　第四节　以创新应对危机 …………………………………… 036
　　第五节　转变思维方式 ……………………………………… 038

第三章　警务执法的对象：基于人的预测性目标定位 …………… 041
　　第一节　暴力病毒 …………………………………………… 043
　　第二节　重点威慑 …………………………………………… 044
　　第三节　"热点名单" ………………………………………… 046
　　第四节　数学与谋杀 ………………………………………… 049
　　第五节　锁定"坏蛋" ………………………………………… 051
　　第六节　预测目标理论 ……………………………………… 053

第七节　谁会被锁定为目标 ················· 055
　　第八节　大数据"热点名单" ················· 060
　　第九节　大数据嫌疑 ······················· 062
　　第十节　大数据如何改变侦查对象 ··········· 066

第四章　警务执法的地点：基于场所的预测性警务 ········· 071
　　第一节　可能发生谋杀案的阴霾 ············· 073
　　第二节　计算机生成的预感 ················· 074
　　第三节　地震预测算法 ····················· 076
　　第四节　风险地形建模 ····················· 078
　　第五节　预测性警务有用吗 ················· 080
　　第六节　数据问题 ························· 082
　　第七节　预测性警务是否具有族群歧视性 ····· 084
　　第八节　宪法问题 ························· 086
　　第九节　大数据如何改变警务地点 ··········· 088

第五章　警务执法的时段：实时监控和侦查 ········· 095
　　第一节　小心你的危险系数 ················· 097
　　第二节　实时区域感知系统 ················· 099
　　第三节　追踪汽车、人脸和空间 ············· 101
　　第四节　实时侦查 ························· 103
　　第五节　族群数据 ························· 105
　　第六节　虚幻的信赖 ······················· 108
　　第七节　时间刻录机问题 ··················· 110
　　第八节　大数据如何影响警务执法的时段 ····· 114

第六章　警务执法的手段：数据挖掘的数字工具箱 ········· 119
　　第一节　循环网络 ························· 121
　　第二节　手机号码的汪洋大海 ··············· 123
　　第三节　元数据 ··························· 125
　　第四节　挖掘社交媒体数据 ················· 128

第五节　数据挖掘 …………………………………………… 130

　　第六节　算法调查可信吗 …………………………………… 132

　　第七节　大数据带有族群主义色彩吗 ……………………… 134

　　第八节　或然性怀疑 ………………………………………… 137

　　第九节　大数据如何影响警务执法方式 …………………… 142

第七章　黑色数据：族群，透明度和法律的扭曲 ……………… 145

　　第一节　望尽黑暗 …………………………………………… 147

　　第二节　黑色数据和族群 …………………………………… 148

　　第三节　黑色数据和透明度 ………………………………… 152

　　第四节　黑色数据和法律 …………………………………… 156

　　第五节　克服黑色数据 ……………………………………… 157

第八章　蓝色数据：警务数据 …………………………………… 159

　　第一节　蓝色风险 …………………………………………… 161

　　第二节　犯罪全景地图 ……………………………………… 162

　　第三节　风险风向标 ………………………………………… 165

　　第四节　数据挖掘警务实践 ………………………………… 168

　　第五节　警务感知系统 ……………………………………… 175

　　第六节　社区数据采集 ……………………………………… 178

　　第七节　蓝色数据系统 ……………………………………… 179

　　第八节　蓝色数据的未来 …………………………………… 183

第九章　显性数据：风险和补救措施 …………………………… 185

　　第一节　看清风险 …………………………………………… 187

　　第二节　显性数据和地点 …………………………………… 188

　　第三节　显性数据和模式 …………………………………… 190

　　第四节　显性数据和人员 …………………………………… 193

第十章　无数据：填补数据漏洞 ………………………………… 197

　　第一节　数据漏洞 …………………………………………… 199

　　第二节　无价值数据 ………………………………………… 200

第三节　丰富的数据与糟糕的数据 …………………………… 202
　　第四节　代价高昂的数据采集 ………………………………… 204
　　第五节　隐私恐惧 ……………………………………………… 205

结语　未尽之路 …………………………………………………… 207
　　第一节　风险：你能识别出你利用大数据技术所要解决的
　　　　　　风险吗 ……………………………………………… 210
　　第二节　输入：你能捍卫系统的数据输入
　　　　　　（数据的准确性、方法的合理性）吗 …………… 213
　　第三节　输出：你能捍卫系统的数据输出
　　　　　　（它们将如何影响警务实践和社区关系）吗 …… 216
　　第四节　测试：你能测试这项技术
　　　　　　（提供问责制和某种程度的透明度）吗 ………… 218
　　第五节　自主性：警察运用该项技术是否尊重它所影响的
　　　　　　人的自主性 ………………………………………… 220

参考文献 …………………………………………………………… 223

索　引 ……………………………………………………………… 280

导 论

大数据警务

高耸的电视屏幕墙在闪烁，显示着各地发生危机的情况；洛杉矶的数字地图提示 911 电话的拨打地点等信息；电视屏幕追踪突发新闻报道；摄像头监视着各条街道；一排排联网的计算机将分析师和警察与海量的执法情报联系起来；最新的犯罪数据实时接入，执行警务命令被实时传达下去。这个位于洛杉矶市中心的高科技指挥中心预示着美国警务工作的未来。[1]

欢迎来到洛杉矶警察局情报分析快速反应中心（Real-time Analysis Critical Response，RACR）。情报分析快速反应中心与帕兰蒂尔（Palantir）公司——一家研发跟踪恐怖分子的社交网络软件的私人技术公司合作，已经一头扎进了警务执法的大数据时代。[2]

和追踪国际恐怖分子的网络一样，帕兰蒂尔公司的软件系统将海量普通执法数据之间的隐藏线索加以整合、分析，并分享给各个执法部门。一名调查抢劫犯罪嫌疑人的侦探在计算机中输入了一个名字和关于外貌特征的描述——这是两条零散的线索，这些线索在大数据时代之前只会留下无法使用的纸质档案数据碎片。[3]在数据库中检索可能的犯罪嫌疑人，电脑屏幕上会立即弹出年龄、外貌特征、地址、纹身、帮派关系和车辆所有权等可供检索的条目。通过匹配已知嫌疑人的特征，计算机将搜索范围缩小到几个选项。可疑犯罪嫌疑人汽车的照片可以用汽车车牌自动识别器检索出来。这种车牌自动识别器可以自动搜索城市中每辆汽车的位置数据。侦探与证人随即跟进以确定（该车就是）抢劫中使用的汽车。情况完全吻合，犯罪嫌疑人被逮捕，案件得以侦查终结。[4]

911 报警电话响起。一场帮派械斗正在进行。情报分析快速反应中心指挥部（RACR Command）一边监控实时进度，一边指引巡逻小组迅速赶赴现场。关于械斗的各项数据被即时推送到警察的手机上。[5]关于过去的枪击事件和帮派之间紧张关系的警报提醒警察注意看不到的危险。[6]在社区处理此类事件的经验锤炼了警察的洞察力。警察通过滚动浏览图片，在到达现场之前就能够清楚地掌握现场周边的地理环境。所有数据都被即时传送给警察，以便他们能够在需要采取行动之前察觉到各种风险。[7]

集合点名。星期一早上，巡逻警察收到当天的"犯罪预测"数字地图。[8]红色的小方块表示预测的犯罪区域。这些方块代表了对犯罪活动加剧的算法预测：功能强大的计算机处理多年来积累的犯罪数据，可以精确定位到城市街区。根据这些数据，"预测性警务"巡逻警察将在当班时对"犯罪热点"区域给予额外关注。[9]每天，警方都会在预测的地点等待，监控预测即将发生的犯罪。这么做的理论基础：在适当的时候把警察部署在犯罪热点区域，及时阻止犯罪。现实目标：阻止犯罪分子在该地点作案。

实时面部识别软件迅速将现有的视频监控摄像头和庞大的生物特征数据库连接，自动识别逮捕令，公开通缉罪犯的身份。[10]社交媒体迅速提醒警方即将发生的敌对势力暴徒的暴力冲突事件。[11]关联技术将从数十亿其他匿名的消费者交易和个人通信中发现可疑行为。[12]通过将人脸、通信和（行为）模式数字化，警方能够迅速且准确地调查数十亿条极具个性化的线索。

这就是警务执法的未来，也是警务执法的现状，更是大数据警务的开端。[13]

大数据技术和预测分析将彻底革新警务执法。[14]预测性警务、智慧起诉、"热点名单"目标、社交媒体抓取、数据挖掘和数据监控是预示警务执法未来发展方向的第一风向标。

未来警务执法的核心是数据：犯罪数据、个人数据、帮派数据、关联数据、地理方位数据、周边环境数据，以及不断增加的传感器和监控源网络。这种大数据技术兴起于犯罪数据采集、存储、分类和分析能力的增强。[15]统计犯罪数据，挖掘出犯罪行为模式，在社交网络上描绘出暴力犯罪受害者的特征。当摄像机监测我们的行为时，私人消费者数据销售商据此描绘出我们的兴趣,并将这些信息出售给执法部门。[16]电话号码、电子邮件和经济状况都会因为与可疑行为有关联而进入调查者的视野。政府机构收集健康、教育情况和犯罪记录。[17]侦探监视着脸书(Facebook)、YouTube和推特(Twitter)上的公共信息。[18]数据聚合中心对本地和联邦政府资助的聚合中心积累的信息进行分类和研究。[19]这就是警务执法的大数据时代,虽然该技术在很大程度上仍处于起步阶段,但提供了大量可供使用和研究的犯罪数据。

数据的支撑是技术:算法、网络分析、数据挖掘和机器学习,以及一系列每天都在完善和改进的计算机技术。警方可以确定最有可能发生下一起汽车盗窃案的街角[20],或者最有可能被枪杀的人[21],检察官可以锁定最有可能破坏社区稳定的犯罪网络,[22]而情报分析人员可以将诸多可疑行为联系起来做进一步调查。[23]识别犯罪行为人、犯罪网络和犯罪模式的决策性工作,依赖于强大的几乎可以瞬间处理大量数据集的计算机能力。数学计算为预防犯罪和起诉犯罪提供了技术支持。

数据和技术的基础是人的行为——生活在其中的个人。这些人中有的参与犯罪,有的则没有参与。有些人生活在贫困中,有些人并非如此。但现在所有人都发现自己的一言一行都处于大数据覆盖范围内。大数据警务背后的数学原理旨在防范、打击犯罪,但在许多城市,打击犯罪(重点)针对的是有色人种社区。数据警务意味着在这些社区中采取主动进攻型警务,意味着对社区进行监控,预见骚扰事件。每个数据点都会转化为真实的人类经验,而很多时候,这些经历仍然充斥着人类的偏见、恐惧、不信任和族群紧张情绪,给社区特别是贫穷的有色人种社区的数据采集工作的未来蒙上了一层阴影。

本书对大数据警务产生的"黑色数据"进行了阐述[24]:"黑色"是指不透明,因为数据主要隐藏在复杂的算法中;"黑色"是指族群编码,因为数据直接影响到有色人种社区;"黑色"是指下一个新生事物,由于人们认为数据驱动的任何事务都很炫酷、技术友好和具有未来感,所以赋予其合法性和突出地位;最后,"黑色"是扭曲的,在法律曾经清晰可见的地方制造法律阴影和宪法空白。黑色数据很重要,因为它对现实世界具有影响。黑色数据以永久的数据怀疑来标记人类的"威胁",并且以贫穷的有色人种群体为目标。"黑色数据"导致警察积极使用武力,包括致命的武力,以及新形式的侵入性监视。大数据警务以及这些新形式的监视和社会控制,必须面对这个"黑色数据"问题。

本书探讨了大数据警务如何影响"警务执法的对象""警务执法的地点""警务执法的时段""警务执法的手段"。新技术可能会影响警务的各个方面,研究由此产生的混乱为评估未来监控技术提供了一个理论框架。警务执法正在发生巨大变革。消费者数据采集技术的新发展已经与执法部门希望采用"智能警务"原则的愿望相结合,以便在预算减少的情况下提升效率。数据驱动技术带来了双赢——用更少的资源做更多的事情,并且以一种看似客观和中立的方式来做。

这本书写于两次警务文化转变的交替时期。警务文化的第一次转变归因于预测分析。预测分析、社会网络理论和数据挖掘技术都发展到了成熟的阶段,大数据警务不再是一个未来的想法。尽管警方长期以来一直在收集有关犯罪嫌疑人的信息,但现在这些数据可以存储在随时可以利用和共享的数据库中,从而可以提供更大的监控潜力。在早期,警察在街上看到一个可疑的人时,可能会对他的过去或未来的危险一无所知。但是现在数字化的人脸识别技术能随即确认他的身份,犯罪数据将详细记录他的犯罪历史,算法将评估他的风险水平,全市范围内大量的监控摄像头将提供他过去几个小时行为的监控视频。大数据将驱除怀疑的阴影,但是它也将扩大监控对象的范围。

警务文化的第二次转变缘于警察对非洲裔美国人的迫害。在密苏里州弗格森、纽约州史坦顿岛、马里兰州巴尔的摩、俄亥俄州克里夫兰、南卡罗来纳州查尔斯顿、路易斯安那州巴吞鲁日、明尼苏达州猎鹰高地和其他城市,警察杀害手无寸铁的非洲裔美国人引起了民众愤怒,警务工作人员必须对此做出反应。这次持续的全国性抗议警察执法活动——也就是"黑人的命也是命"运动的诞生,将几十年来令人沮丧的、带有族群歧视偏见的执法实践展现于人们面前。[25]城市的民众对警察不负责任的行为愤怒不已。作为回应,数据警务开始作为公众对族群歧视性警务不满情绪的一种解决方案被提出，为警察瞄准贫困社区执法行为提供了看似族群中立的"客观"理由。[26]警方数据仍然受到系统性偏见的影响，但警察管理层可以使用数据分析指标证明持续的、进攻性警务执法行为是正当的。[27]预测性警务系统似乎提供了一种手段，它可以翻过警务执法权力滥用的一页，同时让现在仍然带有偏见的警务执法行为合法化。

因此，在本书中，笔者的目的是研究此刻历史上出现的"黑色数据"的危险性。只有理解为什么创建当前的大数据警务系统，以及传统的警务实践如何适应这些系统，社会才能评估这种新方法对数据驱动执法新模式的前景。此外，还必须探明"黑色数据"可能会如何被滥用。"更智能"的执法模式的前景无疑是真实存在的，但对于全面监控的恐惧也来源于此，越来越多的"法律和秩序"言论可能导致监督过度。警务管理人员、大数据警务的倡导者、社区和政府必须在技术实施之前，而不是在之后，正视这些担忧。社会必须面对这些挑战，并了解：对许多公民来说，族群问题是如何使刑事司法系统变得支离破碎和失去合法性的。当然，尽管族群歧视性警务在某些社区具有深厚的历史渊源，"黑色数据"也不仅仅与非洲裔美国人有关，但"黑色数据"揭示了所有边缘化社区如何面对来自大数据警务系统日益严重的威胁。有色人种、移民、宗教少数派、贫民、抗议者、政府批评者以及许多其他受到警察严密监控的人面临更大的风险。而且任何人都是如此，因为我们每个人都会留下反映个人活动细节的行为轨迹数据。这些获取、使用和监控的数据可能是错误的，算法相关性也可能是错误的。如果警察根据这些不准确的数据采取行动，那么人们将会丧失生命和自由。

大数据并非都是反乌托邦的。大数据警务的洞察力并不仅局限于针对犯罪活动。预测分析的功能还可用于识别警察的不当行为或确定导致犯罪的潜在社会和经济需求。在一个警察问责制问题受到高度关注的时代，新的监控技术为观察、监控甚至预测警察不当行为提供了新途径。我们可以创建"蓝色数据"系统来帮助"监督警察"。

同样，大数据技术可以重新定向，以识别和锁定社会、经济或环境风险因素。这是"显性数据"的作用，其中为监控犯罪风险而开发监控体系可以重新定向，以防范环境风险和满足社会需求。毕竟，大数据警务仅识别了风险，这并不意味着执法部门必须采取补救措施。

　　大数据警务革命已经开始。这项创新的独特之处在于，数据驱动的预测技术可以识别和预测未来的风险。风险识别也是本书的目标——预测大数据警务在重塑执法方式时的潜在问题。随着大数据分析技术的出现，围绕族群、秘密、隐私、权力和自由的长期紧张关系以数字形式获得了新生。新技术为侦查和监控提供了新的机遇。科技环境提供了丰富的可能性，但也伴随着各种风险。本书试图就这些创新技术的发展展开讨论，希望能够通过揭示和解释数据驱动型警务的扭曲效应，社会可以为大数据的未来做好规划。

第一章

大数据的警惕之眼：数据监控的兴起

> 这个世界充满了许多显而易见但人们却难以发现的东西。
>
> ——夏洛克·福尔摩斯（Sherlock Holmes）[1]

第一节 数据痕迹

你的行为一直处于监控者的观察之中：被观察、被监控、被追踪。你在互联网上的每一次搜索都会被记录下来，[2]你在网上商城的每一次购物都会被作为文件档案保存下来，[3]你旅行去的每一处地方，在地图上都有标记。[4]他们知道你习惯的车速、你喜欢的麦片、你衣服的尺寸，他们知道你目前的经济状况、你过去的所有工作、你的信用额度，[5]他们知道你关注的健康问题、阅读偏好和政治投票模式，他们也知道你的隐私。多年来他们一直在观察你的行为。[6]事实上，你一直处于监控之中。由于监控者掌握了你留下的数据轨迹，所以他们非常了解你。

监控者不仅了解你本人，也同样了解你的家人、朋友、邻居、同事、你参加的俱乐部和合作伙伴。他们熟知你经常联系的社交圈子、你不太关注的朋友，以及你的政治倾向。他们把你看成群体的一部分，但他们也关注到了群体中的其他人。[7]链接继续向外拓展，因此所有与你有联系的事物都可以被视为相互关联的网络的一部分。

欢迎来到大数据世界，在这里，你的数据轨迹构成了你生活经历的拼图,并且数据已经成为新经济的硬通货。[8]"他们"指的是公司,这些公司通过提供便利、信息和服务来创建数字世界,而所有这些都只为了一个东西——数据。你的个人数据和兴趣,包括商业互动、消费选择、链接和偏好等,已经被清洗和处理,并卖给了想了解你的人。目前,这种广泛的监视仍然掌握在营利性公司手中,目的是为消费者提供便捷的服务和便于商品交易双方做出更好的选择。但执法部门对此也很感兴趣,[9]对他们来说,这些信息大部分都是取得传票(或逮捕令)的依据,而不是刑事案件的组成部分。大数据调查技术魅力惊人,不容忽视。

第二节 什么是大数据

要了解大数据警务的发展潜力,必须探讨大数据的范围。那么,什么是大数据?一般而言,"大数据"是对大数据集的收集和分析的简称,其目的在于揭示数据背后隐藏的模式或见解。[10]美国总统行政办公室的一份报告概括称:"'大数据'有很多种定义,采纳何种定义取决于你是计算机科学家、金融分析师,还是向风险投资家推销创意的企业家。大多数定义反映了获取、聚合和处理不断增长的数据量、速度和多样性的技术能力。"[11]简而言之,庞大的数据量可以通过功能强大的计算机进行排序,以可视化的形式显示潜在的联系或相关性。[12]机器学习工具和预测分析可以对关联性进行有根据的预测。[13]

大数据是如何工作的?我们通过亚马逊网站来看一个简单的例子。在每个待售商品的下方有一个推荐部分,向潜在客户推荐"购买此商品的顾客还买了什么"以及"经常一起购买"的商品信息。亚马逊根据其购买相关商品的3亿客户的购买模式,提出了这些建议。将数十亿笔交易的历史数据关联起来,可以了解客户通常一起购买了哪些商品。当然,亚马逊知道你购买过的每一件商品。亚马逊可以对任何特定产品的购买数据进行排序,以显示之前所有客户的消费模式,还可以使用该大型数据集来预测你将来可能真正要买的商品种类。[14]毕竟，如果你今天买了一台咖啡机，明天你可能就需要买咖啡豆了。

一个更加不寻常的例子是馅饼和飓风之间的关联性。沃尔玛公司每小时从客户那里收集超过2.5PB*的数据[15]（相当于5000万个装满文件的四抽屉文件柜所能容纳的文件），其发现在飓风来临之前，人们购买了数量异常多的草莓味馅饼。为什么会出现这种现象？[16]没有人真正知道。也许销量增加的原因是草莓味馅饼是不易腐烂的食品，有时甜味食品正是暴风雨后人们所需要的，但或许也并非如此。大数据证明了相关性，而不是因果联系。它提供了无须解释的观点，这是既有用又令人不安的现实。

亚马逊和沃尔玛这样的大公司如此收集个人数据，但在我们日常生活中大数据采集范围的边界在哪里？这是我们无法理解的。正如朱莉娅·安格温（Julia Angwin）所说："我们生活在数据的天罗地网（Dragnet Nation）**之中——一个'无差异'追踪个人行为的世界，相关部门正以前所未有的速度储存有关个人的数据。"[17]世界隐私论坛——一个关于个人隐私的监督组织，估计有4000个不同的数据库在收集我们的信息。[18]每当我们与计算机、传感器、智能手机、信用卡和电子产品等进行互动，我们都会留下一条数字轨迹，这些痕迹暴露了我们自己，为他人带来宝贵的价值。[19]这些痕迹是大数据"迷宫中的'面包屑'"，跟着它们，便可以找到你。

第三节 大数据来源于何处

大数据来自你自己，你通过提供一个个微小的二进制字节为构建大数据世界添砖加瓦。

---

* PB，Petabyte，拍字节，计算机存储容量单位。1PB = 1024TB = 1 125 899 906 842 624（2^{50}）字节。——译者注

** 参见 Dragnet Nation, Julia Angwin, Dragnet Nation：A Quest for Privacy, Security and Freedom in a World of Relentless Surveillance"（Times Books，2014）。——译者注

想想你正常的生活模式。你可能住在别墅或公寓里。在配备"智能冰箱"的有线"智能家居"中,牛奶用完时"智能冰箱"会自动生成订单,离开家时"智能恒温器"会调低温度。即使你住在没有配备这些设备的房子里,你的家也会暴露出关于你的生活方式的基本数据。[20]你的家有一个地址,而地址显示有关你的一般信息,比如收入(通过房屋价值)和家庭规模(通过卧室的数量)。你的邮政编码可以提供有关人口统计、财富和政治倾向的线索。

你可能会收到该地址的邮件。首先要注意的是,美国邮政系统使用邮件隔离控制和追踪程序,该程序可以拍摄在美国境内投送的每一封邮件的外部包装。[21]因此,它可以通过追踪每年 1500 亿信件中与你的地址有关的信息,来收集你的数据。[22]但是更明显的是,你的邮件也会暴露你的信息。订阅杂志情况显示了你的政治倾向和文化兴趣,邮购目录显示了你的喜好和购物偏好。就像包裹可以显示你的风格、兴趣和生活方式一样,你的电子邮件也可以显示你的朋友和社会关系。即使是垃圾邮件,也能表明市场营销人员对于你的需求的一些预判。

你可能还会使用互联网。一些包裹来自网上购物。这些在线零售公司追踪你购买商品的情况,甚至你浏览但并未购买的商品信息。[23]从这些购物行为得出的行为轨迹也是很有价值的。如果你是第一次购买婴儿尿布,你可能需要购买下一个阶段(以及接下来的 18 年)的适龄儿童玩具。如果你买了有关"如何戒烟"的书籍,那么你可能不会是订阅雪茄杂志的最佳人选。但你也大可不必为了避免被数据追踪而放弃购物。谷歌记录的每次互联网搜索历史,可以说是记录了鼠标的每次点击。[24]这意味着每次健康咨询、旅行问题查阅、育儿小贴士阅读、新闻消息和娱乐网站的浏览,都会被记录下来。谷歌和其他搜索引擎为了解你的想法(如果不用思想这个词)提供了途径。你的 IP 地址提供了你当前的确切位置,[25]当你从家用计算机切换到苹果手机,或者切换到办公用计算机时,IP 地址可能会发生变化,但是微软邮箱始终知道你的准确位置。亚马逊知道你在 Kindle 电子书阅读器上读到哪一页,[26]你的有线电视服务商(可能也是你的手机和无线服务商)知道你在深夜观看的电视节目,网飞公司(Netflix)和其他流媒体利用过去的观看数据建立个性化的预测模型，为你提供娱乐服务。

　　社交媒体可以将你自己的数据网络扩展到你的朋友和同事。[27]在脸书（Facebook）上，你真实地展示了你对某些东西的"喜爱"；像领英（LinkedIn）这样的专业网站会添加更多有关你的工作、你认识的人以及你所获得的荣誉等信息；个人信息和社交动态的更新宣示了你生活的变化、参加慈善活动或社区服务活动的改进；照片提供了有关你去过哪里以及与谁在一起的数据，来自这些照片和其他服务信息的地理标记暴露了图片拍摄的时间、位置和日期。[28]人脸识别程序可以将人们的信息联系在一起，因此可以在不同的社交媒体平台上追踪你的照片（甚至确定你的真实身份）。有时，你可能只是在推特（Twitter）上告诉人们你正在做什么，或者在照片墙（Instagram*）、色拉布（Snapchat**）等社区网站上分享晚餐主菜的照片，"他们"就可以通过这些数据追踪到你的相关信息。

　　当你出门时，你可能是开车离开，而这辆车的档案记载了你的住址、姓名、性别、出生日期和身份证号码等信息。"他们"可以通过监控摄像头、电子收费器或车牌自动识别器在城市中追踪汽车。[29]你的汽车类型（混合动力车或悍马）可能会揭示你的生活方式偏好或环境世界观。汽车可能安装了类似通用汽车（GM）的安吉星（OnStar）系统进行全球定位追踪（GPS），以便在发生事故或紧急情况下提供实时帮助。[30]但是，这项有用的服务需要持续的位置追踪，或者可能有一个保险商通过监测你的实时驾驶数据来得出你的驾驶习惯，以判断你是否适合作为公司缴纳较低汽车保险费率的投保人。[31]谨慎驾驶，你就可以节约开支。

　　但是，不管怎样，如果你携带了一部开启了定位服务的智能手机，你

---

　　* Instagram（照片墙）提供了这样一套顺畅的操作流程：拍照—滤镜特效（以 lomo 风为主的 11 种照片特效）—添加说明/添加地点—分享（可以共享到 Twitter、Facebook、Tumblr、Flickr 以及 Foursquare，甚至新浪微博这些主流社交网络）。同时 Instagram 基于这些照片建立了一个微社区，在这里你可以通过关注、评论、点赞等操作与其他用户进行互动。——译者注

　　** Snapchat（色拉布）是由斯坦福大学两位学生开发的一款"阅后即焚"照片分享应用。利用该应用程序，用户可以拍照、录制视频、添加文字和图画，并将它们发送到自己在该应用上的好友列表。这些照片及视频被称为"快照"（snaps），而该软件的用户自称为"快照族"（snubs）。——译者注

的汽车的行驶速度、所处位置和行驶方向都会被实时监控。[32]你的苹果手机记录了大量有关你去过哪里的位置信息，包括在哪家健康诊所门前停车、刚刚参加的匿名酗酒者聚会。来自谷歌地图的位置数据可以追踪你参加教会活动、政治抗议活动的情况和经常交流的朋友。还有一些移动应用程序会盗取数据并发回公司，以便于它们做出有针对性的商品广告或旅行提示。[33]游戏、服务、地理定位广告、紧急呼叫——都取决于（服务对象所处的）地理位置。小型袖珍计算机所做的一切都可以被追踪并记录下来，这意味着每个YouTube视频、每张照片和每次查看天气预报等数据都会被收集起来，以记录你每天所做的事情及你进行这些操作时所处的地理位置。[34]

也许你是开车去上班。信用机构就记录了你的工作经历。[35]你的工作岗位、财务状况和工作简历，甚至你的受教育状况都会被记录下来。[36]也许你去购物了，根据提供店内折扣的客户会员卡也可以追踪你每一次的购物情况。商店不仅知道你这几年购买的所有东西，还知道你购买时的实际地理位置。[37]也许你去了银行，你所有的财务信息、账户余额、滞纳金、投资情况和信用记录均已被记录。[38]你的信用卡对账单提醒你先前一个月所有的支出情况，以及你付款时所处的地理位置。也许你开车出去游玩，利用谷歌，你可以搜索本地餐厅评价，然后搜索特定餐厅的地理位置（也有相应指示到达路线的地图）和开放式餐桌预订服务信息，这样就可以很好地策划你周六晚上的活动。[39]

如果你通过物联网添加菲比特（Fitbit）智能运动手环、智能水杯，或内置在交通基础设施、服装和身体中的传感器连接的"智能设备"，你就会有一个非常有启发性的关于我们活动的数据网络。[40]研究人员预测，到2020年，"万维网"链接的智能设备将会超过500亿个。[41]令人惊讶的是，你可能意识不到这些"智能设备"对你很敏感。如果你的电视可以由你的声音来控制，或者你的电子个人助理可以回答你提出的问题，这意味着这些智能设备始终在聆听，并且始终处于开启状态。

最终，想要对我们有更多了解的公司，可以购买人口普查数据、财产登记档案、营业执照档案、机动车辆登记档案、破产档案、刑事犯罪记录和民事判决书等公共记录。[42]这种行政管理部门的官方日常记录，与政府的数据系统联系在一起,已经成为关于个人的许多信用记录和个性化数据档案的基础。[43]

这就是大数据之所以成为"大数据"的原因。这就是为什么大数据可能对隐私、结社自由和自治造成威胁的原因。你的自我监测为商业利润提供了资金,也为侵入性警务国家奠定了基石。警方和检察官可以通过适当的法律程序获取任意一条数字轨迹。而在较早的时代,可能只有你的家人才知道你做了什么、你吃了什么、你穿得怎么样,或者你想到了什么。但现在可以通过网络收集、重新整合、推导这些有关实时生活的数字轨迹,来得出相同的答案。事实上,你的数字轨迹,甚至可能会泄露你对配偶、家人或最好的朋友都不愿意透露的秘密。

第四节 谁拥有大数据

民营大数据公司收集、购买个人数据并出售给有兴趣销售产品、确定金融信贷风险或进行就业背景调查的公司。[44]大数据公司也将你的数据出售给其他人(包括执法部门)用于调查。[45]

大数据公司的做法,对个人隐私的传统预设是一种挑战。它们调整了汇总的私人交易数据的用途,并将其重新打包成你作为消费者的有针对性的个人档案。[46]美国参议院商务委员会详细介绍了像阿克休姆(Acxiom)这样的大数据公司如何声称拥有全球超过7亿消费者的信息,几乎每个美国消费者有3000多个数据段信息包含在内。[47]另一家数据公司——数据逻辑(Datalogix)公司声称其拥有几乎每个美国家庭的数据。[48]这些数据大部分都包含了人口统计数据,例如姓名、地址、电话号码、电子邮件、性别、年龄、婚姻状况、子女、教育水平和政治背景。一些数据通过消费者交易活动获得,详细显示了购买商品的地址;另外一些数据侧重于健康问题和医疗数据。参议院的报告详述了"一家公司如何收集有关消费者是否患有特殊疾病的数据,包括注意力缺陷多动障碍、焦虑症、抑郁症、糖尿病、高血压、失眠和骨质疏松症等；另一家公司则保留了有关家庭中个人体重的数据"[49]。此外，报告中还介绍了"一家公司出售了44种不同健康状况下消费者的购物清单，这些消费者所患疾病包括肥胖症、帕金森病、多发性硬化症、阿尔茨海默病和癌症等"[50]。

报告的详细程度可能令人毛骨悚然。[51]下面是参议院商务委员会报告的两段摘录：

> 艾可飞公司（Equifax）保存了大约75000个用于创建营销产品的个人数据元素，包括以下特定信息：消费者在过去6个月中是否购买了特定的软饮料或洗发水产品，是否使用了泻药或酵母菌感染产品；过去12个月内去妇产科就诊的记录；过去4周的行驶里程以及过去30天购买威士忌酒的数量。[52]

> 一些公司提供"数据库"，其中包括超过1000个潜在的数据元素，包括个人或家庭是否养宠物、是否吸烟、是否有网购药品的倾向、是否捐赠慈善事业、是现役军队还是退伍老兵、是否持有某些保险产品（包括丧葬险或少年人寿保险）、是否喜欢阅读浪漫小说，或者是否喜欢打猎。[53]

这些公司知道你是否有过敏史、是否吸烟、是否戴隐形眼镜、是否和年迈的父母一起居住、是否会说西班牙语、你房子的屋顶类型，以及你是否有250个以上的推特粉丝。[54]令人毛骨悚然的现象几乎变成了喜剧性的刻板印象，因为一大群人因共同的人口统计数据或收入而被混为一谈。大数据公司将某些群体再进一步细分。66岁以上"低学历和低净资产"的单身男性和女性被贴上"永久性农村居民"的标签[55]，同一年龄段但可支配收入更多的其他单身人士则被称为"节俭的老年人"，一些由非洲裔美国人和拉丁美洲人组成的低收入少数群体被标记为"城市混乱分子"或"流窜捣乱者"。[56]私人数据公司定期将有关消费者活动的信息出售并重新打包给其他大数据公司，从而进一步扩大共享数据的网络。

如果你想一想大数据公司在消费领域做了什么，你就会看到其在执法领域的潜力。大数据公司收集个人信息以监测个人的兴趣和爱好。他们调查志同道合的人群之间的联系,并发现数据中的模式以揭示其中隐藏的联系。这也是执法调查人员对犯罪嫌疑人和帮派分子的处理方式。警方监控、调查、发现并确定目标,寻找可疑的违法犯罪模式。警察监视重点人员的活动。大数据工具就是监视工具,执法机构通过监视破获案件和预防犯罪。毫不意外,警方对大数据警务的潜力表现出浓厚的兴趣。

第五节　永久性数字记录

侦办犯罪案件的第一步是分析线索。自18世纪中期以来,分析谁可能是犯罪嫌疑人一直是警务工作的一部分,当时法院首次记录了那些被认为参与欺诈或其他重罪的人。[57]毫无疑问,随着警务工作向精细化发展,数据采集和运用也是如此。现代的"警察记事本"位于云服务器上,整个辖区乃至全国的警察都可以使用。[58]

像国家犯罪情报中心这样的联邦数据库包含了1300万条有效记录。警察在街头巡逻时或者坐在巡逻警车中,就可以查阅所有记录。在例行的交通拦截中,如果警察通过系统搜索"当事人姓名",国家犯罪信息中心将提供任何关于逮捕、通缉令、帮派关系、恐怖主义联系、监控释放或者逃犯身份的个人详细信息,以及包括枪支所有权、汽车和船只行驶证在内的财产信息。即使你是冒名顶替的受害者,这些信息也可以被查询到。[59]据报告,当局每天访问这个拥有州、地区和联邦信息的庞大数据库达1200万次。[60]联邦政府还拥有以恐怖主义为重点的监控名单,包括恐怖分子筛查数据库(Terrorist Screening Database,TSD)中的70万个名字,智能恐怖分子身份识别系统(Terrorist Identities Datamart Environment,TIDE)中的100万个名字,以及"禁飞名单"中的5万个名字。[61]

各州还收集和创建数据集以监测公民。11个州拥有大量关于疑似帮派成员的帮派电子数据库。[62]在联邦和各州登记的性犯罪者名册中,被定罪的性犯罪者超过80万人。[63]在某些州,被判枪支犯罪的行为人必须申报登记。[64]这些违法者在哪里居住、工作和上学的详细信息；他们驾驶什么车；甚至他们的外观特征（纹身、毛发、疤痕）也要在数字档案中不断更新。[65]

2001年"9·11"恐怖袭击事件发生后，联邦和州政府官员联手制定了国家情报战略，以改善刑事司法数据采集和信息共享工作。[66]现在，各个执法机构共同分享有关犯罪嫌疑人、犯罪信息和犯罪模式等数据。这些机构包括州、地方、部落和地区的各级执法机构，如司法部（DOJ）、国土安全部（DHS）、联邦调查局（FBI）、缉毒局（DEA）和烟酒枪支爆炸物管理局（ATF）。数据融合中心寻求跨联邦和州界共享高风险的有关犯罪信息。[67]区域信息共享系统（Regional Information Sharing Systems，RISS）协调输入数据，而犯罪分析中心（Crime Analysis Centers，CACs）分析所收集的数据。这些新的数据共享实体还与组成美国情报系统的17个其他机构进行协调，这些机构也包括面向国际的数据采集机构，如国家安全局（NSA）和中央情报局（CIA）。

像国家数据交换项目（National Data Exchange Program，N-DEx）这样的数据工程已经"建设成为一个巨大的数据仓库"，以汇集其他不兼容的警务数据库。[68]正如国家数据交换项目的"隐私影响评估"中所述那样：

> 国家数据交换项目通过安全的互联网网站提供全国侦查情报共享系统，允许刑事司法机构查阅和分析包括整个案件刑事司法过程的数据，包括犯罪经过和侦查档案；逮捕、登记和监禁记录；缓刑和假释档案。作为来自地方、州、地区、部落和联邦刑事司法机关的情报资源库，国家数据交换项目为这些机构提供了将刑事案件、刑事侦查和相关事件联系起来以促进刑事案件处置、制止和预防犯罪能力的提升……国家数据交换项目包含犯罪嫌疑人、犯罪者、证人和受害者的个人身份信息（PII），以及可能在执法报告中确定的有关刑事案件或刑事侦查的任何其他人的信息。[69]

截至2014年，国家数据交换项目拥有超过10.7万名用户和超过1.7亿条可搜索记录。[70]初创公司（Start-up）一直在构建类似的个人数据管理系统，以协助执法部门管理不断增长的数据库。

除了刑事侦查档案，执法部门现在还收集生物数据。生物特征收集通常包括 DNA、指纹照片、虹膜和视网膜扫描。为了侦查犯罪，这些信息都可以在数据库中进行搜索。[71] DNA 综合索引系统（Combined DNA Index System，CODIS）包括 1200 万份可检索的 DNA 档案。[72] 联邦调查局的新一代身份识别系统（Next Generation Identification，NGI）在一个较大的可检索数据库中汇集了指纹、掌纹、人脸识别和虹膜扫描等信息；联邦调查局拥有超过 2300 万张可检索的照片和世界上最大的指纹档案库。[73] 所有这些数据库都把警方刑事侦查推向未来，并且这些数据库为警方利用新的大数据工具进行分类、检索和挖掘犯罪案件与作案者之间的潜在联系提供了机会。

大数据还彻底改变了某些警察的日常运作模式。许多大型警察部门都根据犯罪数量变化来制定警务战略。[74] 像纽约市警察局等一些较大的警察局，甚至聘请了大数据分析师专门负责协助处理这些复杂数据（数据库）。[75] 另外，一些警察局也已经与私人数据分析公司或大数据咨询公司合作，一起分类和研究收集的（庞大）数据。专业的犯罪分析师经常参加大型警察部门的战略会议。[76] 虽然对数据的依赖不同，但大多数人都接受了这样一种观念：这些民间机构利用掌握的大数据技术可以协助警方执法人员改善公共安全。事实上，在 2009 年，洛杉矶市警察局局长查理·贝克（Charlie Beck）写了一篇文章《预测性警务：经济衰退时期，我们如何从沃尔玛和亚马逊学习经验来打击犯罪》，文中明确提倡采用数据驱动的商业原则来改善警务。[77] "分析""防范风险的部署""预测""数据挖掘""成本效益"都成为现代警务专业人员追求的新价值观和新目标。

目前，消费者大数据技术和执法数据系统在不同的轨道上运行。谷歌掌握的情报，联邦调查局并不一定掌握。民营大数据公司无法使用国家犯罪情报中心（NCIC）数据库。东拼西凑的联邦隐私法从法理上限制了政府对个人可识别身份信息的直接收集。这些法律法规包括 1974 年《隐私法》（*Privacy Act*）[78]、1986 年《电子通信隐私法》（*Electronic Communications Privacy Act*，ECPA）[79]、《存储通信法》（*Stored Communications Act*，SCA）[80]、《外国情报监听法》（*Foreign Intelligence Surveillance Act*，FISA）[81]、《2002 年电子政务法》(E-Government Act of 2002)[82]、《金融隐私法》(Financial Priracy Act,FPA)[83]、《通信法》(Communications Act)、《格拉姆-理奇-布里雷法》(Gramm-Leach Bliley)[84]、《商业银行保密法》(Bank Secrecy Act,BSA)[85]、《财产隐私权保护法》(Right to Financial Privacy Act,RFPA)[86]、《公平信用报告法》(Fair Credit Reporting Act,FCRA)[87]、1996年《健康保险流通与责任法》(Health Insurance Portability and Accountability Act,HIPAA)[88]、《不得歧视遗传信息法》(Genetic Information Non-discrimination Act,GINA)[89]、《儿童在线隐私保护法》(Children's Online Privacy Protection Act,COPPA)[90]、《家庭教育权利和隐私法》(Family Educational Rights and Privacy Act,FERPA)[91]、《2006年电话记录和隐私保护法》(Telephone Records and Privacy Protection Act of 2006,TRPPA)[92],以及《视频隐私保护法》(Vedio Protection Privacy Act,VPPA)[93]。除了过时(因为有些是在大数据时代之前几十年起草的),这些法律并不妨碍执法部门收集和访问这些数据。正如艾琳·墨菲(Erin Murphy)写的那样,"美国法典目前包含了20多个独立的法规,它们限制了各自涵盖个人信息的获取和发布……然而,在这种显著的多样性中,所有这些法规都有一个共同点:每个法规都包含一项免除执法机构(获取和利用个人信息)责任的例外条款"。[94]警察可以通过法院命令或传票获得某些数据。[95]持有合法有效的令状,警方几乎可以获得大多数公司为拓展客户而收集的所有数据。[96]这种隐私法的拼凑也不能阻止执法部门像其他任何客户一样购买相同的大数据信息。就像民营数据公司一样,警察可以直接从大数据公司购买你的手机号码信息和互联网信息。[97]

民间消费者数据采集与公共执法收集之间尚未完全融合,但两者之间的界限已经模糊,并且越来越模糊。一旦在一个地方收集了数据,就必然会导致相关数据的汇聚。民间数据成为公共档案记录的一部分,公共档案记录又成为构建民间数据库和政府数据库的组成部分。数据被出售和重新打包,而数据原始采集点已经变得模糊。[98]如果警方想知道犯罪嫌疑人的情况,并且数据是由民间第三方收集的,那么这些民营公司很难拒绝并保护信息不受政府合法要求的影响。一些实力强大的技术公司有时会拒绝政府提出的协助获取客户信息的要求，或者设计了加密系统，避免为警方调查人员提供信息。[99]但其他公司一直以来是优秀的企业公民，它们会按要求提供相关信息。

第六节　大数据工具

大数据可以告诉我们什么很重要，但更重要的是组织和利用数据的技术。

大数据真正的应用前景在于对大数据集进行排序、研究和定位的能力。[100]由于算法和现在可用的大规模计算机处理能力，大数据变得明白易懂。算法是为解决特定任务而建立的数学程序，使用算法、模式匹配工具可以标记异常的财务运行模式。社交网络技术可以通过电子邮件、地址或任何常见变量将人们联系起来，预测分析可以获取数据分析结果并预测未来事件。基于人工智能模型的机器学习算法，通过以前无法想象的方式对大量数据进行排列整合。总的来说，这些数学工具允许数据分析师从大量的信息中洞察潜在的联系。[101]

"数学工具"洞察力的一个例子是零售巨头塔吉特（Target）公司找到了一种预测女性何时怀孕的方法。[102]通过研究报名参加该公司的"宝宝计划"的女性，塔吉特公司注意到这些自称怀孕的女性有着相似的重复购买模式。她们在怀孕早期（前3个月）购买叶酸和维生素补充剂（以改善产前身体健康状态），在怀孕中期（怀孕4—6个月）购买无香味乳液（因为这一阶段她们的嗅觉灵敏度提高），在临产期购买洗手液（以保护新生儿免受细菌侵害）。因此，如果任何一名女性的购买行为遵循这种模式，即使她没有参加"宝宝计划"，塔吉特公司也会将她标记为怀孕。[103]三种没有联系的购买行为的相关性可以得出十分个性化的未来预测。

大数据警务也不例外。执法部门可以从下列特征模型中识别毒贩：毒品供应模式（购买微型自封袋、橡皮筋和数字秤）、可疑毒品交易（存入现金，全现金购买高端商品）和旅行模式（往返于某个毒品货源地）。这些信息并不需要100%精确（就像有时你的电子邮箱中会收到误发的电子邮件一样），但是，从理论上说——更准确的信息可以让警察优先考虑并锁定高风险社区。凯西·奥尼尔（Cathy O'Neil）在她的《数学毁灭的武器》（*Weapons of Math Destruction*）一书中写道，正如亚马逊公司运用数据来识别购物"瘾君子"一样，警方可以使用数据来预测潜在的犯罪分子。[104]

大数据工具开创了大数据警务的广阔前景。新的数据源、更好的算法、扩展共享网络系统以及发现隐藏信息的洞察力和犯罪线索的可能性相结合，开创了前景广阔的监控新时代。大数据警务的目标是监控犯罪，而不是监控消费。

第二章将探讨为什么警方对大数据持积极态度。技术并不是推动创新的唯一因素，美国经济衰退导致的预算削减迫使警方做出改变。[105]此外，由于对族群偏见和违宪警务的投诉越来越多，警察与社区关系中长期存在的裂痕不断扩大。[106]警察持续使用暴力手段而引发的民众抗议活动表明，民众开始质疑其合法性。对咄咄逼人的搜查等警务执法实践行为，公众要求对社会控制系统做出改变。基于这些背景，数据驱动警务这种看似客观的评判标准变得非常吸引人，翻开关于人类偏见或族群歧视的新篇章成为采用大数据警务的重要推动力。下一章还将探讨新技术在解决陈旧的警务问题时的魅力。

第二章

数据是新风尚：数据驱动警务的诱惑

预测性警务曾经是未来，而现在，预测性警务就是当下。

——前纽约市警察局局长威廉·布拉顿（William Bratton）[1]

第一节 警务黑暗时代

夜间巡逻。深夜，你待在巡逻车里；深夜，你等待收音机里播放你喜欢的节目；深夜，好人看起来像坏人。在深夜的黑暗中，你默默地等待着。

对于警察局局长来说，每天都需要夜间巡逻。多年来，所有警察领导人所能做的都是对犯罪现场快速做出反应，并对新闻媒体做出巧妙的回应。在犯罪活动的阴影中，警务人员只能静静地等待。但如果想要在犯罪活动的阴影中预见犯罪，警察该怎么做？如何绘制犯罪模式？如何描述清楚坏人是谁？这就是大数据新技术的魅力所在。数字犯罪地图可以将挂在墙上的地图转换为实时警报[2]，"热点警务"可以预测性地指出特定的案件多发地区，数据库可以对需要排除的危险分子进行分类和监控。

有一个不好的消息，那就是预算削减，警察裁员。2007年的美国金融危机使警察机关受到冲击，这让警务人员雪上加霜。[3]各州税收的税源枯竭，县和市的财政预算缩水。[4]人员招聘冻结，专业培训班停办，加班停止，服务减少。从2007年到2013年，全国各地的地方警察机构不得不用更少的经费做更多的事情——有时警务经费甚至被大大削减。[5]然后联邦政府开始削减警务开支。[6]"自动减支"意味着联邦政府削减对下列项目的拨款，如黑帮特别行动组、毒品工作队、社区警务、犯罪现场调查和青少年感化等许多其他警务项目。[7]与此同时，人们越来越担心，随着更多的人失业，犯罪率会上升。

如果有解决办法上述问题，那么解决办法是什么？如果能为警察提供更好的情报，那么应该怎么做？如果智能警务技术可以让你用更少的资源做更多事情，那么应该如何取舍？针对犯罪的对策，如果数据能够为市长和社区提供令人欣慰的解决思路，那么具体该怎么办？许多警察局局长的想法都可以归结为一个问题："你的意思是有一台可以预测犯罪的黑匣子计算机？"答案是："我绝对赞同。"

第二节　争议的焦点

"我们举手了，不要开枪。"一群人举着双手，手心向着天空，反复喊着这句话。一名男子盯着一辆穿过密苏里州弗格森地区的警务战术指挥车。[8]武装警察用突击步枪指着抗议者的画面在弗格森点燃了一场民众愤怒之火，最终导致巴尔的摩市中心的民众爆发了，并引发了一场全国性的要求进行警务改革的抗议活动。

2014年，大陪审团未能就起诉警官达伦·威尔逊（Darren Wilson）枪杀迈克尔·布朗（Michael Brown）一案达成一致意见，这引发了一波抗议活动，并引起人们对警察暴力的关注。[9]继弗格森事件之后，新闻陆续报道了一起起警察杀害手无寸铁的非洲裔美国人事件。例如，斯塔顿岛的埃里克·加德纳（Eric Gardner）、克利夫兰的泰米尔·赖斯（Tamir Rice）、查尔斯顿的沃尔特·司各特（Walter Scott）、巴尔的摩的弗雷迪·格雷（Freddie Gray）和巴吞鲁日的阿尔顿·斯特林（Alton Sterling），以及明尼苏达州猎鹰山的菲兰多·卡斯蒂尔（Philando Castile）[10]等地几十起警察杀害公民的事件，改变了美国警务讨论的主题。

族群问题成为争论的焦点。"黑人民权运动"兴起，并成为社交媒体和有色人种社区关注的焦点，他们团结起来抗议族群主义和警察暴行。[11]街上到处都是示威者，他们与警察的冲突演变成了暴力冲突。有线电视新闻对这些事件进行了现场直播，就像锅中沸腾的水一样，民众的怒火似乎随时都会爆发。[12]

当然，事实真相是，这种怒火一直都被压抑着。它可以追溯到奴隶制之前，警察带有歧视性的执法行为加剧了族群问题的紧张局势。[13]在许多少数族裔社区，激进的警务制度造成了人们的怨恨、不信任和恐惧。正如美国联邦调查局局长詹姆斯·科米（James Comey）在弗格森抗议活动后的一次演讲中所承认的那样："执法人员必须诚实地承认，我们的历史很多地方并非那么美好。在美国历史上的很多时候，执法部门都强制维持现状，而这种现状对于不受欢迎的团体来说往往是极端不公平的……对于太多人来说，这是不公平的。"[14]在这场关于"族群和残酷事实"的演讲中，这位全美最资深的执法官员承认警方需要超越这种不公正的过去，因为某些带歧视性和违宪性的警察执法行为已经削弱了民众对警方的信任。[15]时任警察局局长并且随后就任国际警察局局长协会主席的特伦斯·坎宁安（Terrence Cunningham）也表达了类似观点。坎宁安为警察执法行为助长了公民的不信任而道歉：

> 由于执行联邦、州和地方政府颁布的法律，执法人员曾经给我们太多的同胞带来了压迫。过去，我们社会遵循的法律要求警察执行了许多令人不快的任务，例如确保歧视合法化，甚至还剥夺了我们许多美国同胞公民的基本权利。虽然现在情况已经并不如此，但我们传承的历史中这一阴影仍然造成了许多有色人种社区与其执法机构之间的不信任。这种不信任几乎是几代人历史传承的一部分。[16]

以密苏里州弗格森地区为例，我们可以更清晰地阐述历史上和现今存在于警务系统中的族群歧视问题。在弗格森，美国司法部民权司记录了族群歧视性警务系统的执法模式，主要集中在为当地市政府创造税收问题上。[17]这些做法助长了象征性的和实际的抗议怒火。弗格森地区警察一般倾向于更多地拦截非洲裔美国人，而不是白人，而且拦截理由都是不正当的。正如美国司法部民权司提交的弗格森报告所概括的那样：

> 2012年至2014年弗格森市警察局（Ferguson Police Department, FPD）收集的数据显示，非洲裔美国人人口数占弗格森地区总人口数的67%，拦截非洲裔美国人驾驶的车辆数占警方截停车辆数的85%，是车辆违法记录总数的90%，该地区非洲裔美国人嫌疑犯数量占弗格森警察局拘捕嫌疑犯总数的93%。即使在排除非族群变量因素（例如车辆本身无法起动的原因）之后，非洲裔美国人在驾车被警方拦截期间，被警方搜查的可能性仍是白人司机的两倍多，但是发现其拥有违禁品的概率比白人司机低26%，这表明警察在决定是否进行拦截搜查时，往往将族群视为一个考虑因素。[18]

针对非洲裔美国人的暴力事件占暴力事件总数的近90%。[19]几乎95%的"未遵守道路管理规定"和94%的"在车行道上步行"指控（通常与社会控制措施有关的不端行为）针对的都是非洲裔美国人。[20]显示警务执法中存在族群偏见的统计数据，显示族群之间存在敌意的个人经历，弥漫着族群主义火药味的电子邮件，这些汇合在一起，描绘了一幅令人沮丧的画面，即族群歧视已经扭曲了当地警务执法行为的公正性。[21]

更糟糕的是，这些令人不快的、违宪的警察执法活动中，许多都是为了市政府财政创收，而不是为了控制犯罪。[22]美国司法部民权司报告揭示了最令人痛心的现象：弗格森警方行为的本质是一种金融操纵下的扭曲行为。

> 该市对创收的重视对弗格森市警察局的执法方式产生了深远的影响。巡逻任务和日程安排都是为了积极执行弗格森的市政法规，没有充分考虑执法策略是能提升公共安全，还是会不必要地破坏社区信任与合作。警察绩效评估和晋升过于取决于"创收"情况，即罚款、罚金等收益的数额。部分原因出于市政府和弗格森市警察局的优先考虑政策，许多警察似乎更关注一些居民，特别是居住在弗格森、以非洲裔美国人为主要居民的地区，与其说是把他们作为受保护的选民，不如说是把他们当作潜在的罪犯和罚金的来源。[23]

总之，激进的、以创收为中心的警务执法，以及由此对贫困公民造成的经济后果破坏了社区人群对警察的信任。[24]这份报告描述了一次看似微不足道的警民互动，却对个人造成了毁灭性的后果。

2012年夏天，一位32岁的非洲裔美国男青年在弗格森公园打完篮球后，坐在汽车里吹空调。一名警察把车停在男子的车后，拦住了他的车，并命令该男子提供社会保险账号和身份证号码。警察无故指控其为恋童者（指的是公园内儿童在玩耍，而该男子在观看这些儿童）。尽管没有任何依据怀疑该男子携带了武器，警察还是命令该男子下车进行搜身检查。这名警察还要求搜查该男子的汽车。该男子反对警察的做法，并引用宪法赋予的权利为自己辩护。针对这一情况，据报道，这名警察持枪逮捕了这名男子，并指控他违反了8项弗格森市政法律。其中一项指控是该男子虚报姓名，他最初提供的是名字的缩写形式（例如，用"迈克"代替"迈克尔"）；另一项指控是嫌疑犯住址虽然合法，但与驾驶执照上的地址并不相同；还有一项指控是虽然他坐在停放于路边的汽车里，但该男子并没有系安全带；这名警察还指控这名男子持有过期的驾驶执照，没有合法有效的驾驶执照。这名男子（对美国司法部民权司调查官员）说，由于这些指控，他失去了多年来在联邦政府担任承包商的资格。[25]

美国司法部提交的弗格森报告记录了几十个类似的案例。在查阅了成千上万的内部文件、执法警察的电子邮件和几百次询问笔录之后，司法部报告得出结论：一种追求财政收入的族群偏见轻微地影响到警务系统对于公共安全的专注。因此，报告建议采纳一种新型警务模式，社区抗议者也强烈要求立即改革警务模式。

还有一种警务系统模式的实践削弱了社区人群对纽约市警方的信任。作为美国最大的警察机关，纽约市警察局（New York Police Department，NYPD）的执法行为经常受到司法审查。但在一场关于"拦截搜身"行为的联邦诉讼中，警方带有族群歧视和系统性侵扰的行为遭到曝光。[26]在2013年弗洛伊德诉纽约市一案的裁决中，中南部地区美国法院法官希拉·谢德林（Shira Scheindlin）认为，纽约市警察局的"拦截搜身"行为违反了宪法。[27]谢德林法官认为，纽约市警察局针对"合适的人、合适的时间、合适的位置"的非正式目标实际上已成为对有色人种的歧视。[28]

谢德林法官的判决结果显示，在警务拦截搜身执法行为方面存在族群不平等。在 2004 年 1 月至 2012 年 6 月期间进行的 440 万次警察的拦截中，非洲裔美国人占 52%，拉丁裔美国人占 31%，美国白种人占 10%。而截至 2010 年，常住人口中非洲裔美国人只占 23%，拉丁裔美国人占 29%，美国白种人占 33%。[29]在所有拦截中，只有 1.8% 的非洲裔美国人、1.7% 的拉丁裔美国人携带了违禁品，却有 2.3% 的美国白种人携带了违禁品。[30]在所有拦截执法中，警方只逮捕了其中 6% 的人，向其中 6% 的人发出传票。在拦截之后，警方对其中 88% 的人没有采取后续执法行动。[31]在这些拦截行动中，警察对 23% 的非洲裔美国人使用了武力，对 24% 的拉丁裔美国人使用了武力，却只对 17% 的美国白种人使用了武力。在纽约市拦截搜身执法活动的高峰时期，警方每年拦截搜身 68.6 万人次，首当其冲的被拦截搜身者就是有色人种中的年轻人。[32]在芝加哥市等其他大城市警方也有类似的执法活动，例如芝加哥市警察局在 2011 年拦截了 70 万人次。[33]

除了联邦诉讼，这一警务实践还诱发了深受拦截搜身战略影响的社区大规模抗议活动。这种积极的警务执法行为对有色人种社区造成的身心恐惧问题也颇受关注。宪法权利保障中心（the Center for Constitutional Rights）——一个主导弗洛伊德诉讼的公益性组织，记录了这种警务执法活动降低了公民对警察的信任。[34]对社区成员的调查记录中有两段表述，彰显了激进的拦截搜查做法对个人和社会的影响：

让人担心的是，尽管只是待在那里、四处走动或者做自己的日常工作，却总有这样的时候：一帮警察一直在那里，总是拦截像我这样的人。他们宣称，如果你是一个黑人男青年，你更有可能被拦截。因此，尽管我只是坐在自己家附近，也总是担心"好吧，这个警察可能会无缘无故地拦截我"。

——乔伊·M（Joey M），25 岁，黑人，
住在哈莱姆市（Harlem）市中心[35]

大量的拦截搜身行为实际上是在排斥大量生活在这些社区中并深受犯罪困扰的居民。花费那么多时间、精力和资源来拦截那么多无辜的人们，最终却几乎没有什么收益，这样做没有任何意义。警方在拦截中查获的枪支数量非常少。因此，拦截搜身行为似乎并没有达到预期效果。

——曼尼·W.（Manny W.）（化名），纽约人，住在纽约[36]

成千上万类似的呼声导致对拦截搜身这种执法活动表述的转变，由"激进的犯罪控制"转变为"滥用社会控制"。改革的呼声冲击了2013年市长的竞选，最终导致了激进的拦截搜身执法行为大大减少（犯罪数量却并没有因此增加）。

其他司法管辖区也曝光了警务系统歧视少数族群和虐待执法对象的类似案例。在弗格森报告发布之前，司法部已经对十几个城市的警察违宪行为进行了调查并采取了整改措施。在过去20年中，司法部对地方警务实践进行了68次大规模调查。[37]警方过度使用武力、歧视、非法拦截和非法拘捕的行为引起了联邦政府的重视和关注。[38]西雅图（Seattle）、克利夫兰（Cleveland）、新奥尔良（New Orleans）、阿尔伯克基（Albuquerque）、纽瓦克（Newark）等大城市警察局的执法模式和具体做法都曾经出现过违宪现象。[39]因警察的强制性执法行为受到侵犯公民权利的指控，其他城市的警察局（例如纽约市和费城市的警察局）要实施强制性执法行为必须取得法院审查之后颁发的令状。[40]在格雷死亡的抗议活动之后，司法部调查了巴尔的摩市警察局，发现在拦截、搜身、拘捕和使用武力执法活动中存在系统性违宪现象。[41]司法部在巴尔的摩市警察局的调查报告中记录了出于族群动机滥用政府权力的模式和做法。[42]

长期存在的族群歧视、系统性问题，以及不断发生的侵犯公民权利的个案导致人们对警方执法行为的不满及愤怒重新爆发，在这种压力下，警察管理层开始探寻新的策略来重新定义警务。警务现状暴露出族群偏见和不公平，因此警方需要一种新的范式来取代现行警务策略。作为对已证实的人类偏见的回应，看似客观、数据驱动的警务的魅力具有很强的诱惑力，这并不奇怪。此外，警察高层管理者正受到来自内部的压力，需要改变警务结构，并为一线警察提供更多的执法工具。由于缺乏足够的培训，也没有获得足够支持，甚至每天都要做的艰苦工作没有得到认可，警察对此表示愤怒。正如社区要求警务变革一样，警察也感到陷入了社区愤怒和官僚漠视之间的陷阱。

第三节　蓝领警察生活遭遇的困苦

出于对"黑人民权运动"的强烈抵制，人们的注意力重新集中在警务和在高犯罪率地区巡逻的风险问题上。当警察不得不面对日常的贫困、愤怒和精神疾病时，他们对人员配备水平、培训和不切实际的期望方面表示失望。警方认为，人们不公平地低估了他们生命的价值和他们所冒的风险。[43]2016 年，在得克萨斯州达拉斯市（Dallas，Texas）的"黑人民权运动"中，维护正常秩序的 5 名警察惨遭杀害。接着一周后，在路易斯安那州巴吞鲁日市，又有 3 名警察惨遭杀害。人们发出了同样有力的呼吁，要求重视警察的生命安全问题，以及警察面临的艰苦卓绝的执法工作。[44]

以伊利诺伊州芝加哥市为例，我们来看看警察面临的艰巨任务。该市大约有 10 万名帮派成员和 700 多个互相敌对的帮派组织。2015 年芝加哥市的凶杀率为每 10 万人中有 17 人在凶杀案中死亡（全国平均水平为每 10 万人中有 5 人在凶杀案中死亡），而且有些区的凶杀率是芝加哥市平均值的 3 倍。[45]有档案记录可查的是，2016 年 8 月，芝加哥市一共发生了 90 起凶杀案和 400 多起枪击案。[46]然而，自 2013 年 3 月以来，警务财政经费预算却削减了 1.9 亿美元。[47]这一削减意味着必须削减培训项目，裁撤监督职位，要求新任警察以最少的培训或最小的支持，却在暴力案件发案率最高的地区从事警务执法活动。[48]他们在陌生的社区巡逻，周围居民基本上也不信任他们，他们强调用武力和身体控制来建立权威。对于警务系统未能为社区警务提供足够资源的问题，任何一方都不能认为这仅仅是对方的责任。这种无效的警务战略也导致警方内部对警务管理的失望。由于缺乏培训和资源，警察们认为他们注定无法完成任务。

同样，在格雷死后，巴尔的摩市的凶杀案数量大幅飙升。[49]警察们公开抱怨抗议活动对之前被认可的激进警务策略的影响。负责打击急剧增长的犯罪，但又担心自己不仅会受到纪律处分，而且会受到其他执法同僚的刑事指控，警察们感到自己被抛弃了。[50]据肯尼斯·巴特勒（Kenneth Butler）——一位巴尔的摩市的警察中尉说："29年来，我经历了一些困难时期，但我从未遇到过这么糟糕的情况。（警察）觉得州检察官会把他们置于风口浪尖……我知道那些办案能手，他们从这里拿起枪支出发，抓住坏人，缉获毒品。他们现在甩手不干了……我从来没有见过这么多人面露沮丧。"[51]在全美范围内，警察管理层感受到了这种日益增长的沮丧。黑人生活和蓝领警察生活之间的冲突破坏了既定的关系，并产生了对新事物的需求。

尽管有这些呼吁，但日常的警务实践并没有改变。男男女女穿上制服，进入社区，看到了人类所能面临的各种恐怖。城市地区的警察几乎每天都会目睹死亡、暴力和漠视。掠夺者伤害孩子，丈夫伤害妻子，孩子互相伤害。鲜血、子弹、伤痕、强奸、愤怒、恐惧、挫折、精神疾病、上瘾、贫穷和绝望，每一次轮班都是如此。作为一个职业阶层，警察每天都在遭受这种创伤，却没有得到足够的心理健康治疗或社会支持。[52]警察面临着可怕的个人经历，他们自己的人身安全受到威胁。有研究表明，1/8～1/3的退休和现役警察由于工作原因患上了创伤后应激障碍（Post-Traumatic Stress Disorder，PTSD）。[53]这种未得到解决的创伤、恐惧和日常压力给警察带来了负担，他们需要在每次轮班时对新的紧急情况做出反应。

而警察管理层仍然必须给警察们排班，管理层需要安排更少的警察做更多的事情。对新工具的需求增加了，对"更智能的警务"的需求也增加了。就像在社会其他领域一样，技术成为应对日益增长的警务投诉和财政限制问题的解决方案。技术前景让艰难的工作变得更容易，所以管理人员和一线警官都表示赞同，希望一切顺利。大数据和预测工具提供了从根本上改变现实的机会，但更重要的是，它们带来的改变是很有可能实现的希望。

第四节 以创新应对危机

由于黑人对警察的不满和蓝领警察对警察管理层的不满，因此，技术的诱惑力开始增加，以增加警务的客观性，且能够少花钱多办事。"智慧警务""情报主导警务""数据驱动警务"成为未来的流行语和解决方案。[54]

布拉顿是这种警务理念变化的核心人物。如果你要为大数据警务的诞生挑选一位具有远见卓识的执法机关代表，布拉顿一定会在你的名单上名列前茅。首先，作为20世纪90年代纽约市警察局的局长，布拉顿与杰克·马普尔（Jack Maple）一起开创了一种以数据为中心的警务管理方式。[55]在计算机统计分析（computer statistics，CompStat）模式下，地区指挥官每周都要报告犯罪统计数据，这将被作为警务指挥官评估每个辖区的犯罪率和逮捕率是否降低的基准。以犯罪统计为基础的减少犯罪的责任制成为警务管理的首要重点。其次，作为洛杉矶市警察局的局长，布拉顿将Comp-Stat模式带到了西海岸，他为洛杉矶市警察局（Los Angeles Police Department，LAPD）的第一次预测性警务实验开了绿灯。[56]最后，2014年布拉顿再次履职纽约市警察局局长时，他与纽约市警察局合作建立了更为强大的数据驱动监控系统。[57]作为全美最早使用CompStat系统的代表人物和第一代预测性警务理念的推动者，布拉顿是数据驱动影响力的特殊代表。

但值得注意的是，在布拉顿的神话中，大部分人都忽略了一个现实，即每一次数据驱动的转变都是出于应对危机和警务系统性策略丑闻的需要。在20世纪90年代，纽约市面临的高犯罪率和广泛存在的警察丑闻，导致莫伦委员会对纽约警察腐败问题作出严厉批评。[58]1993年，莫伦委员会认定，纽约市警察局"在体制上根深蒂固地不愿揭露部门腐败行为"，并得出结论："它'放弃了保证廉洁的责任'。"[59]布拉顿于1994年接手纽约市警察局，并于同年制订了CompStat计划。

2002年，当布拉顿来到洛杉矶时，警察部门正受到布拉顿自己所说的"腐败控制"问题的困扰。[60]2001年根据联邦授权法令，洛杉矶市警察局受到了兰帕特丑闻（Rampart Scandal）的震动，其中包括对洛杉矶市警察局打击黑帮部门中广泛存在的欺诈、腐败和犯罪行为的指控。[61]整个警察部门都受到法律和媒体对"流氓警察"的审查。对警察腐败的担忧导致了一种防卫性和适得其反的警察文化。正如布拉顿局长自己反思他所面临的挑战那样：

> 犯罪率上升，士气下降，与社区的关系很糟糕，一线警察觉得自己的唯一任务就是接听指定的无线电电话，远离麻烦。这就像一个不正常的家庭，每个人都知道有问题，但他们无力改变这种情况。在我被任命为局长之前的三年里，犯罪率一直在上升。警察们似乎疲惫不堪，被许多人描述为受无情、报复性和不公平的纪律制度所累。警察部门还深受目标与期望值的降低和不明确问题的困扰。[62]

解决这一问题的办法是建立一个洛杉矶市警察局数据驱动的警务管理系统，该系统发展为CompStat – West和预测性警务的组成部分。[63]有关犯罪、巡逻和模型的数据开始贯彻到警务管理之中。数据不仅增强了责任心和专业性，也减少了犯罪。

在谢德林（Scheindlin）法官宣布纽约市警察局的拦截搜身做法违宪之后，纽约市也发生了类似的变化。谢德林法官的裁决是在2013年8月作出的，4个月后，布拉顿接任纽约市警察局局长职务。布拉顿被任命领导一个警察局，该警察局被指控执行有族群歧视的拦截搜身，布拉顿加速推进数据驱动警务。拦截搜身遭到淘汰，预测性警务流行起来。布拉顿为他手下的警察订购了数万台犯罪地图平板电脑。[64]他在曼哈顿创建了一个尖端的实时犯罪指挥中心。他认为，以数据为基础的警务不需要直觉或怀疑，虽然批评者质疑这些说法的准确性，但"情报主导警务"被作为一种可接受的替代方案，以取代过于人性化的拦截搜身的警务实践。

警察的丑闻和技术反应的模式再次重演。由于对警察暴力的丑闻和日益加剧的社区紧张局势，大数据警务的大门打开了。社区想要改变，警察们想要改变，时代要求改变，而技术提供了改变契机。正当需要翻过过去的那一页时，大数据警务提供了一个方案。数据以及数据驱动的解决方案的诱惑，成为实现更好、更智能的警务未来的希望。

第五节　转变思维方式

如果说大数据技术是一股炒作和创新的浪潮，那么公民和警察之间的紧张关系则是让这股浪潮变得更加强大的暗流。然而，一直以来，都有一股强大的潮流在推动新技术的发展。

从20世纪90年代纽约市的CompStat模式中早期的数据采集形式，到现代的预测性警务计划，有三种力量激发了人们对第一代大数据警务的兴趣，这些社会因素使全国各地的司法管辖区更容易对新技术抱有殷切的期望。这些变化都不能直接与弗格森之后的动荡联系起来（因为这些变化都发生在紧张局势出现之前），也与传统意义上的商业大数据的兴起无关。但这些心态上的变化有助于使更多人接受数据驱动的技术以改善执法，并为缓和警察与社区之间的紧张关系奠定了基础。

首先，警务管理者与包括犯罪学家、社会学家和法学教授在内的学术研究人员合作，共同研究犯罪模式。[65]警察局局长们开始向研究犯罪模式的学者学习。[66]环境犯罪学、重点威慑和比对模型等理论从学术研究开始，发展到被运用于警务实践。[67]

在芝加哥、洛杉矶和纽约，为研究暴力和帮派网络而建立的正式合作关系，极大地改善了警察在当地的警务实践。[68]这些合作关系包括在丰富前瞻性警务理论文献的基础上，制定数据驱动的指标来衡量什么是有效指标。[69]在21世纪初，研究人员提出了这样一种观点，即数据可以引导实现更智能、更廉价的轨迹追踪执法。[70]这种情报主导警务行动反过来又激发了人们对犯罪绘图技术和"热点警务"的兴趣。以地理位置为目标的干预措施开始塑造警务战略，人们对数据驱动的洞察力的兴趣也在增加。全国对大数据和预测性警务的兴趣，真正于 2009 年美国国家司法研究所（National Institute of Justice，NIJ）关于预测性警务的第一次研讨会开始快速增加[71]。从那时起，随着其他数据驱动技术的发展，全国范围内预测性分析技术的采用已经日趋广泛。

其次，联邦政府提供了数百万美元的技术拨款，以资助数据驱动技术的研究和实施。[72]从研究预测性警务的小额补贴，到研究数据采集现代化的大额补助，再到研究随身照相机、减少暴力和性交易的实验性补助金，由美国司法部司法援助局（Bureau of Justice Assistance，BJA）和美国国家司法研究所出面，政府通过拨款刺激创新。[73]联邦资金允许地方警察部门进行试验，而无须将显著的制度成本降至最低线。在一个削减成本的时代，联邦拨款为技术进步提供了成本保障。政府的这种慷慨还鼓励了私营公司开发支持执法的技术，许多大型科技巨头和几家小型初创公司现在已在警务领域展开竞争，以提供技术和服务。

最后，技术有了显著的改进。如第一章所述，大数据的潜力几乎每天都在增长。从绘制恐怖分子分布图中提炼出来的技术，现在可以绘制地方帮派分布图。由 DNA、虹膜扫描、照片和其他生物识别技术组成的大规模数据库，现在可以捕获成倍增加的个人数据。[74]所有这些发展中的技术都激发了人们对大数据警务的兴趣。每一次技术改进都保证了更高的准确性、更有效的信息和更有用的工具。虽然收集、分类和使用关于犯罪行为人的数据的基本目标与警务工作一样古老，但新的技术工具使工作变得更加简单和高效。这反过来又使警察和管理者对各种可能性更感兴趣，而这种信念也激发了人们对数据驱动未来的兴奋、创新和信心。

上述每一个因素都是这种观点的论据，即数据驱动警务可以在执法危机时刻帮助人们翻开历史新的一页。对于警察局局长来说，大数据警务提供了一个规避的契机，一个将话题从过去转向未来的契机。对于社区来说，大数据提供了一种更客观的方式来解决偏向性警务这一非常人性化的问题。对于媒体来说，它提供了关于未来主义"少数派报告"警务的无休止的热门头条新闻。[75]而对于技术专家来说，它提供了一个充满机遇和创新的新世界。大数据警务的时代已经到来，唯一的问题是它在现实世界中会呈现什么样子。

第三章

警务执法的对象：基于人的预测性目标定位

> 我们可以说出"热点名单"上的前300名罪犯……因此，我们将关注这些人，即实施犯罪行为的人，无论他们是谁或他们住在哪里……我们不只是在寻找犯罪行为，更是在寻找实施犯罪行为的人。
>
> ——北卡罗来纳州夏洛特、梅克伦堡警察局局长
> 罗德尼·门罗（Rodney Monroe）[1]

第一节　暴力病毒

公寓门口传来敲门声，一位男子递给忧心忡忡的母亲一份诊断书，"你的儿子面临严重的疾病风险，它可能会危及生命。他认识的其他有类似症状的人已经认命了。根据计算机算法，现在可以确定他是最有可能受到病毒感染的人，他是数千名年轻的感染者中可能送命的人之一。"[2]在伊利诺伊州的芝加哥，这个场景在数百个家庭上演了数百次。但是，危险并非来自血源性疾病。这不是医生给出的癌症诊断，而是警方侦探给出的生命诊断。暴力是具有传染性的，而你正面临暴力的威胁。作为一名生活在芝加哥的年轻人，由于你的朋友、同事以及之前与你相关的暴力行为，你被预测会成为枪击事件的受害者或行凶者。你的名字将会进入"热点名单"，也被称为"热点人员信息库"，一名侦探、一名社会工作者和一名社区代表站在你的家门口，告诉你，前景不仅不容乐观，而且可能是致命

的。[3] 目前已经有针对这种暴力病毒的预防措施，但采纳这种预防措施就意味着从现在开始必须改变你的生活方式。

在芝加哥，警方已经通过大数据技术将 1400 名年轻人列入"热点名单"。[4] 通过计算机软件自动生成了最有可能的潜在受害者和受暴力攻击风险最大的受害者名单。[5] 在新奥尔良，帕兰蒂尔公司与市长办公室合作，确定了该市 1% 的有暴力犯罪嫌疑的司机。[6] 在罗切斯特、纽约和洛杉矶，警方正在使用类似的技术来识别可能涉及多次违法活动的青少年犯罪嫌疑人。[7]

这就是大数据警务发展的前景。如果大数据技术可以预测谁可能具有暴力倾向，那么结果会怎样？如果可以重新设计一个警务系统，为保护那些可能受到袭击的人，警察在枪击事件发生前就早早部署在附近，那么情况会如何呢？这就是"基于人的预测性警务"的理论。

本章将探讨大数据警务如何改变监控的对象。基于人的预测性警务包括利用数据来辨别和调查潜在的犯罪嫌疑人或潜在的受害者，大数据部分是针对暴力的公共卫生方法，部分是针对风险评估的社会网络方法，它可以将暴力如何像病毒一样在社区中传播可视化。同样的数据也可以预测最有可能的暴力犯罪受害者，警方大数据正在推测谁可能会成为暴力行为的目标并预测谁将会遭遇枪杀。

虽然这些预测技术是令人兴奋的新技术，但对它们背后的担忧依然是令人沮丧的老问题。对族群偏见的恐惧、警务透明度的匮乏、数据错误以及对宪法保护扭曲的担忧等，给制定可行的基于人的预测性警务提出了严峻的挑战。然而，这种基于人的预测性警务监控系统已经得到使用，并且人们正在成为被监测的目标。

第二节　重点威慑

只有极少数人会实施暴力犯罪。[8] 警方也知道犯下这些罪行的人，但难以让"犯罪分子"知道警方知道他们犯了罪。这就需要采纳"重点威慑"理论——一种旨在理解和摧毁实施暴力犯罪的犯罪行为者网络的理论。[9]重点威慑需要向一小部分人群发送有针对性的、内容明确的信息，即警察、检察官和公众，知道谁在从事暴力活动，以达到终止杀戮的目的。

2012年，密苏里州堪萨斯城进行了一项大胆的数据驱动的重点威慑实验。[10]在这个城市的凶杀率达到全国平均水平的2~4倍之后，堪萨斯城决定针对造成该市暴力事件的特定人群进行重点威慑实验。在美国司法部司法援助局的资助下，堪萨斯城警察局利用先进的社会网络分析来观察实施暴力事件的风险人员。[11]在堪萨斯城，重点威慑实验的过程有三个步骤：（1）识别犯罪行为者；（2）通知那些犯罪行为者，警方了解其进行的活动，并为他们提供社会服务帮助；（3）逮捕、起诉和惩罚那些接到警告但无视警告的人。[12]

在第一步中，警方生成了一组被认为参与谋杀、枪击或其他严重袭击的嫌疑人目标群体。随后，警方查看了案件档案，以确定谁曾与这些男子一起被捕。[13]即使他们没有参与最初的犯罪，这些"共同被捕者"（同时被捕的人）也往往是亲密的同伙。接着，警方对这些共同被捕者进行进一步分析，并将其推广到另一个层面，以查看在任何时候与共同逮捕者一起被逮捕的所有人。因此，完整的社交网络扩展成了三个层次，包括目标犯罪嫌疑人、共同被捕者和共同被捕者的共同被捕者。帮派关系、先前的犯罪历史和其他关于个人数据的信息共同构成了这个全市社交网络的数据集。[14]一旦进入这个警方数据网络，这些目标就将成为执法部门关注的焦点。

2014年，堪萨斯城警方挑选了884名已经确定身份的人进行重点威慑干预。[15]检察官、警察和社区领导人举办的社区"点名"活动，欢迎目标犯罪嫌疑人听取有关继续实施暴力行为的警告。[16]部分威胁、部分干预、部分"直接吓唬"讲座、来电通知发出了明确的警告——任何进一步的暴力行为将导致对社会网络中每个人的严厉惩罚。超过16%的目标犯罪嫌疑人参加了这些活动，[17]几乎2/3的参与者与社会服务提供者进行了面对面交流。[18]这些目标犯罪嫌疑人收到警告，并被告知他们是社会毒瘤，如果继续实施暴力行为，他们将被驱逐出社会。

泰龙·C. 布朗（Tyrone C. Brown）是这些目标犯罪嫌疑人中的一员。[19]据《纽约时报》报道，布朗接受了他的缓刑官的邀请，参加了一个集体会议。[20]在众多目标犯罪嫌疑人聚集的大礼堂里，警察给他看了一张他自己的被放大了的照片。这张照片将他与当地的一起凶杀案联系起来，传达了一条非常微妙的信息，即警方怀疑他有暴力行为，并且将不再容忍他。接下来的一周，警察在布朗的社会服务者安排的会议上与他对质，继续进行干预，这个信息变得更具警告意味。警方警告说，他们知道布朗是其同伙的领导，但也知道他可以带领他的同伙远离暴力犯罪。[21]他可以做出选择，并且必须立即做出选择。如果他做出错误的选择，警察和检察官会使出他们所有的手段来惩罚他。

马里奥·格伦（Mario Glenn）通过血的教训知道了惩罚是什么。[22]在参加"点名"会议并受到警告后，格伦发现自己成了警察的盯防目标。他抢劫了一个秘密线人的枪支，然后被捕。因为他是重点威慑的目标之一，检察官要求依法判处其最高监禁刑。[23]这就是无视警告的高额代价。理论上的迅速威慑意味着实践中严厉的判罚。

布朗选择了另一条路，避免了犯罪。其他人也纷纷效仿。与前三年相比，堪萨斯城的凶杀率下降了26.5%。到2014年年底，凶杀案的案发数量已降至1972年的水平。[24]不幸的是，凶杀案在2015年再次激增，枪击案数量也呈上升趋势。[25]

第三节 "热点名单"

在芝加哥，警方采用了一个不同的算法来建立年轻人的"热点名单"。[26]该算法由伊利诺伊理工学院（IIT）的迈尔斯·韦尼克（Miles Wernick）设计，采用11个变量来创建1~500的风险分数，[27]分数越高意味着风险越大，越可能成为暴力犯罪的受害者或实施者。谁被枪杀了？算法知道。而且具有悲剧性的是，"热点名单"算法的结果很准确。在2016年的母亲节周末，芝加哥两天内受到枪击的 51 人中有 80% 在"热点名单"上。[28] 在阵亡将士纪念日，受到枪击的 64 人中有 78% 的人被列入名单。[29] 通过"热点名单"，警方已将青少年暴力犯罪列为优先考虑事务，以保护这些面临高暴力侵害风险的年轻人。

由于芝加哥"热点名单"算法的高度精确性，它已成为引领大数据警务的一个范例。虽然它开始仍主要像堪萨斯城的共同被捕者名单，但"热点名单"的复杂性和规模都在不断增长。该算法目前仍然是警方的机密，不过据报道，这些变量包括过去的犯罪史、逮捕和假释情况，以及目标是否已被确定为犯罪团伙的成员，等等。[30] 早期名单中的每个人都曾参与一些犯罪活动，正如芝加哥市警察局所描述的那样，"该软件是根据经验数据生成的，该数据列出了一个人的犯罪记录，包括犯罪团伙之间的暴力记录、犯罪活动增加的速度，以及犯罪类型的强度"。[31] 算法对这些变量进行排序，以得出个体在暴力风险方面的预测得分有多"热"。

列入"热点名单"的目标重点人员同时可以伴随"制式警告访问"。[32] 如本章开头所述的登门访问，通常由高级警官、社会工作者和社区成员（也许是足球教练或牧师）进行。在访问期间，警方会递交一份"制式警告通知书"，详细说明警方对其个人犯罪史的了解，以及对其将来行为的警告。[33] 如另一份警察部门的文件中所述："'制式警告通知书'将被用来向个人通报他们选择或继续从事公共暴力时可能面临的逮捕、起诉和量刑后果。这封信将针对特定的个人，其中包括个人先前的逮捕记录、已知同伙对其影响，以及未来犯罪行为的潜在量刑结果。"[34] 这些"制式警告通知书"代表着用白纸黑字写成的正式威慑信。如果无视威慑，将受到最大限度的法律惩罚。这份通知书也非常有针对性：你（在通知书中提到的那个人）是警察知道的并且正在被监视的对象。

由于"热点名单"在全国关于预测性警务的讨论中占据突出地位，实践中也出现了一些问题。例如，《芝加哥论坛报》报道了罗伯特·麦克丹尼尔（Robert McDaniel）的经历。麦克丹尼尔是一名 22 岁的小伙子，他在自己家中接受了一名警察局局长的访问。[35] 与"热点名单"上的其他人一样，他被警告要远离犯罪，否则后果很严重。唯一的问题是麦克丹尼尔并不是一个顽固的犯罪分子。他只是被判了一次轻罪，但不知为何被列入"热点名单"。当他询问为什么自己会被列入"热点名单"，以致警察登门来警告时，警察告诉他因为一年前他最好的朋友被枪杀了。[36]根据算法，他的情感失落增加了他实施暴力犯罪的风险性。

其他人登上名单的原因则很明显。《纽约时报》报道了野心勃勃的说唱歌手杨·帕皮（Young Pappy），又名沙群·托马斯（Shaquon Thomas）的死讯。他是一名19岁的年轻人，多次被捕，最终被枪杀，他在去世前参与了一场持续很久的帮派争斗。[37]帕皮在"热点名单"上的得分超过500分（最高的得分），而且可悲的是，后来帕皮的死亡证明了预测的准确性[38]，他在警方计划发出"制式警告访问"前几周遭到枪杀。

芝加哥一直是这种基于人的预测模型的实验地点。正如芝加哥市警察局局长乔纳森·刘易斯（Jonathan Lewis）公开表示的那样，"热点名单"算法"将成为全国最佳警务实践，它将告知全国各地乃至世界各地的警察部门如何更好地利用预测性警务来解决问题。这是关于挽救生命的问题"。[39]

但现实是令人沮丧的，芝加哥的暴力事件仍然在增加。事实上，2016年暴力枪击案件数量的增加是令人心碎的，也导致了公众对预测性警务模式有效性的批评。[40]关于该项目有效性的问题仍然存在，特别是有关部门是否已经做了足够的工作来缓解所确定的社会和经济风险。例如，一直存在一个悬而未决的问题，即该算法是否能够充分区分"高风险"（可能被射击的目标）和"高威胁"目标（可能实施射击的目标）。对可能成为受害者的人进行密集监视和警方干预，也许不如针对那些可能实施暴力犯罪的人那么重要。但如果"热点名单"计算公式同等地计算风险和威胁，那么警务资源可能会被浪费。

2016年，非营利组织兰德公司（RAND Corporation）考察了"热点名单"系统的初次迭代，发现其仅涉及社交网络共同逮捕信息。[41]兰德公司发现，如果应用此初始条件，"热点名单"1.0算法的结果很少显示出预测的准确性。[42]系统预测了426个"热点"名字，但预测结果并不准确。更糟糕的是，警方没有跟进"制式警告通知书"或提供其他社会服务来帮助这些名单上的人。相反，该名单成为逮捕犯罪嫌疑人的"通缉犯名单"的缩减版。正如兰德公司报道的那样，"这项研究的结果是，由于战略嫌疑人名单（Strategic Suspects List，SSL）的存在，有危险的个人或多或少不会成为杀人或枪击的受害者，而城市层面的宏观分析发现'热点名单'对城市凶杀案趋势没有影响，也进一步证实了这一点。然而，我们发现 SSL 名单里的人更有可能因枪击事件而被捕"。[43]事实上，随着 2016 年枪击事件的增多，芝加哥警方开始集中逮捕"热点名单"上的人。[44]在 2016 年 5 月的几周之内发生的两位数的枪击案中，芝加哥警方逮捕了近 200 名"热点名单"上的人。[45]

退一步来说，"热点名单"实验给了警方两个重要的结论。首先，绘制暴力社交网络的公共卫生方法可以成功识别那些可能参与暴力的人。虽然兰德公司的研究显示"热点名单"1.0 似乎不够准确，但预测模型已经经过了改进，准确性也得到了提高。[46]芝加哥市警察局报告中说道，"到目前（2016 年）为止，超过 70% 被枪杀的人在芝加哥的'热点名单'上，超过 80% 因枪击而被捕的人也在该名单上"[47]。如果这是真的，"热点名单"将是一个影响深远的准确预测谁可能参与暴力犯罪的方法。其次，通过研究数据来预测谁可能参与暴力犯罪不会自动结束暴力犯罪行为。"制式警告通知书"虽然是善意的，但如果在实施中不以满足潜在社会需求为重点，可能不会产生预期效果。伴随风险识别的第二步必须是提供干预、资源和重新定位。如果没有针对性（和有资金支持）的社会服务干预措施，该算法就只能成为警察锁定目标的手段。坦率地说，绘制暴力犯罪社交网络可能比现场制止暴力犯罪更容易，正如数据可以识别疾病但无法治愈疾病。

第四节　数学与谋杀

路易斯安那州的新奥尔良市（Big Easy）曾经是美国谋杀之都，我们在那里可以找到更成功、更全面地减少暴力的方法。[48]2013 年，新奥尔良市平均每天发生 1.46 次枪击事件，市长米奇·兰德里厄（Mitch Landrieu）转向通过数据寻求解决城市暴力社会问题的方法。[49]该市有效遏制暴力犯罪的公共卫生方法依赖于对帕兰蒂尔（Palantir）公司技术的应用，这些技术在已有的城市数据库中确定了大部分隐藏的难以发现的关系。[50]

兰德里厄市长的社会治理工程——路易斯安纳州新奥尔良社会治理工程（NOLA for Life）——从数据开始。[51]由于数据来源包括不断产生记录的大规模城市系统，帕兰蒂尔公司的工程师必须将现有的警察和公共安全数据小心地整合到该系统中。这些数据包括警方的服务电话、电子警察报告、缓刑和假释记录、治安官办公室签发的拘留令状和登记档案、帮派数据库、现场勘验报告、弹道学和当前的案件管理系统。[52]此外，分析师还增加了社区和基础设施细节，包括学校、医院、图书馆、公园、警区、酒类商店，甚至路灯的位置。

使用犯罪绘图软件，确定了特定的暴力热点地区[53]；使用社会网络分析，特定个人被确定为最有可能成为暴力犯罪的受害者。与堪萨斯城和芝加哥一样，在新奥尔良，分析师可以识别出面临暴力袭击风险的某个个人。分析人士预测，他们可以从 3900 名高风险人群中识别出 35%～50%的可能的枪击受害者。[54]此外，这些人之间在竞争、报复和社会关系方面的联系可以解释为什么他们处于危险之中。使用帕兰蒂尔系统的分析师发现新奥尔良 378750 人（2013 年预测城市人口总数）的普通人口中有 2946 人最有可能成为凶杀案的受害者。[55]

此外，数据继续向人们展示了许多隐藏在背后的联系。在帕兰蒂尔公司分析的基础上，消防局增加了在特定学校周围的力量部署；公共工程部门修复了损坏的路灯；卫生部门针对高风险学校采取了暴力犯罪预防措施；警方绘制了帮派领土地图，以确定局势紧张地区[56]；禁酒执法机关针对酒类商店的违规行为进行惩罚；社区成为街头清理的重点目标。所有这些措施都是基于对当地犯罪活动、政府机构和公共基础设施的地图构建，而这些地图都来源于同一个数据集。[57]

基于这些数据，新奥尔良市启动了一项社会综合治理战略，旨在减少暴力犯罪问题，重点关注那些被确定为风险最大的人。一些重点威慑的政策包括通过警察电话、"停火会议",以及警察监控涉嫌犯罪者。自 2013 年以来,一个有分支机构的犯罪团伙中已经有 110 名成员被起诉。[58]同时,新奥尔良市还创建了许多其他非法律强制社会服务项目(并获得资助)。这些计划包括减少暴力的措施,如调解员、暴力干预者、社区急救人员,以及其他致力于化解冲突从而防止报复性枪击事件的人。市政府官员还改善了社会服务计划,为那些处于风险中的人解决家庭暴力问题以及其他心理健康问题,提供心理辅导、互助会、行为指导等服务。方案的重点是通过解决创伤和将恢复性司法原则纳入学科系统来改变公立学校的紧张局势。总而言之,新奥尔良市采用了 29 个不同的计划,重点是家庭、学校、就业培训、重返社会、社区和经济发展,[59]所有这些改变的目标都是针对那些最有可能实施暴力犯罪的人,然后为他们提供选择、支持和改变自己的机会。

从 2011 年到 2014 年,新奥尔良市的凶杀案数量减少了 21.9%,比巴尔的摩、圣路易斯、纽瓦克及底特律等类似大城市的统计数据明显少了很多。[60]更令人印象深刻的是,该市团体或帮派的谋杀案数量减少了 55%。[61]

第五节　锁定"坏蛋"

在曼哈顿市(Manhattan)市中心,一个检察部门已经开始尝试重新思考如何减少暴力犯罪。在地区检察官小塞勒斯·万斯(Cyrus Vance Jr.)的领导下,曼哈顿地区检察官办公室创建了犯罪策略组(Crime Strategies Unit,CSU),以打击社区中的害群之马,并采取任何必要的手段将其消灭[62],人们将此称为"阿尔·卡彭"(Al-Capone)犯罪(处理)方法,不过其目标是涉嫌暴力犯罪的年轻人,而不是全国性的黑帮头目。这种方法被称为"情报驱动型起诉",警方、检察官和分析师将目标锁定为丧失行为能力的个人,从而将其从城市的问题地区驱逐出去。[63]

犯罪策略组的检察官分析能力强,积极进取,对社区中实施犯罪的主要推动者提起诉讼。首先，通过犯罪数据，检察官可以划分出暴力犯罪高发区域进行审查。通过进一步处理警务数据和绘制社区地图，检察官确定了特定的暴力犯罪热点地区，这些区域被称为"项目试验区"（Bureau Based Projects，BBP）。[64]一个由检察官组成的小团队负责监督每个项目试验区，并协调该地区的情报收集工作。这些检察官与犯罪策略组主要工作人员密切合作，可能会，也可能不会受理纽约市警察局在热点地区实施逮捕行为的案件。同时，该项目为每个区域创建了一个"暴力时间表"，突出了群体、帮派和个人之间过去发生的暴力袭击犯罪模型。[65]时间表中列出了每起枪击案的细节，包括犯罪嫌疑人、受害人和犯罪过程，以及时间、地点和日期。

其次，如同在堪萨斯城和芝加哥，特定的个人被确定为需要警察特别注意的目标。每个项目试验区选择十个左右的"优先目标"（"那些被刑事司法系统剥夺行为能力的人，一旦被清除出社区之后，将对社区的安全和/或社区生活质量产生积极影响。"[66]）在现场情报官员、侦探和巡逻人员帮助下，找出这些"优先目标"并驱逐出去。[67]这些人至少受到过五个刑事定罪的惩罚和有暴力犯罪史。其中有些人是过去枪击事件中不合作的受害者，其他人则与帮派或犯罪集团有关。每个年轻人的"目标跟踪器"记录了照片、犯罪记录和其他个人信息等数据。[68]这些人成为受关注的目标。与最终因逃税而不是他所从事的暴力犯罪而面临起诉的阿尔·卡彭一样，这些"优先目标"没有明确的逮捕令，也不能根据现有证据被逮捕。

检察官将"优先目标"的姓名输入逮捕警报系统，[69]这一逮捕警报系统提醒检察官该目标是否已被逮捕。常规键入一个人的犯罪历史（犯罪情况记载表）便可以触发警报。在旧系统中，如果一名目标因抢夺百老汇门票或简单攻击（或其他一些轻微罪行）而被抓获，则检察官无法确定这个人的威胁程度。而现在，警报（通常是电子邮件）提示整个办公室的检察官，通缉目标已进入刑事司法系统。逮捕警报系统触发了一个程序，可以调用检察官办公室的权力来剥夺某人的行为能力。[70]检察官办公室可以争取审前拘留而增强保释申请审查，可以增加额外指控以增加犯罪嫌疑人压力，从而使其认罪；可以寻求更严厉的量刑建议，以加重对罪犯的惩罚。即使在判决后，检察官也会收到被告获得释放与否的警报，因此曼哈顿的假释系统可以监控曾被逮捕的人重新回归社会的情况。

数据共享还支持更全面的情报收集工作。新的数据系统能够支持400多名检察官每年起诉85000个案件。[71]有关案件可以通过共享的数据库进行协调，可以搜索包括犯罪嫌疑人、社区、证人、帮派、绰号、对手、犯罪、线索和其他大量数据的信息。检察官在逮捕警报系统中导入个人信息，就可以查询到有关其暴力网络的更多信息。[72]犯罪同伙的照片、社交媒体上的帖子和其他线索成为数据采集系统的一部分。纽约市警察局局长布拉顿称这是警察和检察官之间共享数据的"无缝网络"，并称这种伙伴关系是"极端合作"。[73]受到棒球和金融的军事测量方法的启发，小塞勒斯·万斯将其比作"点球成金"打击犯罪方法。[74]

有几次，这种基于人的目标定位方法导致了大规模的逮捕和起诉。曼哈顿地区检察官办公室利用情报驱动起诉平台，起诉了纽约市的几个暴力犯罪团伙。在一起案件中，地区检察官办公室与纽约市警察局合作研究了暴力模型、帮派活动，甚至社交媒体，然后指控了103名当地团伙成员。[75]2014年，在西哈莱姆起诉的这些青少年帮派杀人和枪击事件，成为纽约市历史上最大规模的帮派共谋起诉案件。[76]

在实施情报驱动起诉策略前后，纽约市的犯罪率创下了历史新低，目标微区域的暴力犯罪率仍然保持在很低的水平，枪击事件也急剧减少。由于在曼哈顿取得了初步成功，情报驱动起诉理念正在全国范围内得到推广。在巴尔的摩、旧金山、费城、里士满和巴吞鲁日，情报部门正在利用数据锁定"坏蛋"，然后将其从社会中清除。[77]

第六节　预测目标理论

前面的例子显示了基于人的预测目标是如何进行的。这个过程建立在两个基础上：首先，通过数字化工具绘制个人的社交网络，警方可以识别出最有可能参与暴力犯罪的人；其次，在这些网络中，可以通过算法识别出具有高风险的群体。无论通过使用公共卫生方法，还是起诉方法，锁定那些风险最高的个人可以减少未来的犯罪活动。

社交网络理论认为，有很多相关的社会学研究可以支持这一理论。从马萨诸塞州"波士顿停火项目"的早期实验到现代芝加哥，可识别的少部分人群具有更大的暴力犯罪风险，这种观点逐渐被证实。[78]对芝加哥的一项凶杀案研究发现："超过40%的枪杀案发生在一个3100人的社交网络中，约占社区人口的4%，仅在这4%的人中，一个人被枪杀的可能性就增加了900%。"[79]这种风险增加的原因是其生活在帮派地区，与帮派联系在一起，并参与毒品犯罪活动。几乎所有高风险受害者都是男性。在芝加哥，几乎所有高风险受害者都是有色人种当中的男性。

根据安德鲁·V. 帕帕克里斯托斯（Andrew V. Papachristos）长期研究得出的结论，帮派暴力犯罪的关键是了解"地盘和成员"之间的相互作用。[80]地盘是帮派保护的社区的一部分。帮派成员是年轻人，他们倾向于采取行动来保护自己，维护自己的骄傲或领地。[81]了解帮派之间的地理冲突并了解报复行为的模式，可以让警察理解看似毫无意义的暴力模式。[82]而基于这些理解，可以预测最有可能受伤害的群体。

基于人的预测目标将这种洞察力提升到了一个细微级别，并可以挖掘信息以发现高风险的目标。社会学家认识到，基于帮派宏观数据制定的减少暴力策略可以在微观层面上锁定目标人群。

从［减少暴力策略（a violence reduction strategy，VRS）］的角度来看，从城市的弱势群体和高犯罪率社区寻找街头帮派并不是一个有针对性的策略。减少暴力策略试图利用现有数据来确定哪些个人和哪些群体参与了当前和持续进行的枪击事件，以提供精确和战略性的干预点。因此，知道"恩格尔伍德的帮派"正在战斗是不够的。减少暴力策略试图推断出第67街的门徒与第71街的"叛徒"之间的争斗是否会导致暴力犯罪案件。改变芝加哥枪支暴力的整个前提是首先使用数据来确定所述暴力行为的实施者和冲突的焦点，然后将减少暴力策略信息直接传递给相关团体。[83]

在第 67 街帮派成员对第 71 街帮派成员进行报复攻击之前实施干预可以减少犯罪。设计好的"制式警告通知书"不仅识别出年轻人与第 67 街帮派成员的联系，而且识别出其个人犯罪历史、社会因素和风险评估，这使得整个数据驱动的警务过程非常个性化。

基于人的预测目标获取这些见解并将其用于警务。大数据系统可以处理有关犯罪活动的大量累积数据，并优先考虑谁会成为目标；可以生成列表以便进行干预、监视或起诉；可以创建个性化的档案来监控城市中最暴力和最危险的人。这样在任何特定的管辖区内，警察都可以锁定实施犯罪的人，并制定有针对性的策略来干预和破坏他们的行动。这是预测性警务的广阔前景——数据可以为战略提供信息，以更有针对性和更具经济效益的方式减少暴力。

一个悬而未决的问题是如何使用这些数据。芝加哥兰德公司的研究表明，最初的"热点名单"没有采用真正的公共卫生模型，而是演变为最需要逮捕的通缉犯名单。[84]警务人员没有得到资源，甚至没有关于如何处理名单上的人的指示，社会服务机构也没有需要遵循的指令。因为没有提供关于下一步该做什么的资源或培训，对问题区域和重点人员的准确识别几乎并没有阻止枪击事件的发生。相比之下，新奥尔良市更全面的项目所做的不仅是确定社区中的高风险人员，还通过使用公共数据来解决造成犯罪环境的因素，该项目希望能拓宽大数据技术的关注范围以实现进一步改进。对比之下，为公共资源提供资金以应对潜在的经济和社会问题，似乎提供了更长期的减少暴力犯罪方案。如果没有资源来铲除导致暴力的根源，单靠大数据本身无法阻止枪击事件的发生。

第七节　谁会被锁定为目标

哪些人最终会被列入"热点名单"的问题引发了关于族群歧视问题的争论。整个城市（包括富裕社区）可能会发生汽车盗窃事件，但枪击事件集中在贫困街区。在芝加哥市和纽约市,贫困人口多居住在有色人种社区,预测性警务和情报驱动起诉导致对少数群体的关注。

造成这种族群差异的部分原因是,有色人种的青年占了暴力犯罪受害者的绝大多数。[85]芝加哥和纽约的枪杀事件涉及非洲裔美国人和拉美裔男子、帮派成员以及城内的无辜居民,这些受害人都居住在贫穷的有色人种社区。但另一个原因涉及大城市的警力布置不成比例。[86]虽然肤色永远不会被纳入算法的一部分,但许多变量(警力部署、先前逮捕、帮派联系)都直接与执法中的族群歧视息息相关。如果数据本身是带有有色人种倾向的,则意味着预测性警务系统(使用该数据)可能会产生有偏差的结果。

所以问题就出现了,如何消除警察传统做法对数据的影响,因为这些做法导致了过多的非洲裔美国人被逮捕或卷入刑事司法系统。正如公民自由律师哈尼·法科里(Hanni Fakhoury)所说,问题的关键是数据采集过程就带有偏见:

> 这最终成为一个自我验证的预言……算法本身便预示了程序运行的结果。"芝加哥南部的黑人孩子更有可能犯罪",该算法让警察为自己"洗白",他们可以说这不是族群主义,因为他们正在根据算法作出决定,即使算法的结果本身就是他们输入信息的反馈。如果数据一开始就带有偏见,并且是基于人的判断,则算法运行的结果也将反映这些偏见。[87]

同样地,如果输入数据受到族群偏见的影响,那么如何相信由此得到的算法输出没有受到这种影响呢?

相比于不关注族群的系统,族群之间的相互关联导致刑事司法系统逮捕、起诉和监禁更多的有色人种。美国自由公民联盟(American Civil Liberties Union,ACLU)的一项研究显示,尽管所有族群使用大麻的比例相当,但非洲裔美国人因私藏大麻而被捕的可能性是白人的3.73倍。[88]在某些州,这一比例甚至上升到8.34倍。[89]报告还指出,"在马里兰州巴尔的摩市,因私藏大麻而被逮捕者中92%是黑人;这个比例在包括亚特兰大(Atlanta)在内的乔治亚州富尔顿(Fulton)是87%;在乔治王子城

（Prince George）是85%；在包括孟菲斯（Memphis）在内的田纳西州谢尔比市（Shelby）是83%。[90]另一项由新奥尔良维拉研究所进行的研究显示，在五年的时间里，非洲裔美国人尽管只占人口的58.5%，但占因大麻重罪而被捕人数的94%，占整个因大麻而被捕人数的85%。[91]

2016年，量刑工程报告的最新统计数据《正义的颜色》（*The Color of Justice*）揭示了司法中鲜明的族群差异：

- 在州监狱中监禁的非洲裔美国人是白人的5.1倍，尤其在爱荷华州、明尼苏达州、新泽西州、佛蒙特州和威斯康星州5个州，在州监狱中监禁的非洲裔美国人是白人的10倍。
- 在12个州中，超过一半的被监禁者是黑人，这12个州是：阿拉巴马州、特拉华州、佐治亚州、伊利诺伊州、路易斯安那州、马里兰州、密歇根州、密西西比州、新泽西州、北卡罗来纳州、南卡罗来纳州和弗吉尼亚州。马里兰州被监禁的非洲裔美国人数占总人数的72%，在全国高居榜首。
- 在11个州，每20名黑人男子中，至少有1人在监狱中服刑……
- 对于拉美裔美国人来说，他们被监禁的比例是白人的1.4倍。[92]

由这种不成比例的少数有色人种与刑事司法系统的联系为基础而生成一些算法，再由这些算法生成"热点名单"，并进一步建立预测模型，最终的结果必然是带有族群偏见的。如果先前的这种偏见被视为不利的客观因素，那么统计数据就不仅带有过去的带偏见的犯罪记录，还会对未来的预测结果产生重大影响。

依赖于逮捕记录或警察经验的预测系统也是如此。在西弗吉尼亚州、伊利诺伊州、明尼苏达州和德克萨斯州等多个州，几十年来进行的研究表明，族群偏见影响了警务自由裁量权。[93]在有色人种社区，拦停车辆、拦停行人、警察盘查，警察执法的标准都要比针对白色人种更严格[94]，尽管在有色人种身上发现的违禁品要比在白人身上发现得更少。在明尼苏达州的一项研究中，每100名被警方拦截并搜查的白人中，其中23.53%被查出携带违禁品，但非洲裔美国人的这个比例仅为11.17%。[95]在西弗吉尼亚州，尽管不太可能被查出携带违禁品，但非洲裔和拉丁裔美国人被拦截的概率是白人的1.5倍，被搜查的概率是白人的2.5倍。[96]如果执法人员的经验被视为风险预测模型而输入预测系统，那么在输出数据中也会观察到同样的不成比例的结果。事实上，这些歧视性数据模式训练算法以对未来进行预测，进一步掩盖了潜在的族群偏见。

族群歧视扭曲了判断。近期对隐性偏见的研究证实，这一结果并非来自表面的族群仇恨，而是深层的、无意识的隐性联想，导致人们看待有色人种比看待白人更具怀疑眼光。[97]隐性偏见研究证明了不管是何族群，处于何种教育水平，所有人都有共同的观念，并且这些无意识的观念影响着决策和判断。[98]所有族群的警察都有这些错误的观念，因此，在很大程度上不知不觉地延续了警务中的族群不平等。这种隐性偏见塑造了进入预测系统的原材料，从而决定了谁会成为目标。

同样类型的错误判断在帮派识别上也有体现，这也是算法警务确定目标的另一个关键因子。与帮派成员一起上学，或成为帮派成员的堂兄，或成为帮派成员的"伙伴"，这些是很容易调查到的信息。但如果这种联系导致其在帮派数据库中被标记为帮派成员，则此类错误可能对其他遵守法律的公民产生负面影响。在一份关于"热点名单"的新闻报道中，一名芝加哥警察中尉得知自己的儿子被警察错误地标记为帮派成员时，表达了自己的不满。[99]加利福尼亚州的审核人员发现，卡尔帮（CalGang）数据库中充满了错误，甚至将42名婴儿识别为帮派成员。[100]审核人员还发现，帮派团伙和帮派成员的识别方式存在系统性错误，培训、政策、问责制和数据安全方面也存在系统性的弱点。[101]

因此，预测性目标提出了一个基本问题，这种风险评估算法是否可以避免族群歧视，其他刑事司法风险评估模型研究几乎未提供什么解决办法。美国新闻机构ProPublica的记者调查时查看了佛罗里达州被捕者的审前风险评估分数，以研究族群偏见是否会影响算法。[102]目前，风险评估分数已经成为帮助法官确定谁是否应该在审判前被释放的常用工具。高风险评分使得法官更有可能在没有保释金的情况下，将被告关押在监所中[103]；得分较低的被告被释放的可能性则比较大。与基于人的预测性目标一样，算法的输入考虑了与族群的结构和贫困相关的社会经济因素。

在2013年至2014年，ProPublica公司的调查人员审查了佛罗里达州布劳沃德县（Broward County, Florida）的7000多个风险评分，并与两年后的实际结果进行了比较，[104]目的是查看预测结果（例如，再犯的高风险）是否能成功预测该人会再次犯罪（两年内再次被捕）。不幸的是，风险评估基本上失败了。对于暴力犯罪，只有20%被评估为"再犯高风险"的人被再次逮捕，而那些非暴力犯罪分子，再次被捕的比例则上升到61%。[105]

然而，令人不安的是，该算法错误地评估了非洲裔美国人被告的高风险，评估错误比例几乎是白人的两倍。[106]相反，白人被告也被认为比非洲裔美国人风险低。这种族群差异的原因是建立模型的原始数据便带有偏见。在布劳沃德县，相关人员对一系列"犯罪内需"进行了评估。这些需求涉及对犯罪人格、药物滥用、社会孤立和稳定性的判断，以及关于受试者是否有被监禁的父母、吸食毒品的朋友和是否在学校打架的问题。[107]在设计伊始，考虑什么是风险构成的数据支点这个问题时，设计人员明确表示不再考虑族群因素，但它却包括与结构性贫困、失业和不稳定相关的社会经济风险因素。因此，正如ProPublica网站的文章所阐述的那样，尽管一个有工作的老年白人有几个刑事犯罪记录，而一名失业的18岁非洲裔美国女性没有任何不良记录（但家庭情况不稳定），却可能比老年白人有更高的风险评分。[108]在这种情况以及其他类似情况下，风险评估模型预测得出的结果是错误的。

然而，这种对风险评估的批评本身也受到了批评。[109]一项学术研究表明，虽然ProPublica网站的文章暴露了风险评估算法是不公正的，但其主要原因还是方法论上的缺陷造成的。[110]这些研究人员认为，风险评估机制没有错误，他们使用相同的数据进行预测，结果并没有表现出族群偏见性。而在进行纯粹的数学测试时，算法本身也没有发现偏差的迹象。[111]不论是白人还是黑人，具有相同风险因素的人获得相似的风险评分。然而，偏差在于进入风险评估系统的数据反映了现实社会的不平等和偏见。正如犯罪学家、批判性研究作者安东尼·弗洛雷斯（Anthony Flores）所言："也许，看起来是偏见的东西不在于评估工具，而在于评估系统中。"[112]所以，虽然风险评估工具本身可能不带有族群偏见，而进入算法的数据可能仍会反映现实社会的族群不平等，从而产生的结果显现了对族群的偏见。

索尼贾·斯塔尔（Sonja Starr）强烈质疑了现实中越来越多地依赖风险评估来量刑的现象。她认为任何使用"人口统计、社会经济、家庭和社区变量以确定被告是否应当被监禁以及被监禁多长时间"是错误的。[113]她在一篇重要的法律评论文章中提出了对所谓的循证量刑的质疑：

（循证量刑）的技术官僚不应掩盖一个不可避免的事实：依靠此类工具量刑相当于基于人口统计和社会经济地位的公然歧视……

……使用这些和其他相关变量，例如家庭和社区特征，在政策方面也令人不安。人人平等原则是刑事司法系统的核心价值目标，而目前实行的（循证量刑）可能会造成严重的社会危害。可以预期的是，已经不成比例地受到歧视的人群，包括有色人种，可能会遭受刑事司法系统的不公平对待。而这种量刑方法所传达的信息是，当科学性被忽视，就会书写社会不平等的历史，危害社会公共安全。同时，对穷人明显的额外惩罚也传达出一个信息：风险评估系统被操纵了。[114]

基于证据、基于风险或基于数据的刑事司法系统都存在相同的潜在偏见问题。在社会经济条件与族群相关时依赖社会经济变量建立模型进行预测，即使没有任何歧视意图，也将导致带有族群歧视的结果。

第八节　大数据"热点名单"

因为担心基于人的大数据分析导致错误地拦截搜身、调查、逮捕，许多人对这项技术持谨慎态度。准确的"黑匣子"目标锁定算法令人不安，但不准确的"黑匣子"目标锁定更为可怕。警方的数据仍然充满了错误，而基于错误数据进行预测分析只会加剧这种恐惧。就像麦克丹尼尔或芝加哥警察中尉的儿子一样，人们可能会被错误地添加到这些目标名单上。

任何关于大数据警务影响的讨论都必须面对这种数据错误，[115]数据质量问题困扰着所有数据驱动系统，而警务系统也不例外。[116]事实上，由于数据容量大、复杂性高且缺乏"清洗"或纠正，这些系统更容易出错。即使是用于背景调查的联邦调查局的逮捕档案，也包含数十万个错误。[117]联邦最高法院大法官鲁斯·巴德·金斯伯格（Ruth Bader Ginsburg）对此也提出了警告，单纯依赖警务电子数据库必然会产生错误危险：

> 电子数据库构成了当代刑事司法运作的神经系统。近年来，它们的覆盖面和影响力已经大大地扩展。警方今天可以访问的数据库不仅包括国家犯罪情报中心最新的数据库，还包括恐怖分子嫌疑名单、联邦政府的员工资格系统和各种商业数据库。此外，各国正在积极扩大各司法管辖区之间的信息共享。因此，执法部门在其易于使用的电子设备范围内可以查询到越来越多的信息。
>
> 但这些数据库产生错误的风险并不小。例如，一份政府报告中描述了国家犯罪情报中心数据库、恐怖分子嫌疑名单数据库以及与联邦政府就业资格核查系统相关的数据库中的缺陷。
>
> 广泛的、相互关联的电子信息收集中的不准确性引起了全社会对个人自由的严重关注。仅仅因为一些官员未能维护一个准确的计算机数据库，导致一些公民在公共街道上被逮捕、戴上手铐和搜查，这种严重侵犯公民尊严的情况令人权法案的缔造者们非常愤怒。[118]

因警察的错误而进入"热点名单"的个人将发现难以质疑该错误，因为目前的法律规定使得纠正疏忽的记录错误极其困难。[119]更糟糕的是，由于警务数据库的保密性，没有独立的核查系统来质疑他们的准确性，而这种透明度的缺乏直接妨碍了人们实施追责制的努力。

公平很重要。公平和问责制的政府决策是正当程序所维护的核心。如果政府想要剥夺我们的生命、自由或财产，必须遵循公平的正当程序。[120]但在这一过程中，一般需要通知当事人权利被剥夺并给予其质疑权利被剥夺理由的机会。然而在广泛使用"热点名单"的背景下，这种通知和辩护的机会仍然不存在。虽然警察上门会让你知道自己被列入了"热点名单",但这并没有事先公布,你也无法质疑这个名单。在许多司法管辖区,被列入目标清单的过程显然是不公开的,而且很大程度上是秘密进行的。

秘密数据库和监视列表会影响你的日常生活。在国家安全方面,随着"禁飞名单"或"恐怖主义嫌疑名单"的扩大,美国人对这种情况已经习以为常。[121]尽管存在耻辱、实施困难或显现出错误,人们在现实中仍然广泛使用这些"热点名单"。玛格丽特·胡(Margaret Hu)等学者将这个过程称为"大数据黑匣子",并对当前实践的正当程序限制进行了阐述。[122]当你不知道自己是否被列入"热点名单"时,你如何才能脱离这份"热点名单"?当你无法了解标准时,如何质疑"热点名单"?谁可以质疑?谁来承担质疑"热点名单"的损失?如何通过不透明的数据驱动系统确保透明度和问责制?目前,从"热点名单"上除名的机制,程序繁杂、代价昂贵,甚至根本不存在这种可能性。[123]然而,即使面对这些担忧,一个数据驱动的警务世界也已经出现,这些"热点名单"在警务系统中变得越来越重要,而不是越来越不重要。

第九节 大数据嫌疑

除偏见和错误之外,基于人的预测性目标也会改变警务系统运作的法律制度。大数据技术扭曲了保护公民免受执法部门的不合理搜查和逮捕传统的宪法第四修正案规则。[124]

警方在既定的宪法体系内运作。如果要逮捕街上的人,警察需要"合理怀疑"嫌疑人参与了犯罪。[125]在这里,合理怀疑被定义为"具体和明确的事实,以及对这些事实的理性推论证明嫌疑人已构成犯罪,或犯罪正在进行中"。[126]换句话说,警察不是通过预感来证明一个人目前正在从事犯罪活动。为了逮捕犯罪嫌疑人,警方需要"合理依据"。[127]宪法第四修正案的这项规定要求更高的证明标准,以提供更多的确定性(公平的概率),即这个人确实犯了罪或目前正在犯罪。

几十年来，大城市辖区的警察在街上巡逻，搜寻犯罪活动。有人看起来很可疑吗？这位警官是否看到了毒品交易？接到报案后，警官看到了什么？警察利用观察技巧，根据实际经验对犯罪嫌疑人作出判断。因为警察并不认识所有在他们巡逻区生活的人，因此大多数警务活动都集中在犯罪行为上，而不是犯罪分子本身。这种类型的警务是典型的"小数据"警务，[128]即仅限于人类感官和感知的观测数据点。警察知道他们看到了什么，但知道的并不是很多，而怀疑则来自个别警察对他们观察到的事物的直觉和经验。

制定合理怀疑标准的最高法院提供了一个小数据监控警务活动的典型案例。在特里诉俄亥俄州政府（*Terry v. Ohio*）一案中，克利夫兰市警察局（the Cleveland Police Department）39岁的资深警察马丁·麦克法登（Martin McFadden）负责监视一个名叫约翰·特里（John Terry）的人。[129]在克利夫兰市中心，麦克法登专门负责制止商店扒手和其他犯罪的人。一天下午，麦克法登在珠宝店外面注意到三名男子，他并不认识这些人，也没有任何理由怀疑他们。他看到那些男子走过珠宝店，其中两名男子中途离开，又一次路过该珠宝店，并且绕回第三个人身边。这种情况重复了几次。那一刻，麦克法登陷入了进退维谷的两难境地。他认为这些人有干坏事的企图，可能想要抢劫珠宝店，但他没有逮捕他们的合理依据。在商店周围表现出可疑的迹象还不足以成为实施逮捕的充足理由。[130]

合理怀疑的问题提出了一个更为密切相关的问题：没有任何针对珠宝店犯罪的报告，对这些人的行为有数十种无辜的解释。但仅根据观察到的现象，麦克法登警官产生了怀疑。他接近这些人，立即搜查了他们，并且从特里的随身物品中找出了一把手枪。[131]特里因此被捕，并被指控携带枪支，但没有被指控企图抢劫。最高法院需要考虑的问题是，麦克法登是否有足够的理由来阻止和搜查特里，而且麦克法登侵犯了特里享有的宪法第四修正案规定的宪法权利。[132]毕竟，特里被拦截、搜查，并且他的私有财产被没收了。如果麦克法登没有足够的理由，法院就会认定他违反了宪法第四修正案，并且搜查出枪支的证据将被排除在案件之外。由于没有证据证明存在枪支，检方也将无法起诉携带枪支的特里。

　　最高法院裁定麦克法登有足够的理由（根据他的观察和经验）抓住并随后搜查出特里的武器。[133]最高法院认为，考虑到"总体情况"，麦克法登有理由怀疑并搜查特里。但是在一个只有小数据的世界里（只有观察的数据），我们可以发现警察每天对犯罪行为的判断有多么困难。如果麦克法登只看到这些男子路过商店两次怎么办？如果特里有一个购物袋怎么办？或者有一张旅游地图怎么办？几乎每个警察巡逻队都会对不明犯罪嫌疑人作出类似的判断。上前拦截并搜查之前，警察对他们所观察的人并没有太多了解。在特里诉俄亥俄州政府案件之后，成千上万的案件提出了同样的问题：警方是否有合理的怀疑来拦截犯罪嫌疑人？

　　但是如果特里在"热点名单"上，会怎么样？[134]如果他之前被大数据算法认定为该市最有可能的罪犯之一，会怎么样？如果他是犯罪策略组优先筛选的目标呢？突然间，拦截并搜查的理由似乎要简单得多。现在，麦克法登警官有具体的、个性化的、清晰的事实来证明对这个潜在暴力个体的拦截是正当的。如果麦克法登被法院强行要求为自己的行为作出解释，他可以很容易地从统计上解释说，"热点名单"上的人更有可能参与暴力事件。但请注意，事实上（或就观察到的情况来讲），特里没有做任何值得可疑的事情。特里的行为（犯罪或无辜）在两种情况下是一样的，但关于他的信息改变了警察怀疑的程度和可以采取的措施。

　　或者穿越到不久的未来社会，想象警方通过人脸识别软件和警务数据库，可以发现特里被捕次数、定罪和滥用药物的问题。或者再进一步，想象警察通过社交网络分析并作出推断，将特里与该市目前一名暴徒领袖联系起来。这名暴徒领袖以暴力而闻名，并且因谋杀而遭到通缉。有趣的是，真实的特里确实与这名正在被通缉的暴徒领袖有直接联系，但麦克法登警官并不了解这些情况。这些事实使警察更容易对特里产生怀疑。当今时代，通过在巡逻车中快速搜索计算机，麦克法登可以查询有关犯罪嫌疑人的其他信息来验证他们的怀疑。同样，街上的那个人也没做什么不同的事情，但大数据信息已经改变了宪法对他的保护。

　　因此，大数据可能会改变警方的怀疑方式。反过来，针对个人的高暴力犯罪风险的计算机算法可以成为拦截和进行搜身的理由。正如前文所讨论的那样，在芝加哥，有 1400 人在该"热点名单"上；在新奥尔良，这个数字翻倍了。当检察官参与社区"热点名单"的创建时，因调查而进行拦截和搜查的正当性就只会增加。尽管法院很可能会拒绝这样一种观点，仅仅以列入"热点名单"作为拦截的正当理由，但事实上不需要更多的理由就可以产生合理的怀疑。

关键是，在小数据世界中形成的合理怀疑等理论会被大数据所扭曲。[135] 如果有足够的个人信息，警察可以创建各种可疑链接。选择一个预测的犯罪区域，加上与帮派中的某个人的友谊，再加上之前在一个戒备森严的社区中与警方的一些接触，一个非常普通的年轻人在步行回家的路上可能会突然被拦下，因为他在一个高犯罪区域，是一个已知的帮派成员的同伙，并曾与警方发生过口角。这个年轻人所做的仅仅是步行回家，但关于他的信息引起了警察的怀疑。在宪法上，这种理由并不充足，但宪法第四修正案的保护在数据的阴影中逐渐消失。

一方面，大数据定位的方法可能会扭曲合理怀疑的概念。更糟糕的是，由于与族群和阶级相关的原因，它可以降低怀疑理由充足的程度。[136]* 例如，生活在犯罪高发地区或与警察接触较多的人，可能会越来越多地与其他被警察密切关注的目标联系在一起。这可能会助长显性或隐性偏见的扭曲循环，即使相关性较弱或者实际上是社区、家庭或朋友群等环境因素的结果，警方也会将相关人员标记为犯罪行为者。

另一方面，与传统的小数据警务策略相比，大数据怀疑具有一些优势。首先，嫌疑人的个体化性质提供了警方通常不具备的准确度。[137] 如果警察能够在拦截之前获得有关嫌疑人之前记录的信息，就可能有助于警方分辨其属于危险人物还是非危险人物，也有助于区分有罪和无辜的人。例如，如果麦克法登（McFadden）警官通过该系统搜索特里的名字，发现他没有犯罪前科记录，并且在该地区工作，这可能会减少对他的怀疑。相

---

* 由于大数据与族群和阶级有一定关联，因而它可以在一定程度上对怀疑理由充足的程度降低要求。只有怀疑的理由很充足，才可以对被怀疑对象采取一定措施。表面上看，都是理由充足的怀疑，实际上理由充足的程度却有一定差异。——译者注

反，不必使用种族、年龄、性别和衣着等粗略标签，警察在拦截前就可以确切地知道这个人是谁。[138]虽然非暴力、有工作、无犯罪记录的人与暴力、失业的重罪犯一样可以犯罪，但这些信息将有助于厘清嫌疑人的嫌疑和感知到的危险程度。事实上，如果警察在开始接触之前，能够掌握他们正在调查的人的一些情况，许多不愉快的面对面接触是可以避免的。在未来的大数据世界中，警方甚至可能被要求在进行基于怀疑的拦截之前检查是否有开脱罪责的信息。

其次，信息的准确性增强了警察拦截的合法性，它还在一定程度上强化了问责制，因为大数据信息可供法院在事后检查。[139]如果麦克法登警官向法官解释他注意到特里，并进行了大数据搜索以获取更多信息，所有这些信息都将可以进行核查。法官可以查看这些信息是支持警方的怀疑，还是嫌疑人实际是无罪的；律师可以对数据驱动的记录进行评估，以确定警方拦截犯罪嫌疑人的理由是否充足。

最后，有一个简单的关于效率的讨论。随着资源的减少和责任的增加，警方需要弄清楚如何最好地利用他们的时间。如果大数据可以将风险较高的人与风险较低的人分类，那么就可以获得一定的效率。尽管人们永远不会忘记警方调查背后的自由利益，但是以智能方式筛选优先目标的确是一种诱人的调查技术工具。

第十节　大数据如何改变侦查对象

基于人的预测目标定位方法背后的理念既古老又新颖。警方一直都知道社区里的"坏蛋"是谁，检察官也经常针对他们。然而，使用数据和预测分析来确定社会犯罪驱动因素优先级的警务理念意味着一种新方法。这些技术产生了四个主要变化，这些变化将决定未来谁成为侦查的目标。

第一，主动针对暴力社交网络将改变当地警方应对犯罪的方式。传统上，当地警察可能会依靠巡逻观察或社区投诉对求助作出反应。通过基于人的预测目标定位，警方可以在回应求助之前，将犯罪嫌疑人作为监视或威慑目标。对于当地检察官来说，这是一个重大变化。[140]正如曼哈顿刑事策略部门的前负责人所说："过去哪里发生案件，我们就去哪里。现在，我们可以针对社区正在努力解决的具体犯罪问题制定策略。"[141]大数据警务使警察更加积极主动。在许多方面，地方一级的情报驱动的起诉和警务，实际上只反映了联邦调查员和联邦检察官多年来使用的一些方法。除了经常调查已完成的犯罪案件，联邦调查局和美国检察官也专注于监控和调查犯罪网络，以预防或制止将要发生的犯罪。对于地方警察来说，对帮派网络的研究意味着从被动反应型警务到主动进攻型积极警务的转变。

第二，将暴力视为公共卫生问题而不是纯粹的执法问题的想法，为重新思考如何最好地识别和应对犯罪风险提供了新的机会。暴力具有传染性的观点说明了暴力可以预防。如果有很大比例的枪击事件是报复性的，那么人们可以设计一种治疗方法来中断暴力循环。[142]医学科学已经改变了我们对吸烟风险的理解，肺癌不再被认为是不幸或随机的，而是一个与特定环境风险有关的事件。通过改变环境（戒烟）来解决根本问题，可以降低患癌症的风险。暴力也是如此：如果在某些社区发现负面社会压力的环境因素，就采取有针对性的补救措施来消除这些压力。由研究新奥尔良枪击事件的学者设计的减少暴力策略，明确采用社会服务计划作为模型的一部分。在每一个"热点名单"的"拜访"桌上，都应该有社区社会服务代表真正准备好提供帮助，其目的是为青年男女提供改变环境的机会，从而降低风险。

第三，从传统警务转向情报驱动警务带来了需要系统解决的数据质量风险。智能驱动系统可以处理许多本地情报。[143]犯罪线索、犯罪统计、合作证人、昵称和侦探笔记等可以汇总到一个大型的工作系统数据库。然而，这些数据的质量并不统一。有些犯罪线索是准确的，有些则不是。有些偏见会引起怀疑，有些线人提供的情报也会出错。一个情报驱动警务或情报驱动起诉系统，不考虑数据来源的可靠性和可信度，只是以收集数据的名义将它们全部混为一谈，最终必将失败。正如国家安全情报机构有多层情报分析员来审查导入的信息一样，警察部门必须创建类似的结构来审查这些情报的数据。[144] 没有关于来源、可靠性或可测试性信息的盲目数据采集将导致一个充满错误的数据库。在采用数据驱动技术之前，必须设计系统以获取、分类并使信息对警方有用，特别是当这些系统用于逮捕或起诉公民时，"黑匣子"算法的质量控制措施必须是强有力的。

当侦探、帮派专家或警察情报人员控制"热点名单"时，可能会出现其他有关数据完整性的问题。虽然这些专业人士与社区有密切的联系，并且对当地帮派和潜在目标有一定的了解，但是出于起诉某些个人的兴趣，警察有操纵风险分数的能力，使这些名单存在客观性和公正性的问题。如果一名帮派侦探可以将某人列入名单，并且没有任何程序可以更改或质疑该名单，那么该系统就会被滥用。如果说有一件事是随着帮派数据库的激增而经常被证明的，那就是这些"热点名单"充满了错误。毕竟，虽然没有达到成为团伙成员的正式标准，但谣言、假设或怀疑就足以被标记为团伙的一部分，从而导致风险评分升高。更糟糕的是，尽管环境发生变化，时间流逝，以前的数据变得陈旧，但没有简单的方法可以从名单中删除数据。

第四，大数据警务可能会改变检察官和警察的传统角色。检察官试图使"优先目标"名单上的个人丧失行为能力，检察官可能会逾越职业道德界线。[145] 在一次关于情报趋动起诉主题的培训期间，一名检察官督察谈到了涉及一名青年（优先目标）跑向街头参与斗殴的案件，这名青年携带的头巾中包裹着一把锁。虽然这名男子可能不怀好意，但头巾里包裹着锁并不一定是犯罪，而检察官选择指控该男子携带危险武器，并意图使用该武器（尽管意图使用武器的证据并不明确）。[146] 如果犯罪嫌疑人没有被列入"优先目标"名单，这种没有事实支持的行为，可能不会面临这种严厉的刑事指控，甚至不会被指控。但是，当将剥夺其行为能力作为目标时，检察官积极使用指控、量刑和保释决定的权力可能会扭曲检察官的传统关注重点。这种扭曲不一定是坏事，如果检察官是正确的，并且"优先目标"确实是社区的暴力风险，那么这种积极的预测性起诉也许是有道理的。然而，如果这种类型的人为目标锁定是不准确的，如果它被滥用，或者它没有被核查过，这种做法就可能损害司法系统的公平性。

当警察得到关于谁在"热点名单"上的信息时,也会发生类似的扭曲。这些信息提供了预先怀疑作为证明拦截的理由。预测信息可能会影响警官对名单上的人的监管,而不是对社区进行监管。除了降低宪法规定的拦截限制,这种做法还会产生族群偏见和透明度问题。根据目前的"热点名单",男性,主要是有色人种将受到影响,他们无法知道自己被列入名单并质疑这种认定。这一现实引起了严重的宪法问题,并有可能使整个基于人的预测性警务战略失去合法性。只有当基于地点的预测技术在警务实践中普遍使用时,这些问题才会凸显出来。这是下一章的主题。

第四章

警务执法的地点：基于场所的预测性警务

这不是《少数派报告》*……《少数派报告》是关于在犯罪之前预测犯罪主体。这是预测犯罪最有可能发生的地点和时间，而不是预测谁会犯罪。

——杰弗里·布兰廷汉姆（Jeff Brantingham）[1]

第一节　可能发生谋杀案的阴霾

在计算机生成的地图上点缀着许多小红框，这些小红框代表了算法对未来犯罪地点的预测结果：多年的犯罪活动被打乱重新排序，以确定犯罪发生的模式。每个小红框内的地点发生入室盗窃、车辆盗窃或车载物品盗窃的可能性都很高。[2]

警察局局长在点名时分发印刷好的地图，警察小队的车载电脑指引他们前往热点区域。每天，算法都会通过新的数据计算出新的概率来重新校准这些小红框的位置。警察每天按例轮班执行巡逻任务，并在他们的例行巡逻间歇期开车经过这些预测区域。[3]他们的目标是："阻止和保护"——警察通过在犯罪发生之前出现在正确的地方，来阻止算法预测的犯罪发生。在纽约、

---

* 《少数派报告》是菲利普·迪克的短篇小说。分别于2002年改编为电影，2017年改编为电视剧。——译者注

洛杉矶、迈阿密、亚特兰大和西雅图等大城市以及数十个较小的城市，这种"预测性警务"的理念正在改变警察的巡逻路线和日常工作模式。[4]

什么是基于场所的预测性警务？预测性警务是一种数据驱动方法，用于识别特定地理位置的犯罪模式，并部署警力资源来规避这些风险。盗窃案是否在同一个街区多发？计算机算法将处理数据以预测附近可能发生的入室盗窃案。事实上，计算机将预测出整个城市中所有犯罪率较高的区域。当然，也可以在计算机模型中加入其他因素。周五是发薪日，这与支票兑现商店周围的抢劫风险增加有关；周日举办足球比赛，这可能会导致体育场周围的车辆有较高的失窃风险，但在比赛时间内抢劫案发生率较低。如果下雨，则犯罪风险更低，因为盗窃犯也不喜欢淋雨。

虽然警察可以直观地了解这些犯罪模式，但现在通过先进的数据分析，可以研究、绘制多年的犯罪模式并积极部署。[5]在这个城市的所有地方，在每个案发地点，每天记录的大量犯罪数据，都可以获取并通过算法找出热点以进行额外的审查。然后，警察在这些街区巡逻，以防止预测的犯罪行为发生或在犯罪发生时抓住毫无防备的罪犯。

本章主要探讨基于地点的预测警务的前景和问题。"警务执法的地点"会影响族群、社区关系和宪法等问题。利用大数据的预测可以提高效率和减少犯罪，但也可能改变这些区域的警务运行方式。

第二节　计算机生成的预感

在密苏里州弗格森的迈克尔·布朗（Michael Brown）抗议活动发生一年后，作为部分回应，邻近的密苏里州圣路易斯市警区采取了预测性警务策略，以确保资源分配的优先次序和巡逻的专业性。密苏里州詹宁斯市警察局（the Jennings Police Department）与费城一家名为 Azavea 的小型初创公司合作，开始尝试一项名为"HunchLab"的预测性警务计划。[6]

"HunchLab"模型输入了犯罪数据、人口普查数据和人口密度，并添加了一些其他变量，如学校、教堂、酒吧、俱乐部和交通中心的位置。然后，该算法对收集到的犯罪数据进行分析，从而生成不断更新的区域犯罪风险地图。[7]该模型按犯罪情况、统计学基础和视觉效果进行编码，输出犯罪活动可能性的百分比。巡逻的警察可以通过屏幕上的颜色看到他（或她）正在从犯罪高发区域向住宅盗窃高发区移动。

正如马歇尔计划的调查所详述的那样，这些预测性巡逻对警察和被巡逻者有直接的影响。12月的一天，警察托马斯·肯纳（Thomas Kenner）开始尝试按照"HunchLab"模式进行例行巡逻。[8]他熟悉该地区及其犯罪问题，了解其中一个绿色阴影区域预测的盗窃背后的原因。他开车经过一个贫困社区的折扣店，和许多街区一样，该地区有入店行窃的问题。折扣店加上贫困等于增加了盗窃风险。这不是"火箭科学"*，也不是错误。数据证实了这位警察已经知道的事情。[9]

接着，肯纳警官开往地图上另一个彩色阴影区域，这个色彩代表着更高程度的攻击风险。一辆车窗呈深色的白色雪佛兰黑斑羚款汽车驶向阴影区域，肯纳示意车辆停下接受调查。根据法律规定，如果车窗颜色足够深，警察可以开交通罚单，但这次拦截并不是因为车窗的颜色。司机是一名年轻的非洲裔美国男子，警察拦下车辆并进行盘查时，发现车内有浓重的大麻气味，并且在车内发现一把手枪，虽然该男子承认最近曾吸食过大麻，但是肯纳并没有找到真正的毒品。这把枪是合法的，而且在密苏里州持有手枪不是犯罪，经过全面搜查后，被拦截的司机被允许离开。[10]

这就是基于场所的预测性警务的实际运用。如果没有"HunchLab"的预测，肯纳警官会不会拦下这辆车？他拥有法律赋予的权力，但如果没有预测性的线索，他是否会作出这个决定？这是一次准确的预测还是错误的拦截？这是正当的搜查还是造成不便的借口？相比导致弗格森抗议和司法部调查的琐碎的侮辱性行为，这种计算机产生的怀疑是更好还是更坏？事实上，这个区域被预测为一个风险很高的区域，这一事实究竟如何影响警察的判断？警察最初观察到的所有情况都是在一个以严重袭击而闻名的地

---

* "火箭科学"，意为高深的事，难做的事。——译者注

区附近发生的有色人群违规事件。正如肯纳向马歇尔计划的记者莫里斯·查马（Maurice Chammah）解释的那样，"他有可能向某人开枪，也有可能不会"。[11]

这就是预测的本质：它可能是未来，也可能不是。

第三节　地震预测算法

在加利福尼亚大学洛杉矶分校（UCLA）的学术办公室，杰夫·布兰廷厄姆（Jeff Brantingham）使用计算机模型研究狩猎团伙。作为一名小有成就的人类学家，他撰写了各种主题的文章，例如《关于更新世晚期青藏高原狩猎者殖民化时间和性质的思考》和《城市环境中犯罪和暴力的非线性动力学》。[12]他的作品的共同特点是能够使用数学模型绘制人类行为的动态模式。今天的罪犯只是不同类型的狩猎团伙，他们猎杀的对象不是动物，而是受害者。[13]

布兰廷厄姆的父母都是著名的环境犯罪学家。他将环境会放大犯罪风险的见解做成了价值数百万美元的商业生意，公司名称是 PredPol（predictive policing 预测性警务的缩写），它成为全美基于场所的预测性警务技术的领导者。[14]在乔治·莫勒（George Mohler）、安德里亚·贝尔托齐（Andrea Bertozzi）、马丁·肖特（Martin Short）和乔治·泰坦（George Tita）的帮助下，布兰廷厄姆开始研究某些基于地点的犯罪是否可以被预测，主要是入室盗窃、汽车盗窃和驾车盗窃。[15]利用最初为测量地震余震而开发的算法，研究人员发现犯罪遵循类似的模式。[16]一起入室盗窃案发生后，可能会在同一地区引发第二起或第三起入室盗窃。一个停车场的汽车盗窃案会引发其他车辆的被盗。犯罪，似乎具有波纹效应，一旦确定，这种模式可以被映射和预测。

关于某些犯罪具有传染性的观点并不新鲜，事实上，在犯罪学理论中这一观点有很多的支撑。研究一再表明，某些基于场所的犯罪，如入室盗窃，会引发其他类似的犯罪。[17]背后的原因并不复杂，犯罪分子是习惯性动物，他们倾向于在警察少、被抓机会小的地方继续犯罪。如果某一房屋被盗窃了，且附近的房屋都是相同的类型，那么为什么不继续盗窃，直到被抓住的风险升高了再寻找下一个目标呢？正如肖恩·约翰逊（Shane Johnson）所解释的那样，"第一次盗窃时，窃贼针对某个特定的房屋，获取了相关信息，为未来的目标决策提供参考。这可能涉及被盗房屋的内部布局、进出和逃跑的容易程度、发现某个追回的被盗品、被发现的风险，等等。这些信息可以用来推断附近房屋是否适合被盗窃"。[18]

多年来，犯罪学家对于这种现象的根本原因众说纷纭，但众所周知"相近重复"效应已被人们普遍接受。[19]最初的成功作案/犯罪会带来一些东西，要么为其他犯罪分子标记该区域，要么增加附近类似犯罪的可能性。[20]在一项国际研究中，在不同的国家，在截然不同的环境和文化背景下，入室盗窃案的数量显著增加。[21]在另一项研究中，研究人员发现，76%的受访窃贼倾向于继续回到同一地区（有时是同一所房子）盗窃，直到被抓。[22]

基于场所的警务策略是由场所犯罪学理论演变而来的。[23]几十年来，社会科学研究已经引导了"热点警务"、问题导向警务甚至破窗警务的发展，所有这些针对的都是犯罪行为发生的地理位置。在这些策略和熟练使用计算机来绘制犯罪"热点"地图技术的基础上，布兰廷厄姆和他的同事通过收集犯罪统计数据将这些理论付诸实践，任何城市的犯罪模式都可以被绘制、可视化，他们还借助余震算法每天进行犯罪预测。

最初的理论经过发展，在洛杉矶警察局进行试点应用。在时任局长布拉顿和时任队长肖恩·马林诺夫斯基（Sean Malinowski）的带领下，洛杉矶警察局山麓区开始测试预测性警务是否能在现实世界中发挥作用[24]，并开始进行一个旨在测试布兰廷厄姆的算法是否可以减少财产犯罪（再次入室盗窃、汽车盗窃、驾车盗窃）的项目。试点区域选在洛杉矶市中心以北的山麓区周围，限制在一个长500英尺、宽500英尺的正方形区域。[25]当没有紧急警务或其他优先事项需要处理时，警察遵照指示巡逻这些区域。巡逻的目的是进行威慑，即通过警察的出现来遏制"近乎重复犯罪"的企图。2011年的初步试点项目显示，这些区域的盗窃案减少了25%，[26]其他的目标犯罪类型也有所下降。突然间，利用计算机算法来预测和预防犯罪的理念在全国流行起来。

几乎在一夜之间，预测性警务从一个想法变为现实，然后变成一个商机。《时代周刊》将预测性警务列为年度最佳50项发明之一。[27]司法部投入数百万美元用于资助研究，[28]许多像加利福尼亚州圣克鲁斯这样的小城市推广了这项技术。[29]在乔治亚州的诺克罗斯，推出预测性警务的第一天，警方准确预测了一起入室盗窃案并对罪犯进行了逮捕，成为头条新闻。[30]《纽约时报》和其他主要的国家和国际出版物的相关新闻报道，引起了媒体的广泛关注[31]，PredPol公司开始大力宣传，有针对性的、基于场所的犯罪预测技术是现代警察部门的"必备"资源。

今天，数十个城市正在使用预测性警务技术。[32]PredPol公司采用数据变量的最低限度方法[33]，将其输入的数据限制在犯罪类型、地点、犯罪时间。预测性警务还将预测限制在相当小的地理位置区域内（25万平方英尺的正方形区域），每天根据数据更新预测结果。其他公司则采用了更为复杂的方法，但基本目标相同：使用预测数据系统绘制犯罪模型，以努力降低犯罪风险。

第四节　风险地形建模

是什么让一个地区容易发生犯罪行为？是什么导致了风险？罗格斯大学的乔尔·卡普兰（Joel Caplan）和莱斯·肯尼迪（Les Kennedy）利用数据来发现环境犯罪的驱动因素，该方法被称为"风险地形建模"（risk terrain modeling, RTM），关键是研究环境风险的重叠空间动力（换句话说，为什么某些区域会吸引犯罪分子）。[34]最近的一项全国性研究测试了五个不同的司法管辖区的不同犯罪问题，风险地形建模找出了环境风险因素，然后与警方合作创建具体的解决方案来应对这些风险。[35]

科罗拉多州科罗拉多斯普林斯市的汽车盗窃犯罪猖獗。在该市的某些地区，汽车被盗的可能性是其他地方的48倍。但是如何找出这些地方呢？

风险地形模型确定了6个重叠的风险因素，可以确定汽车最有可能被盗的区域。在科罗拉多斯普林斯，风险因素包括：（1）关于秩序混乱的投诉多；（2）丧失抵押品赎回权；（3）多户住宅单元；（4）公园；（5）休闲餐厅；（6）商业分区。通过绘制风险因素的位置和风险因素重叠的位置，风险地形建模可以分离出4%的地理区域，这些区域就是具有最高的汽车盗窃风险的区域。[36]但为什么如此呢？

答案在于犯罪对象的外形和周边环境。一般而言，多户住宅区有大型停车场，因此车辆一般会停放在公寓看不见的地方。在科罗拉多寒冷的早晨，人们会启动无人看管的汽车以取暖。这些车辆会成为被警方称为"吹风者"的汽车盗窃犯分子的诱人目标，特别是在公园或被拍卖的房屋附近，因为这些地方可以为作案者等待合适的机会提供掩护。[37]休闲餐厅（与快餐店相对）也提供类似的诱惑，因为汽车无人看管且与车主距离较远。对停车场的有限监控以及汽车有一段时间无人看管导致了盗窃案数量的上升。一旦确定了预测区域，警方就会针对这些区域进行额外的监视、开展财产检查、主动打击趁乱犯罪、加强交通执法及部署车牌识别技术以跟踪被盗车辆。与进行测试的对照区域相比，采用降低风险策略的风险地形建模目标区域的汽车盗窃数量减少了33%。[38]

新泽西州纽瓦克市存在枪支泛滥成灾的问题。年轻人开枪射击并互相残杀的概率之高令人咋舌，但枪击事件的地点分布不均匀，最高风险地区犯罪的可能性高出其他地方58倍，[39]但这些地区的面积只占纽瓦克地区总面积的5%。[40]所以如何才能知道哪些区域最有可能成为未来枪击事件发生的地点？风险地形建模列举出11个因素：（1）缉毒；（2）丧失抵押品赎回权；（3）餐馆；（4）加油站；（5）便利店；（6）外卖餐馆；（7）酒吧；（8）废弃房产；（9）学校；（10）酒类商店；（11）特定类型的住房。[41]如果这些风险因素在风险地形图上叠加在一起，则发生枪击的风险增加。为什么？

这些因素的大部分共同之处在于，它们代表了人们可以闲逛的地方。对于纽瓦克的年轻人来说，在不会被警察拦截的情况下闲逛，意味着在警察可接受的营业场所附近闲逛。有些地方，可为闲逛提供掩护，如堂食店和外卖餐馆及便利店；其他地方，如酒类商店和酒吧增加了一个闲逛的地方，同时也增加了饮酒的风险。数据显示，这些地方中最危险的地方，是靠近其他被忽视的建筑物（废弃房屋、止赎建筑物等）的露天营业场所。废弃的建筑物可用于出售毒品、吸毒或闲逛，邻近的公共空间为暴力犯罪（无论是抢劫还是报复）提供了场所。此外，在大多数其他服务场所打烊后的深夜，24 小时营业的加油站被证明是枪击事件高发的地点。应对措施就是让警察加强在所确定的场所（加油站、便利店、餐馆）附近的巡逻，并把目光瞄准附近被忽视的建筑，这些建筑可能被用作闲逛的场所。在采取有针对性的策略之后，风险地形建模的目标区域与研究期间的对照区域相比，射击类暴力犯罪案件数量下降了 35%。[42] 有趣的是，虽然这些技术显著减少了犯罪，但并未导致逮捕人数的显著增加。

在密苏里州堪萨斯城、亚利桑那州格伦代尔市、伊利诺伊州芝加哥市也进行了类似的实验，它们通过类似的基于风险的环境因素分析，来制定针对性的策略以降低犯罪率。[43] 新泽西州的早期项目成功预测了枪击案件的高发区域。[44] 通过研究特定地理环境中犯罪的空间动态，警察可以使用数据建模，以识别、预测并补救可能的暴力风险。

第五节 预测性警务有用吗

作为数据驱动的一种创新，基于场所的预测性警务应该得到数据方面的支持。但至少按照目前的理解，数据仍然不能确定其有效性。这些数据非但没有说明问题，反而显得很模糊。使用 PredPol 的城市犯罪率有升有降。例如，在洛杉矶这个 PredPol 的早期试验城市，早期成功之后遇到了更为严肃的现实，那就是整体犯罪率上升。从积极的方面来看，在 2013 年 1 月至 2014 年 1 月的一年期间，洛杉矶警察局山麓区的犯罪率下降了 20%，[45] 但随后在 2015 年和 2016 年，整个城市的犯罪率又有所上升。[46] 其他城市在测试初期也看到了犯罪率下降的现象。[47] 虽然许多新的司法管辖区已采用该技术，但仍有一些城市停止继续使用 PredPol 或初期表现出兴趣之后拒绝使用。[48]

PredPol 算法的唯一学术审查就是由公司创始人撰写的一项同行评审研究报告。[49]该文探讨了两项真实的实验,将 PredPol 基于计算机的预测与警方犯罪分析师的预测进行了比较。加利福尼亚州洛杉矶和英国肯特两个城市对两种犯罪预测方法进行了直接比较。[50]结果显示,在洛杉矶,犯罪分析师预测了 2.1% 的犯罪,而算法预测了 4.7% 的犯罪;[51]在肯特,犯罪分析师预测了 6.8% 的犯罪,而该算法的较好平均值为 9.8%。[52]在洛杉矶,测试期间(117 天),PredPol 模型的预测准确度比犯罪分析师高 2.2 倍。[53]

这种测试是对基于场所的预测性警务作用的重要但有限的证明。该项技术仍存在问题。第一个也是最明显的问题是,比犯罪分析师的预测准确度高 2.2 倍是不是一个有意义的衡量标准。只有对 Y 的值有一个基准的理解时,说 X 比 Y 好才是真正有意义的。但也许算法和分析师都很糟糕,所以优于糟糕的并不一定值得投资。到目前为止,还没有关于犯罪分析师准确性的科学研究。即使犯罪分析师的准确性没有得到足够的验证,预测性警务的研究也似乎击败了热点地图绘制和人为分析,但公平地说,PredPol 在现实世界中实现并且进行科学实验是很困难的。最重要的是,PredPol 领先于一些公司,愿意通过同行评审程序测试其计划,而大多数其他公司并没有任何同行研究来支持他们对于减少犯罪的观点。

为了检验预测性警务背后的理论,国家司法研究所资助了路易斯安那州什里夫波特的兰德试点项目[54],希望能客观地评估基于场所的预测性警务背后的理论。研究人员与什里夫波特警察局合作,使用由什里夫波特犯罪分析师和兰德分析师设计的独立算法进行了为期 29 周的研究。[55]与 PredPol 类似,该模型侧重于已知犯罪热点区域的财产犯罪;与风险地形建模类似,分析师将特定的地理因素与其风险模型相关联。什里夫波特的因素包括:(1)存在缓刑或假释的居民;(2)过去 6 个月的蓄谋犯罪报案数量;(3)蓄谋犯罪预测;(4)关于扰乱秩序的 911 报警电话;(5)故意破坏财物行为;(6)少年犯;(7)加权 14 天的蓄谋犯罪统计数据。[56]巡逻的目标是风险因子得分最高的地点,在审查了信息并将预测与对照区域进行比较后,兰德(RAND)公司得出结论,认为"该计划对整体犯罪率在统计学上没有显著的影响，但目前尚不清楚这是因为模型设计的失败还是项目实施的失败"。[57]简而言之，兰德公司的研究不能证明预测性警务的有效性或准确性，分析师无法断定研究失败的确切原因。

尽管存在不确定性，预测性警务背后的理论应该是有效的。场所在犯罪学中一直很重要，暴力倾向于聚集在可观察和可预测的空间中。例如，在马萨诸塞州波士顿，研究人员发现6年里的枪击事件发生在有限的区域内（面积大约占整个区域的5%）。[58]作为应对措施，警察划分出了13个目标区域，并部署了特警队伍巡逻那些热点区域。结果，这些地区和整个城市的犯罪率都下降了。[59]瞄准场所就意味着瞄准犯罪。

因为帮派往往是地域性的，帮派暴力提供了另一个运用基于场所的预测性警务理论的例子。参与竞争性毒品交易业务的帮派，倾向于以暴力方式守卫帮派领土：如果你试图在我的地盘买卖毒品，你就会被枪杀。帮派还以暴还暴，这导致了报复性的枪击循环案件。[60]虽然具有社会破坏性，但是地域性和可预测性的结合意味着未来的帮派暴力可以得到准确的预测。一场枪击会引发另一场枪击，并且会沿着帮派领土边界实施枪击。一项关于洛杉矶帮派的研究发现，83%的帮派犯罪发生在已知帮派边界的三个街区内。[61]对于特定俱乐部、酒吧和其他结合了酒精、清晨时间和敌对人群的场所，也作出了类似的预测。

这些例子提供了揭开犯罪活动阴影的希望。成功的迹象、有意义的理论以及在现实世界中测试算法的能力的不断增强，为数据驱动警务的未来带来了一些积极的启示。但在现实世界中研究犯罪一直很复杂，分析犯罪率下降的原因和结果总是存在争议，算法也在不断变化，这使得很难评估其当前的准确性。因此，这个价值千金的问题仍然没有答案。即便预测性警务系统已在许多主要城市作为警务策略，但它们是否有效还是未知的。

第六节　数据问题

关于基于场所的预测性警务的数据仍存在很大问题。最大的问题是

"应该统计哪些数据"？早期人们关注盗窃、汽车盗窃和驾车盗窃的原因之一是，警方频繁地收到这些罪行的报案。由于保险索赔和证明犯罪的能力强大，我们可以很清楚这些财产犯罪的频率。而许多其他罪行并非如此，如家庭暴力、性侵犯、帮派暴力以及许多持有毒品和枪支的罪行从未成为预测性警务的原始数据。事实上，在司法部的报告中，有50%的暴力犯罪，警方并没有接到报案。[62]这意味着依赖犯罪统计数据的系统必然会产生有偏差的结果。

随着预测性警务范围的扩大，由于犯罪数据而产生的对财产犯罪的过分关注可能会导致预测结果的进一步偏差。从社区关注的层面，对暴力犯罪的关注往往超过对财产犯罪的关注，但是一个专注于接到报案的犯罪数据统计系统将遗漏大部分的暴力犯罪。许多帮派枪击案将继续受到关注，而受害者也可能涉及其他无关的犯罪活动（例如，受害者本身也参与毒品交易、抢劫或帮派活动）。如果数据驱动警务的目标是最大限度地提高数据的准确性，那么必须谨慎对待数据采集的局限性。

还有一个重要问题是如何统计犯罪数据。在纽约市，第一次由数据驱动的CampStat革命中，关于警察如何记录和对逮捕行为进行分类的丑闻层出不穷。[63]官员希望逮捕数量上升（证明警方办案能力强）和犯罪数量下降（证明社会治安良好），因此，严重犯罪被降低为轻微指控，但鼓励更多的逮捕行为。[64]抢夺钱包将被逮捕，但被列为盗窃这一轻微罪行。最终，逮捕的总人数不变，但减少了抢劫等重罪的数量。对纽约警察局逮捕制度的审查表明，在对犯罪类型进行分类时经常出现错误，这些错误恰好有利于告知公众关于减少犯罪的政治故事。[65]尽管犯罪率实际上有所下降，但系统错误是由于需要增加数据采集而造成的系统压力造成的。类似的问题也出现在孟菲斯和芝加哥，当进行犯罪数据归档整理时，不客观的警务数据处理降低了数据驱动系统的准确性。[66]

更基本的问题涉及无意识的数据错误。预测性警务策略要求在特定时间、针对特定区域的精度水平上运行，但是数据采集过程并不总能反映出这种精确性。想象一下，警察看到一个他们认为刚刚参与毒品交易的男子，他们追了他5个街区并拦截他搜查出更多的毒品。犯罪行为发生在第一个街区还是第二个街区？警官在报告中记录的地址改变了该区域的概况。如果警官写了另一个地址怎么办？或是写下错误的犯罪案件编号会如何？或者报告了一个与逮捕街区非常接近的地点呢？又或是完全忘记输入数据呢？这些问题对毒品贩卖的刑事案件来说不一定很重要，但它们对未来犯罪预测的准确性会产生负面影响。同样，这就是早期预测性警务系统专注于处理盗窃案（具有固定地址）和汽车盗窃案或驾车盗窃案（在固定位置）的原因。再加上犯罪的不确定性，警察会烦恼于轮班时进行的多次逮捕以及后期的文书工作的困扰，错误就会发生。这些数据错误可能会影响数据系统的可靠性，具体内容将在下文详述。

第七节　预测性警务是否具有族群歧视性

　　警方犯罪数据的系统性偏见引发了更深层次的思考。如果像弗格森或纽约市那样的警务模式会产生族群偏差的统计数据，那么我们如何处理基于该数据的预测性警务算法呢？正如美国公民自由联盟刑法改革项目主任以西基·爱德华兹（Ezekiel Edwards）所批评的那样，"首先……令人担忧的是，目前部署的预测性警务是否对有色人种社区来说损害大于帮助。如果我们的刑事司法系统有一个可靠的评估，那就是不合理的族群差异会影响到刑法过程的每个阶段。拦截、搜身、搜查、逮捕、审前拘留、定罪和量刑的分析一次又一次揭示了对有色人种的差别待遇"。[67]如果预测性警务导致更多针对有色人种的数据，那么系统就有自我验证的风险。即预测一个热点，派出警察在热点逮捕，输入记录该区域有高风险的数据，将该数据用于下一次预测，然后重复这个过程。美国公民自由联盟自由技术项目负责人卡德·克罗克福德（Kade Crockford）称这种类型的数据分析就是"技术清洗"族群歧视性的警察行为。[68]

　　针对这些质疑，预测性警务倡导者可能会争辩说：首先，一些预测系统使用的是接到报案的犯罪数据，而不是逮捕数据；其次，所有预测模型中都删除了族群这一因子。第一个论点区分了接到报案的犯罪（我的车被盗）和逮捕（我们因涉嫌偷车而逮捕了犯罪嫌疑人）。"我的车被盗"的报案涉及一个具有固定地点和时间的现实犯罪，而逮捕仅仅是警察的怀疑。作为自我验证说的观点回应，洛杉矶警察局的肖恩·马林诺夫斯基（Sean Malinowski）说道：

> 我们……强调这是一个基于场所的警务预测策略，根据三年来对犯罪模型的总结进行算法开发和犯罪预测，并且逮捕并不是这个算数方程的一部分。我们认为这很重要，因为我们从一些社区工作人员那里听说，他们担心的是该计划创造了一种自我验证的预言，导致社区无法从中恢复良好秩序运行。例如，如果通过基于犯罪和逮捕的预测而将警察部署到一个地区，并且实际上发生了更多的逮捕，这些逮捕会被输入模型中，影响下一步的预测。在我们的模型中，我们希望仅根据犯罪来部署警察，然后希望从源头处解决，即不给予犯罪者实施犯罪的机会。如果我们能够在合适的时间出现在正确的地点，并轻松地阻止犯罪分子实施他们的财产犯罪计划，那么我们不一定会被束缚在报案或逮捕上。[69]

这一论点最大限度地减少了逮捕或接触在预测犯罪场所时的作用，从而最大限度地减少了一些潜在的警察偏见。

基于逮捕的预测性警务系统，与基于刑事报案的预测性警务系统之间的区别，值得进一步分析，因为这一点在关于预测技术的辩论中经常被混淆。基于逮捕的预测系统将比基于刑事报案的预测系统更能反映出警务模式。入室盗窃发生并被报告，因此该案件所记录的警方数据不是警察驱动的。缉毒也会发生，但可能会受到警察所在地的影响。遵循这些刑事报案的模型避免了一些影响其他系统的主观性和偏见。正如 PredPol 最初设计的那样，这是"刑事报案"的焦点，而不是"逮捕"的焦点，可能提供有用的犯罪统计数据，而不会产生有偏见的警务模式。

由于其他预测性警务模型在方程中添加了其他变量，偏见性问题变得更加严峻。同样，在族群和贫困紧密相关的城市中，所选择的风险因素可能会对有色人种社区造成不利的影响。诚然，算法特意在影响因子中去掉了族群这一因子，但在美国许多的城市，族群问题与地点问题紧密相关。根据法律、惯例和习俗，社区已经按照族群和阶级进行划分。[70] 针对丧失抵押品赎回权的地区或多户住宅的地方可能很容易与贫困地区相关联。刑满释放人员或缓刑犯所在的目标地区，可能无法从警务预测系统的高优先级中脱离出来，因为这些人进入了刑事司法系统的警务策略，是警方关注的重点。

值得一提的是，选择要分析的犯罪类型可能会影响预测技术的歧视性。如上文所述，基于毒品逮捕的预测性警务策略几乎肯定会复制专用于毒品使用的警务模式。入室盗窃和汽车盗窃会发生在一个城市的富裕街区和贫民区，因此 PredPol 的汽车盗窃显示的红色方框区域可能并非都集中在贫困社区，而会包含市中心的停车场和富裕的郊区在内。暴力枪击往往聚集在贫困社区，因此在贫困和族群紧密相关的城市中，预测性暴力犯罪目标似乎比预防性针对入室盗窃更具族群偏见。但话说回来，警方通常只是根据尸体来源侦查案件。预测的高枪支暴力风险区域可能与贫穷的有色人种社区有关，但这也是枪击事件常发生的地方。偏见不在于算法，而在于进入系统的现实的案件事实。因此，准确的预测性警务模型可能看起来具有歧视性，但这种令人不安的结果可以很好地通过一个地区的社会经济现实和犯罪模式来解释。

第八节　宪法问题

基于场所的预测性警务的不确定性在宪法上也存在问题。位置因素会引起警察的怀疑吗？是否有警察应该更怀疑的地方？是已知的露天毒品交易市场？还是被遗弃的建筑物？最高法院认为，警方在"高犯罪率区域"进行观察，可能是决定该警察是否有合理怀疑或合理理由的一个因素。[71] 令人沮丧的是，法院对什么是"高犯罪区域"从未界定过，但是可以想象，预测性警务技术在绘制这些区域地图时是非常有效的。[72]毕竟，该算法实际上是通过综合每张数字地图来创建预测的高犯罪率区域地图。

基于场所的预测性警务也带来了两个有关宪法第四修正案的重要问题。首先，警察在街上执法时，预测的结果如何影响他们衡量自己是否具有合理怀疑或可能的理由？其次，法官应如何在法庭上评估这种预测性线索？

设想一下，你是加利福尼亚州圣克鲁斯市的一名警察。在上午签到时，你会收到一份每日预测报告。十个红色方框标记着十个预测的潜在犯罪区域。其中一个方框指向的是一个市中心的车库，在下午5点到6点之间有10.36%的车辆盗窃风险。[73]预测性警务并没有告诉你该如何完成你的工作，但理论上来说你应该额外花一些时间在该车库周围，以阻止潜在的偷车贼。因此，作为一名尽职尽责的警官，你在值班时间按计划执行巡逻任务。下午5点左右，你绕着车库转了一圈，发现有几个男人在附近闲逛。你并不了解他们，也不知道他们在做什么，其中一个人似乎有一些工具，但这些工具可能是汽车盗窃的作案工具，也可能是一些合法职业工作者携带的物品。你产生了怀疑，因为他们看起来像在车库别有目的。其中一名男子远远走开，想要与警察巡逻车保持距离。在城市的任何其他地方，在任何其他时间，警察肯定没有足够的怀疑来拦截这个人。如果警察仅仅基于预感进行拦截，那就违反宪法第四修正案。但在这里，我们有一个算法的提示，即算法预测到这里发生汽车盗窃的可能性是十分之一。你在适当的时间和适当地点发现了一个犯罪嫌疑人，并且犯罪嫌疑人携带的工具与汽车盗窃所用工具相吻合。此外，这些人故意避开了现场的警察。显然，预测的结果影响了警官判断的方式，这种怀疑可能会导致曲解其他无辜的行为，并在不应该上前拦截的情况下上前拦截。

我们可以发现，预测性警务算法创建了一个高犯罪率的小区域，正如最高法院所说，这可以被视为评估合理怀疑的一个因素。[74]法官审查该警官是否有合理的怀疑拦截疑似偷车贼时必须做出更加困难的判断。假设在拦截后，警方找到了一个"slim jim"——一种用来打开车门的薄金属工具。该男子被指控企图偷车，而法庭遇到的法律问题是，拦截和搜查是否违反了宪法第四修正案。法官应如何评估与拦截相关的犯罪预测？这些数据是不是类似一个小提醒（想象一个线人说，车辆会在车库被盗窃）？预测是否像警察同伴所说的那样，"嘿，伙计，下一班要警惕车库中的偷车贼"？一个地区的概况是否与一个人的概况相似，从而可能导致对族群定性的担忧（但法院普遍接受）？[75]事实上，无论法官做出何种决定（并且所有选项都符合现行法律），预测性警务技术都将影响宪法第四修正案中规定的个人权利。

退一步说，计算机算法可以在某些领域，特别是在有色人种社区中影响到宪法第四修正案规定的自由，这一点应该引起极大的关注。不同待遇、准确性、透明度和问责制的问题都需要引起注意。如果经过一个预测的红色方框会改变一个人的宪法权利，导致其可能受到不合理的搜查和扣押，那么就需要对该技术的使用进行更高级别的审查。

到目前为止，只有少数人提出了这个问题，而法院或社区很少关注这些。洛杉矶的社区研讨会对预测性警务和其他监控技术表示了担忧，在洛杉矶警察反间谍联盟等组织领导下，活动组织者和社区倡导者为自己和同胞提供了有关宪法影响的教育宣传。[76]抗议活动表达了人们的担忧，即对基于数据驱动的理由，越来越多地使用激进的警务做法的担忧与关注。该联盟的领导人之一哈米德·卡恩（Hamid Kahn）解释了社区的担忧："预测性警务是在破窗理论、禁毒和打击犯罪等斗争长期失败的种族主义警务项目中的另一种策略。在数据分析和算法的华丽辞藻中，预测性警务从根本上说是族群主义的代名词，是进一步加强对黑人、棕色人种和穷人的暴力警务的默认。"[77]这是潜在的恐惧，即通过技术将不公正的历史颠倒，并证明警务实践是合理的。在警民关系紧张并经常被激进的警察巡逻所困扰的社区中，计算机可以改善警察与社区关系这一想法根本行不通。

第九节　大数据如何改变警务地点

简单来说，预测性警务会改变警察的工作重点区域。比如，在采用这些技术的城市，警察巡逻时重点监控红色方框区域。但真正的变化是预测性警务如何影响警察在巡逻时的行为。

在个人层面，预测性警务会影响警察对社区的看法。很自然地，警察获得官方数据，以便他们在特定的地方监视特定的犯罪，他们将被指派或鼓励去监控预测到的犯罪。这就是"高犯罪率地区"的危险，正如第九巡回上诉法院的首席法官亚历克斯·科金斯基（Alex Kozinski）曾写道："就像一个有锤子的男人把每个问题都视为一个钉子，一个警察可能会把他巡逻区域的每一个角落都看成一个高犯罪区域。警察接受了侦查犯罪活动的培训，他们用怀疑的目光审视着这个世界。"[78] 无论有罪还是无辜，预测区域内的每个人将同样受到怀疑的目光审视。

这种怀疑将导致额外的拦截、搜查和搜身，而这也可能会加剧警察与这些地区的公民之间的紧张程度。"被衡量就会被管理"这句古老格言非常适用于警方。告诉警察红色方框区域，警方会采取对应措施；告诉他们某些目标街区，警方也会采取对应措施。他们知道需要增加他们的"统计数据"（以显示所采取措施的警务效率），即使在拦截的法律理由有些牵强的情况下，巡逻的警官也会感到有压力而上前拦截。这是导致纽约警察局拦截搜身计划在 2013 年被宣布违宪的原因之一。

事实上，预测性警务可能导致更多的警察枪击和平民骚乱。在目标地区，警方可能会认为，法律允许他们进行额外的积极侦查。由于这些区域被认为更危险，警方也可能采取更激进的保护措施。虽然每一次警察拦截都伴随潜在的危险，但是身处暴力程度较高的地区这一认知，可能会改变警察的行为方式，导致他们更频繁地使用武力。

在打击犯罪战略层面，预测性警务可能会对传统警务实践产生扭曲效应。在加利福尼亚的 PredPol 的第一次实践中，警察被提醒离开预测的"红色方框"区域。[79] 但显然，警察执行巡逻任务，从未离开过预测的区域。在旧金山警察局表达对一个预测系统的担忧时，该部门的情报部主任苏珊·梅里特（Susan Merritt）讲述道："在洛杉矶，我听说，很多警察只在红色方框区域里巡逻，而不是在其他地方巡逻……人们过于专注于红色方框区域，使得他们不得不提出一个口号，'跳出红色方框区域思考'。"[80]

在兰德公司什里夫波特研究中，也发现了类似的失真现象。研究人员注意到，巡逻人员变得更像侦探，试图找出预测区域的犯罪诱因。巡逻人员更多地离开警车，与公民交谈，并专注于"情报搜集"。[81]警察拦截并询问了更多人，查看了人们的档案记录，调查了未报告的毒品使用情况，并试图弄清楚谁参与了犯罪活动。具有讽刺意味的是，这种类型的社区调查迟滞了对传统报警的反应速度，导致人们投诉警察在紧急情况下反应迟钝。[82]此外，在没有背景信息或没有侦查过类似案件的情况下，将针对目标区域的调查线索交给侦探，会给已经超负荷的侦探们增加负担，并引起一些内部抱怨。侦探们显然不喜欢巡警们表现得像侦探一样。在这两种情形中*，警察改变了传统做法，以满足警务管理人员设计的指标。

然而，这一改变虽然颠覆了传统做法，但可能并不是一件消极的事情。事实上，警察从专注逮捕转变为专注调查，从被动反应转变为主动威慑，是预测性警务推进过程中的副产品。在一次关于 PredPol 在洛杉矶的有效性的采访中，洛杉矶警察局的肖恩·马林诺夫斯基（Sean Malinowski）说，他看到了他的警员们对警务目标的态度有了变化：

> 马林诺夫斯基说，他注意到当开始使用 PredPol 时，警察的行为发生了变化。他们变得不那么专注于逮捕，从他的角度来看这是可取的，因为公众可能会更愿意看到警察专注于防止受害者受到伤害，并因此更信任警察。"他们不得不改变他们的思维方式，因为多年来他们都是因工作效率高而得到奖励，意味着更少的传讯和逮捕，而我告诉他们，这不是他们得到奖励的原因。"……"我感兴趣的是将受害者的减少作为奖励原因。"[83]

具有讽刺意味的是，实施数据驱动的警务系统，可能会降低对数据的重视，增加人与人之间的互动。

在数据驱动警务管理的演变中出现了另外两个问题。第一个是"数据近视"，即在数据不再有意义的情况下，数据驱动警务管理者仍然遵从数

---

* 指没有背景信息或没有侦查过类似案件的情况。——译者注

据。[84]在警务方面，这会表现为忘记思考任何预测背后的"原因"。例如，如果一个预测算法由于相邻街区发生了一系列相关入室盗窃案件而引发了入室盗窃警报，那么通常情况下，按照预测提示进行跟踪是有意义的。但是，如果窃贼是在最后一所房子里被抓住，并且承认了所有其他导致窃贼数量增加的盗窃行为，那么预测很可能是错误的。犯罪高风险（窃贼）的"原因"已从方程中去除（他在监狱中），但算法可能不知道这一事实。

关注预测起作用的背后"原因"，体现了预测性警务的一个更大的问题，即第二个问题：风险识别是否足够？PredPol，HunchLab，兰德公司的模型和其他预测技术都旨在识别更高风险的犯罪领域。但是，知道这些危险在哪里，并不一定能告诉警方如何应对这些风险。仅仅派一辆警车去预测区域足够吗？如果环境脆弱性助长了犯罪，那么改变环境可能比维持治安更重要。如果废弃的建筑为毒品交易提供了掩护，你可以把一辆警车停在门前，临时修复一下建筑物，或者把这栋建筑重建一下，永久性修复。你还可以提供药物治疗，从而解决吸毒成瘾问题。预测数据识别了问题，但却没有提供解决方案。在基于场所的基础的预测技术中，只有"风险地形建模"明确地解决和纠正"为什么"某些地区会"吸引"非法行为。[85]

如果不了解预测为什么会起作用，那么数据驱动的预测会带来更具侵略性和更少建设性的警务实践。这是预测技术潜在的危险之一：数据可以证明不良政策选择的合理性。

下面讨论一个弄巧成拙的例子，洛杉矶警察局决定使用警用直升机来改进预测性警务理论。[86]需要澄清的是，PredPol 并没有批准直升机项目，但洛杉矶警察局将预测威慑理论与长期依赖直升机空中支援的因素混合在一起。然而，显而易见，将洛杉矶警察局空中支援直升机放在目标城市街区上空几乎没有任何实际意义。事实上，直升机绝不是外科手术。直升机飞行在 500 英尺长且 500 英尺宽的预测目标区域上空。直升飞机噪声大、烦人、吓人，且很有干扰性。无论从何种角度看待风险识别方法，这种补救措施都是很过火的。警方使用的不是打击犯罪的手术刀，而是用直升机桨叶进行手术。补救措施也破坏了这一理论。在实践中，为了配合直升机的飞行路线，警方不得不将预测区域扩大到跨越许多街区的飞行走廊（也因此扩大了预测警务理论的范围）。显然，覆盖的区域越大，目标预测的准确性就越低。预测警务研究从来没有在预测犯罪的大型走廊上得到验证，将来也不会，因为这项技术（和理论）的全部价值在于缩小关注范围。此外，为了发挥有效的威慑作用，直升飞机必须飞得很低，以使人们看得见，这就意味着这些地区的所有守法公民也会受到警察的干扰和恐吓性监视的困扰。[87]

因此，直升机项目的真正危险在于如何通过数据证明其合理性。直升机威慑的论据来自相信预测性警务数据。如果警车能够起到威慑作用，那么警用直升机就可以起到更大的威慑作用。无论这是否属实，使用预测性警务理论来证明这一点都是误导性的。借用预测数据但应用过度的补救措施这一问题在整个预测性警务中都客观存在。混淆风险和补救措施以及依赖误导性数据可能会削弱预测性警务的积极作用。

还有一个问题是预测策略需要适应不同地理区域的局限性。警务管理人员必须明白，即使预测性警务系统在一个城市有效，也可能在他们的城市无效。在洛杉矶广阔的地区行得通的东西，可能不适用于纽约市这一垂直设计的大都市；在芝加哥行得通的方法，可能不适用于较小的乡村小镇。数据可利用性也可能削弱模型的预测价值。为了发挥作用，警务系统需要足够的数据来处理，而一些小城镇没有足够的数据集来建立强大的模型。在各种技术措施中进行选择时，警务管理人员必须清醒地认识到城市或城镇的差异。

尽管有关预测性警务有科学性、有效性和歧视性影响的问题存在疑问，且依然未能得到解决，但其实际应用价值已经吸引了许多警察局局长和城市采用这个系统。阻止犯罪的黑匣子解决方案的诱惑已经赢得了怀疑论者的支持。哪个警察部门不想成为"智能警务"或"警务前沿"？即使智能并不是持续有效，但通常智能是更好的代表。随着越来越多的警察部门对新技术表示出兴趣，日立、摩托罗拉和IBM等大公司都开始开发相关技术，与小型新兴公司展开竞争。[88]

在某种程度上，选择在于被定义为新的预测性警务技术是否优于传统的警务模式。从管理角度来看，运用数据、电子地图和预测分析来重构警区、警员配备、巡逻区域，与过去的做法相比有了很大的跨越。一个可能是杜撰的故事讲述了传统方式中创建警察巡逻区域的"Bud‑Shell 方法"：

> 创建警务区域的"Bud‑Shell 方法"……描述了一名警察局局长，他带着"六捆百威啤酒和壳牌站路线图"坐了一晚，并使用魔术笔在主要街道上划线。如果你有一个主要的东西向动脉和一个主要的南北向动脉——瞧！——你有四个区域！其中一个主要包含上层住宅，另一个包含医院、一所高中和一家戒毒所。在 20 世纪的前 90 年中，"Bud‑Shell 方法"是主要的分区方法，这可能太简单了……但是，在经济实惠的地理信息系统桌面（Geographic Information System, GIS）软件出现之前，划分区域任务很难以任何其他方式完成。[89]

今天，关于场所犯罪模式的数据使得这样一个过程变得可笑。在警务管理方面，毫无疑问，预测技术和相关的犯罪绘图大大提高了警察巡逻和人员分配的效率。只要犯罪行为在特定地方继续发生，了解这些地方以及与这些地方相关的环境风险就是衡量进展的明确标准。基于场所的预测性警务，已经触动了人们的神经，为最需要它的地方提供技术层面的解决方案。这些基于场所的解决方案还影响了在哪里使用新的大数据监控技术，这些技术可提供实时监控和调查功能。这是下一章所要讨论的主题。

第五章

警务执法的时段：实时监控和侦查

人们期待警察能够掌握别人不知道的情况，看出别人看不出的东西。他们基于有限的事实瞬间作出了决定，他们所掌握的情报越多……就可以更安全地应对报警。

——弗雷斯诺市警察局局长杰瑞·戴尔（Jerry Dyer）[1]

第一节　小心你的危险系数

刚接到报警的值勤人员在情报匮乏的黑暗中摸索。一个报告骚乱或者暴力的911报警来电，要求警方在没有太多信息的情况下进入居民家中。如果你是那个接到报警的警员，你或许想知道门后面的人是一个帮派成员还是一位老奶奶，是一名重罪犯还是一位一年级的老师。

在大数据方面，大数据公司一直在收集有关你、你的家人和你的住宅的数十亿字节的个人信息并输入大数据库。这些信息按地址排列，以方便警察能实时访问信息并对该住宅的报警信息作出回应。通过数据库了解到你有稳定的信誉、两个孩子、一份合法工作、喜欢精美的葡萄酒和烹饪杂志后，警员可以预测，当你开门时你是否有危险。通过大数据，警方可以在需要采取行动之前获取相关信息。

加利福尼亚州弗雷斯诺市（Fresno, California）的警方试用了一项名为Beware系统的服务，为警员提供关于地址和人员的实时"危险系数"。[2] Beware系统通过搜索专有的消费者数据库，对报警人、地址或者社区提供初步的危险预测。[3]这些预测用不同颜色标识危险等级（红色、黄色或绿色），并为警方进行现场处置提供了一些风险评估措施。Beware系统的数据来自有用的公司档案记录，如犯罪记录、认股权证和财产记录。实质上，大多数数据来源于消费者大数据系统——早期数据版本也包含了社交媒体数据，这些数据可能会涉及危险性言论、帮派协会或其他暴力评论。[4]

关于Beware系统如何确定威胁级别，我们知之甚少。这项服务归韦斯特公司（West Corporation）的子公司Intrado所有，该公司将危险评分算法作为商业秘密，排除在公众视野之外。[5]在有关该技术的社区听证会上，弗雷斯诺市警察局局长承认，Intrado公司甚至没有告知警方危险系数是如何计算的。但是，就像许多跟大数据相关的事情一样，这个秘密其实并不是什么机密。[6]有关逮捕、定罪、持枪证、社区、犯罪率等数据，仍然可以通过大数据公司的数据库获得。实际上，同一值勤警员只要将报警人的地址输入现有的警务数据库，就可以获得许多相同的信息并且得出相同的推断。

当然，预测会产生影响。如果警察得到关于某个暴力重罪犯住在某个特定家庭的信息，那么他们就更有可能保持警惕。警方更有可能对这种危险做出反应，并且更有可能基于一种可疑的威胁开枪。因此，危险系数高可能会产生敌对甚至致命的结果。威胁预测可以通过文字描述和图像颜色判断危险的级别。

令人不安的是，数据可能是错误的。在同一次关于该技术应用的公开听证会上，一位弗雷斯诺市议会成员请警察局局长通过Beware系统来查看他的地址。该议会成员的房子呈现出较高的"黄色"危险等级。[7]尽管没有人会怀疑这位特定的官员是危险人物，但是在实际中接到报警的警察仍然会按照黄色"危险"等级处理。听证会上没有人可以解释危险系数增高的原因。对这些问题的担忧和其他侵犯公民自由的问题，导致弗雷斯诺市警察局放弃继续使用Beware技术，以减少对色彩编码的威胁级别和社交媒体信息的依赖。

本章探讨新的监控技术如何改变警察的行动。即时可用的情报、全方位的监控和带有自动警报的大规模跟踪设备有助于加快决策的制定。对于需要作出瞬间决策的警察或需要整理成堆文件的调查人员来说，大数据提供了显著的效率优势。但实时可用的数据仅在信息准确时才有用。与Beware系统一样，可靠性、透明度和偏见的问题仍然存在，必须加以解决。此外，视频监控系统引起的宪法问题，即视频监控对宪法第四条修正案中关于公众场合的个人隐私的传统理解提出了挑战。

第二节　实时区域感知系统

一辆汽车驶入曼哈顿海滨。一名穿着红色衬衫的男子拿着一个袋子从车里走了出来。他走了几个街区后，把包丢在大街上。随后他跳上了另一辆汽车，并驶离现场。在其他任何一个城市，这种行为与数以百万个匿名行为一样无法追踪，会在大城市的喧嚣中踪迹全无。

但在纽约市，情况不会如此。有了纽约市警察与微软公司之间合作开发的区域感知系统（Domain Awareness System，DAS）之后，情况出现了截然不同的变化。区域感知系统连接大约 9000 个闭路监控摄像头，用于实时监控曼哈顿海滨地带。[8]视频直接传送到数字警报系统，该系统自动跟踪可疑行为（如在街上留下一个包）。摄像头拍摄汽车图像，车牌自动识别软件（Automated license-plate readers，ALPRs）记录每辆进入该区域的汽车。这 500 个牌照识别系统连接了机动车辆管理局档案、警方重点监视名单、通缉令和恐怖分子数据库，以及与这些数据库相关的所有个人信息。[9]回放录制的视频就可以追踪犯罪嫌疑人的前进方向、位置和移动记录，该技术甚至可以根据描述来搜索对象，例如搜索"所有在纽约证券交易所附近穿着红色衬衫的人"。[10]匹配人物的照片通过一次搜索就能提取到，并标记了位置、日期和时间。

在区域感知系统的监控下，一旦这个男子丢下行李，就会自动触发警报器。警察可以查看距离该地域 500 英尺范围内的摄像头，并且可以回放该男子下车的过程[11]，可以追溯到汽车首次进入监控摄像机网络的位置，并使用车牌自动跟踪系统获得车主信息或车辆是否被盗等信息。同样，警方可以跟踪和分析逃逸车辆，可以研究该地区一个月以内的摄像头监控数据，以便将有关这是恐怖分子还是游客的历史信息传递给接收到报案的人员。为了增加数据共享，纽约警察局投资了35000部智能手机，因此巡逻人员可以在巡逻时使用区域感知系统。[12]

洛杉矶市、弗雷斯诺市和其他城市测试了简缩版的摄像头监控系统，弗雷斯诺市甚至试图将警察随身携带的摄像头视频与监控网络联系起来。[13]这种联网的摄像系统，使人类观察和记忆的常见限制变得几乎无关紧要。全方位的可视数字技术加快了警方的反应速度，也增强了警方侦查取证的能力。

对于最先接到报警的警察，实时监控可以提供大量有用的信息。警方可以知道谁在现场，发生了什么以及是否有人构成了威胁。在高度情绪化的事件中，警察通常必须区别朋友和敌人、受害者和罪犯，因此，摄像头的监控录像可以协助警察查看，在警察到达之前到底发生了什么，以便警察更好地作出决策。此外，在警察到达之前，可以提供其他急救医疗服务，缩短救护车呼叫或处理紧急状况的时间。

自动化缩短了警方的快速反应时间。人工智能的自动监视算法可以将监控摄像头变成数字化间谍，能够识别可疑模式并向警方发出犯罪警报[14]，能识别街道上被丢弃的袋子的同样类型的模式识别算法，也可以识别其他可疑的人类行为。例如，在新泽西州东奥兰治市，警方采用数字传感技术（Digisensory Technologies）的 Avista 智能传感器自动监控街道。[15]这些智能摄像机经过训练后，可以用来查找可疑行为的模型，并且每秒能处理600亿条指令。[16]例如，在一个拐角处进行的重复且频繁的手拉手直接交易可能意味着贩毒；向一个人快速地移动然后逃跑可能意味着抢劫。传感器监视着街道上的行为，如果观察到的行为方式与传感器被训练去识别的行为模型相匹配，就会报警。一旦传感器触发警报，最近的两名警察会自动收到有关潜在的犯罪、时间和地点的警报。摄像机可以追溯现场，因此总部的指挥官可以确保算法是正确的。这些自动化的怀疑算法引导警察到达现场，向常规警察巡逻队提供可能遗漏的线索。

还有一种类似的算法用来识别音频传感器里传来的枪声。一种叫"捕猎者"（Shot Spotter）的技术可以提供枪声的自动报警，它能在目击者向警察报警之前提醒警察可能发生的暴力犯罪。[17]一旦高度灵敏的麦克风听到枪声，警察就会被派往目标地点。这样可以更快找到受害者，抓获肇事者，并询问证人。这些自动传感器已部署在华盛顿特区、波士顿、奥克兰、旧金山和明尼阿波利斯。[18]通常，犯罪的实时响应比任何人能够做出的反应都更快。

第三节　追踪汽车、人脸和空间

车牌是将车辆与车主联系起来的唯一的标识符。车牌自动识别系统是类似摄像头的设备，可以扫描车牌并自动将车牌与数据库里的通缉令、被盗车辆、未付票据或任何其他变量进行比较。[19]车牌自动识别系统安装在警车顶部，每天可以扫描上千副车牌。在实践中，警察可以在高速公路上行驶，如果经过一辆与通缉令相关或者登记为被盗的汽车，就会立即响起实时警报。[20]

随着警车每年记录数百万辆汽车牌照，车牌自动识别系统的数字档案呈几何数级快速增长。车牌自动识别系统精细到足以每秒读取一个牌照，可以生成全市范围的汽车位置图。车辆在停车场、公寓大楼和普通街道行驶，系统会自动记录特定时间内特定车辆的位置。因此，聚合的车牌自动识别系统地图可以按时间、日期和位置将汽车与其所有者联系在一起。随着时间的推移，累积的汽车追踪数据可以提供有关车主的旅行模式、习惯以及在某些时候汽车实际位置的线索。[21]如果警察怀疑某个房屋为毒品交易场所，那么反复看到的悬挂某车牌的汽车可能就是毒品交易的线索。在类似"安珀警报"儿童绑架等紧急救援情况下，搜索汽车牌照可能找到有关嫌疑人位置的线索。在刑事侦查中，警察可以找到可能的犯罪目击证人。当然，这种位置信息数据库引发了真正的隐私问题，因为每个拥有汽车的人的相关信息都可能被收录进数据库。记者请求查看自己的汽车在车牌自动识别系统中的数据，然后发现通过追踪自己的私人汽车，汽车和家人的照片以及个人活动的模式都被泄露了。[22]

车牌自动识别系统可以识别汽车牌照，同样，人脸识别技术也可以识别在街上行走的人。洛杉矶的先进监控摄像头能够扫描和比较现场人脸图像和警方数据库中的照片。[23]这些固定的摄像头可以在距离600英尺的时候就开始扫描人的面部，并且可以将扫描到的人脸与警方数据库中的任何人进行比对。[24]就像一辆有车牌的汽车可以被识别一样，一个参与犯罪活动的人可以被人脸识别技术自动识别。除此之外，过去记录的数字地图可供以后调查使用，因此如果在摄像机附近发生犯罪，警察可以回放视频并识别在相关时间经过摄像机的所有人。

人脸识别技术能够为摄像机前的任何人提供虚拟指纹。联邦调查局拥有一个包含3000万张照片的数据库。[25]州数据库包含数百万张照片。[26]其中一些照片来自民用驾驶证上的照片，这意味着数百万无辜者的照片常常混在实际发生的犯罪案件照片中传播。[27]其他照片大多来自犯罪拘捕档案。在不到五年的时间里，联邦调查局对人脸识别数据库进行了215000次搜索，对州驾驶证数据库进行了36000次搜索。[28]当实时视频功能和复杂的人脸识别技术相结合时，一个新的视觉监控网络可能很快就会遍布整个城市。

警察随身携带的摄像头的广泛使用提供了额外的识别功能。警察随身携带的摄像头通常是固定在制服前面的小型摄像机，一些警察部门甚至采用了一种软件，允许个人智能手机摄像头兼作为随身携带的摄像头。[29]在警察的日常工作中，这些摄像机持续地记录有关每一个与警察接触的人的信息。[30]而拍摄的这些视频可用于识别警察曾在什么时间和地点接触了什么人。下一代随身摄像头将包括实时人脸识别技术，使警方能够了解有效的通缉令、先前的暴力行为或普通的冷静行为（就像固定摄像机一样）。[31]目前，尽管对电池电量和计算机要求的限制制约了现实中通过随身摄像机进行人脸识别的发展，但公司承诺，在未来几年内理想将变成现实，这种功能将投入使用。[32]此外，人脸识别技术本身也变得越来越复杂。Facebook的人脸识别程序DeepFace在其平台上识别面孔的准确率高达97%，且每年都有新的进步。[33]

如果区域感知系统和随身携带的摄像头不够有创造力，那么航空摄像机就会作为最终的大规模监控工具。高空飞行，能够一次记录整个街区几个小时的情况，像持久监视系统这样的航空摄像机可以实时监视犯罪并记录下面所有车辆、人员和事件的模式。[34]《华盛顿邮报》记者克雷格·蒂姆伯格（Craig Timberg）生动地描述了航空摄像飞机的观测能力：

> 射击者和受害者就像两个小点，如同灰色街景上的黑斑。在两英里高空飞行的飞机上拍摄的一系列照片中，头发颜色、子弹射击伤口甚至武器都看不到。
>
> 但是，这些图像显示的是观测目标的地理位置，并且描绘的地图随着时间的推移而改变，展示了案件发生的完整过程。而这一点，在某种程度上几年前是不可能做到的。随着时间流逝，图像展示了一个团伙开始聚集，然后封锁了出入口，接着派出枪手去接近目标，并在尸体倒向地面后，飞速逃走。当警方接到报案时，图像包括了一幅蓝色灰泥建筑物的图片，杀手最终隐匿行踪，最后逃出了头顶上功能强大的摄像头的视野。[35]

这些航空摄像系统或无人机添加先进的音频捕获功能，为城市提供了实时监控和持续数天监控的潜力。与区域感知系统类似，警察可以回放录像带，观察犯罪如何发展、嫌疑人逃往哪里，以及嫌疑人到达他们所谓的安全住所前后的行为模式。带有持续监视系统的飞机在巴尔的摩、洛杉矶、印第安纳波利斯、夏洛特和其他城市执行飞行任务。[36]随着时间推移，可以通过数字化手段识别和追踪汽车或人员。时间和动作可以被压缩到可搜索的数据点，数字化历史记录可以再现时间的正常流逝，所有信息（成千上万的目击瞬间）都可以（并且已经）交给专心侦查犯罪的警察。

第四节　实时侦查

凶杀案 48 小时侦查理论认为，犯罪侦查的前 48 小时是最重要的。如果加快调查速度，可以办结更多案件。

在全美各地，警察局正在开发实时操作系统来侦查犯罪。这些办案中心集中收集情报，链接视频信息、报警中心、犯罪地图，警察进行实时巡逻，[37]指挥官能够立即应对不断变化的犯罪模式。比如，如果下午抢劫案数量上升，警方就会增加夜间巡逻次数。

但这个改变规则的技术要求侦查线索的大数据网络进行相应调整。关于大数据驱动技术上的运用，莎拉·布莱恩（Sarah Brayne）对洛杉矶警察局进行了一项为期两年半的开创性案例研究。[38]布莱恩描述了越来越大的数据集是如何使警方的调查更快、更准确并且以数据为中心的。[39]她描述了一起凶杀案侦查，该案侦查始于一具被抛弃在偏远地区的尸体，受害者似乎是洛杉矶某个帮派成员，但没有找到证人。好在车牌自动扫描仪记录了该位置附近的车辆牌照。通过缩小时间检索范围，警方集中核查加利福尼亚州康普顿市的一个车牌相关资料。通过在数据库中搜索目标牌照号码，并集合帮派数据库交叉查询车辆所有者的姓名，警察锁定了一名嫌疑人，他恰好属于被杀害人的敌对帮派。警方对犯罪嫌疑人的车辆进行了搜查，找到了将嫌疑人与被害人联系起来的有罪证据。[40]案件得以了结。

系统网络化使警方能够更快地处理更多数据。帕兰蒂尔公司开发了一个综合数据系统，使洛杉矶警察局从该局拥有的各种数据源中搜索人员、汽车、家庭、手机、电子邮件地址、位置、朋友、同事、家人或工作信息。[41]如果两个数据源的数据之间存在任何链接，就可以通过数字化绘图的方式反映他们之间的联系。如果侦查人员想要扩展第二个或第三个链接，那么整个组都可能被连接起来。帮派成员、通缉令通缉的人以及其他被侦查的对象都可以被联系在一起，这样你就可以看到某个特定帮派的所有成员的居住地址或三个已知毒贩的居住轨迹。[42]对于大范围侦查，这个系统便于警方掌握该市（以及多个司法管辖区）的犯罪网络的性质。[43]

非执法数据也是侦查数据库的数据来源之一。社会服务、健康服务、精神健康服务、取消抵押品赎回权、社交媒体、公用事业账单，甚至比萨饼连锁店存留的电话记录（用于加快比萨外卖配送速度）等信息都可能被联系起来。[44]这样一个全面的数据汇总系统可能会牵扯隐私问题，并且将健康信息包括进去，肯定会增加额外的法律复杂性；但从技术层面来看，这些数据是可用的，可以整合并汇总到警务综合系统。

至少，洛杉矶警察局的数据库可用于预防和打击特定犯罪。例如，如果警察想要追踪一辆涉嫌参与人口贩运的汽车，警察可以随时通过车牌自动识别器查看目标汽车的行驶情况。车牌自动识别器的扫描记录就可以描绘出汽车的行驶路线，而这可以在地图上显示出来。通过电子地图显示出的汽车行驶路线，可以发现在房屋之间转移被贩运的人的路线。或者，如果警察掌握了三个特定卖淫窝点，就可以在房屋周围创建一个"电子围栏"（即在有人经过时发出警报的电子传感器）[45]，这样如果一辆车在这三个窝点都出现过，就可以得出推论，汽车中的人参与了涉嫌卖淫活动。

所有这一切都可以实时完成。不是设立监视点，而是创建汽车自动警报系统，来提醒警察特定汽车已进入某个区域或某人已经进入警方监控区域。从字面上来说，警察会收到一封电子邮件，提醒他警方布置的传感器刚刚发现了被通缉者的踪迹。此外，类似Beware系统，所有关于某个位置的汇总数据都可以为接听911电话或实施拘捕的人提供信息。有关该地区的数据、居住在某个地址的人、该地区以前的犯罪档案以及输入系统的其他有关数据几乎可以在瞬间提供。自动化不断地、快速地、方便地向街头的警察推送战术方案。

第五节　族群数据

主动研究犯罪意味着绘制犯罪地图。在洛杉矶监视最为严格的地区，现场联系人、车牌自动识别系统和人脸识别记录精确地标明了人员和汽车的位置。作为数据点，可以随着时间的推移对这些基本位置信息进行研究。作为侦办刑事犯罪的线索，这些信息可用于识别目击证人、追踪犯罪嫌疑人，甚至提供（或揭穿）不在场证据。此外，由于信息不是孤立个体，也是相互关联的，因此综合分析可以将许多其他人与参与特定群体犯罪的群体联系起来。

有色人种社区首当其冲。总的来说，警察拦截的是占人口少数的穷人。换句话来说，有色人种正在充斥着不断增长的警察数据库。如果这些由于过去的族群偏见建立的数据库成为未来警方处理警务的理由，那么有偏见的数据采集将扭曲警方的怀疑。更糟糕的是，当与商业上可用的大数据系统相关联时，由于数据过于宽泛，公民可能会被打上不适当的标签。

同样，选择在何处安放监视系统也可能被视为具有歧视性。洛杉矶警察局反监视联盟认为，由于针对贫民窟，人脸识别技术仅仅记录在社区中生活和工作的有色人种。[46]在巴尔的摩，一个警察局因族群歧视问题而接受联邦调查，警方使用的数据来自西巴尔的摩（主要是非洲裔美国人社区）的空中持续监视系统。[47]

之所以针对有色人种社区的选择很重要，是因为族群实际上扭曲了某些技术的准确性。例如，人脸识别比对的工作原理是创建人脸模型，并以数字方式将其分解为微小的像素节点。[48]利用当前技术，每张人脸都可以被数字解构为 80 个节点，从而与数据库系统中的其他面部进行比对。脸书（Facebook）最近开发的技术可以在不到 5 秒的时间内从其网络中的 8 亿张照片中识别出人脸。[49]通过观察脸部来训练人脸识别算法，但由于算法是在现有照片基础上训练的，因此某些族群偏见会渗透到识别过程中。[50]正如克莱尔·加维（Clare Garvie）和乔纳森·弗兰克（Jonathan Frankle）在《大西洋》一书中写道：

> 中国、日本和韩国开发的算法比白种人开发的算法更容易识别东亚人的面孔，而法国、德国和美国开发的算法，情况则正好相反，这些算法在识别白种人的面部特征方面明显更好。这表明创建算法的条件——特别是其开发团队和测试照片数据库的族群构成，可以影响其结果的准确性。[51]

另一项关于人脸识别技术的研究发现，非洲裔美国人和白种人之间存在族群差异。当照片是一张非洲裔美国人的照片时，这项技术无法识别正确人数的概率是识别出正确人数的两倍。[52]这种不准确可能产生下面两种结果。首先，由于人脸识别技术无法找到比对项（即使数据集中存在比对项），因此应该被识别的人没有被识别出来（有罪的人将被释放）。其次，由于人脸识别技术无法找到比对项（因为数据集中没有比对项），因此该算法仍然建议最接近比对项的人（无辜者被拘押），这一最接近的比对项成为侦查的对象。[53]在美国，由于谁被捕（以及谁在数据系统中）的种族差异，这一错误将更多地落在少数种族身上，而不是落在白人身上。在任何依赖算法的项目中，这些错误可能会对谁被阻止甚至拘捕产生歧视性影响。

族群并不必然对警务产生扭曲影响。在纽约市，区域感知系统将检测重点目标放在纽约市中心的金融中心。这种放置避免了关于少数种族社区相关的族群（或经济）偏见的直接指控，也避免了将监控摄像头瞄准犯罪高发区（假设华尔街不算作传统的犯罪高发区的话）的指责。由于该地区的商业性质和2001年9月11日的恐怖袭击，在曼哈顿使用区域感知系统已经避免了受到像在洛杉矶一样的批评。

警察使用大规模监视技术监控国内政治动荡局势的同时，族群、警务和监视相互发生了冲突。在密苏里州的弗格森和马里兰州的巴尔的摩，联邦调查局使用先进的空中监视来监视抗议者使用武力对警察的挑衅。[54]这些最初秘密进行的飞行监视，最终被好奇的公民发现，他们看到小型飞机以奇怪的方式飞行。在巴尔的摩，联邦特工在当地警方陪同下，利用配备高科技摄像头的飞机监视目标，这些飞机可以提供实时视频，甚至通过激光在黑暗中拍摄照片。[55]根据《巴尔的摩太阳报》的报道，继弗雷迪·格雷（Freddie Gray）于2015年去世后，监视飞机在抗议活动期间进行了10次飞行[56]，进一步证实了参与抗议活动人员对联邦执法机构持续监视和追踪的投诉。[57]显然，使用此类技术反对和平抗议活动引发了关于警察监视的限制、言论自由的重要性以及确保社会秩序的必要性的宪政问题争议。这些问题的解决变得更加棘手，因为监视的种族歧视不仅针对有色人种社区，而且针对"黑人民权运动"的成员。

第六节　虚幻的信赖

大数据技术正在改变警方的反应速度。这些技术背后的自动化功能可以比人类侦查人员更快地搜索信息，并且可以使这些信息实时可用。然而，处理警务的时间也有其自身的局限性，虽然速度快，却并不代表准确性高。

丹尼斯·格林（Denise Green）的例子带给我们一个深刻的教训：依据自动化得出的怀疑结论有可能是错误的。一天晚上，一位47岁的非洲裔美国女性格林，正在旧金山的教会街（Mission Street）上驾驶她的紫红色1992款雷克萨斯ES 300汽车。[58]一辆装有车牌自动识别系统的警用巡逻车经过，并接到警报称这是一辆被盗的汽车。格林的车牌号码是5SOW350，但是车牌自动识别系统将格林的车牌误读为5SOW750。由于光线昏暗，往常用于自动识别系统的照片"模糊且难以辨认"。[59]驾驶巡逻车的警察通过无线电，向前方第二名警察通报了被盗车辆的信息，在没有仔细核查车牌〔事实上，被盗的车牌号码5SOW750是一辆灰色的吉姆西（GMC）卡车，而不是紫红色的雷克萨斯轿车〕的情况下，警察进行了一次"高风险拦截"。这次拦截中，警察以枪口指着格林，强迫其下车。格林是一名没有犯罪记录的市政司机，警察强制她跪在街道中间，6名武装警察给她戴上了手铐。[60]她以这样的执法行为侵犯了她的宪法权利而起诉警察，虽然警察执法规范确实要求警察在拦截驾驶员之前对车牌进行再次核查和确认，但警方却毫不犹豫地相信了自动识别系统的结论。

"输入垃圾，必然输出垃圾。每个人都了解计算机，你给他们垃圾数据，他们便会给你垃圾结果。"[61]在另外一个联邦案例中，时任法官的尼尔·M. 戈尔苏赫（Neil M. Gorsuch）在判决中阐述了如何处理一个计算机化的州立车牌数据库的准确性。在这个案件中，堪萨斯州的一名州警察拦下了安东尼·奥埃斯奎维尔-里奥斯（Antonio Esquivel-Rios），因为在堪萨斯州的车牌数据库中无法检索到他的汽车所挂的科罗拉多临时车牌号码。[62]然而，事实证明，按照惯例，临时牌照并没有输入堪萨斯州的车辆管理系统，因此来自科罗拉多州的临时牌照不可能出现在堪萨斯州的数据库中。[63]警察仅根据数据库的检索结果就决定拦截，而该数据库却不是一个可靠的信息来源。事实上，只有在随后的法庭听证会上才会发现共享数据库中包含的车牌类型以及这些临时牌照从未被输入数据库的事实。然而，警察并不知道这一事实，并且依赖数据库中的不完整信息作出决定，导致了错误拦截。遗憾的是，这种数据库错误很常见。在过去几年中，美国联邦最高法院已经判决了四起涉及由于警务数据库中的缺陷而发生的错误拘捕案件。[64]数据驱动的怀疑，其可靠性取决于系统中的数据。

将消费者数据重新用于刑事侦查也存在准确性问题。例如，弗雷斯诺的 Beware 项目依赖于大数据公司编制的类似的商业数据。虽然大数据公司在确保邮件有适当的目录时是非常有用的，它偶尔出错也显得并不重要，但是，当 Beware 系统向警方提供不准确（或仅仅是过时的）信息以应对紧急警务时，错误可能会变得具有致命性。例如，如果接到911报警电话，系统提供暴力重罪犯住在房子里的信息，那么任何处理警情的警察都很明智地格外重视。而如果数据错误或过时，或导致警察在没有必要的情况下因恐惧而过度反应，那么高度警惕可能演变成悲剧。也许重罪犯已经搬走了；也许这个地址只是用来接收邮件，而他的祖母住在房子里；也许以前的重罪犯已经彻底转变了生活观念。消费者数据没有捕捉到这些现实，但却直接影响了警察如何看待当下的情形以及他们如何处置这类警情。

同样，人脸识别技术尚未得到充分的准确性测试。政府问责办公室（Government Accountability Office，GAO）发布了一份关于联邦调查局人脸识别技术政策的评估报告，批评联邦调查局没有评估其搜查的准确性。[65]联邦调查局没有评估"误报率"；没有评估技术的实际使用情况；没有评估来自合作伙伴的户外人脸识别系统的准确性。[66]简单地说，使用人脸识别技术的最先进和最精密的客户无法验证系统的准确性。2016年，乔治城技术与隐私法律中心（Georgetown Law Center on Technology & Privacy）发布了一份名为《永远在排队》（The Perpetual Line-Up）的全国性报告，详细论述了人脸识别技术的发展。[67]该报告发现，在这些系统中存储了1.17亿（每两个人中就有一个）美国人的图像。[68]现在许多驾驶证上的照片都被录入警务照片库来与犯罪嫌疑人进行比对。没有法律对这些地方、州和国家的图像数据库（主要是无辜者的照片）进行规范，因此无辜者的合法权益也几乎没有法律（甚至规范性文件）来保护。[69]警察每天都会运用这个系统自动筛查以找出犯罪嫌疑人。

信息的自动化性质带来了两个相互关联的问题。首先，依靠自动提示或自动比对的官员无法二次核查"数据黑匣子"。这是一个真正的"黑色数据"问题，因为系统尚未被设计用于解释比对结果或者数据决策，而只是标记信息。从设计上看，警察只能相信数据，因为没有办法看到结果背后的东西。

其次，使用信息的速度降低了核查信息准确性的能力。在一个非大数据的世界，虽然警察有可能获得有关某个特定地址住户的错误信息，但相较于颜色自动标识的危险系数而言，常见的人为获取信息的过程（询问同事、查看档案记录与个人观察），可能会提供更多的理解语境。通过自动进行危险系数评分，或车牌自动扫描，或自动人脸识别警报，警方将倾向于简单地接受信息，而不会质疑信息或其背后的判断理由。更糟糕的是，对于数据是如何创建或者怎样创建的，他们缺乏思考。

第七节　时间刻录机问题

斯蒂芬·亨德森（Stephen Henderson）研究了技术的未来，并意识到有"时间刻录机问题"。[70]现有的大规模监控技术，如持久监控系统，可以实时地观察、记录人的行为并将其数字化，因此可以用于事后调查。警方把有关汽车、人员和运动的数据拼凑起来，可以还原事件发生的整个过程。无人机、车牌自动识别系统、区域感知系统和老式监控摄像机都是非常有用的数字时间刻录机。

这种监控能力对隐私权构成了真正的威胁。由于为了刻录特定嫌疑人的时间数据，其他人的数据也必须被记录下来。仅通过这种大规模监视就可能威胁到公民的结社自由权。正如尼尔·理查兹（Neil Richards）所阐述的那样："信息的收集会影响观察者和观察者之间的权力平衡，使观察者有更大的权力来影响或主导被监视者。'信息就是权力'可能听起来是陈词滥调，但个人信息的力量是监视的权力核心。"[71]随着监视的全面化，警察权力扩大，公民自由就会缩小。

因此，大数据警务监视带来了严重威胁公民隐私权的问题。数字化以及搜索和回溯特定数据点的能力改变了警务工作的传统物理限制，也扭曲了宪法对公民的保护。

传统上，美国宪法第四修正案没有为公共场合的个人行为提供太多保护。[72]想一想：一旦你走出家门，你为什么还要期待保留任何隐私？你在公共场合，爱管闲事的邻居、狗仔队或警察可以观察你的所作所为。因此，多年来，警方可以安置监控摄像头，开着没有任何标记的汽车追踪你，监视你和谁见面，而不担心违反宪法的问题。现代警方的大多数侦查都是利用了这种缺乏宪法保护的情况，在公共场合对普通人进行监视。

问题是，这种分析是否会随着无处不在的监视而改变？[73]毕竟，警察拥有的技术可以记录你在公共场合的一举一动（使用无人机），监听你在公共场合的每次谈话（使用高级音频设备），并追踪你每一次行动的轨迹（使用 GPS 技术）。事实上，从技术上来说，警方可以获得这些信息，但这并不意味着从宪法的角度来看，他们也能够获得这些信息。在最近的最高法院案件美国诉琼斯案（United States v. Jones）中阐述了这个问题。[74]

安托万·琼斯（Antoine Jones）在华盛顿特区拥有夜总会和其他商业产业。他是个成功人士，但据警察称，他还是毒品分销团伙中的一名重要人物。[75]警方面临的困境在于如何才能将琼斯与毒品联系起来。为了建立这种联系，警方在琼斯的切诺基吉普车上安装了一个 GPS 装置，并对其进行了 28 天的监控。正如法院所解释的那样，"通过来自多颗卫星的信号，该装置记录了车辆在 50 英尺至 100 英尺范围内的位置，并通过手机将该位置传送给政府的计算机。它在 4 周内传递了 2000 多页的数据"。[76]对于警方和检察官来说，幸运的是，吉普车的 GPS 坐标将琼斯与其中一个涉嫌藏有非法毒品的藏匿点联系了起来。

在对琼斯的刑事诉讼期间，琼斯质疑在他的吉普车上放置 GPS 设备的做法。他认为，这种没有有效搜查令的跟踪构成了不合理的搜查，因而侵犯了他的宪法第四修正案规定的权利。政府反驳说，琼斯的所有行为都在公开场合，所以琼斯在外出中真的不应该对隐私抱有任何期望，毕竟，警察可以在公共道路上使用老式的监控技术跟随他，而不必担心侵犯任何宪法权利的问题。

琼斯案令最高法院面临一个艰难的选择，是根据传统的理解，认为人们在公共场合不能对隐私权保护抱有太大的期望，还是默许政府可以利用新跟踪技术，对目标进行主动性的一天 24 小时、一周 7 天的监视。如果法院支持政府，则意味着警方可以在没有任何司法批准的情况下随时追踪所有车辆，这意味着公共场所的大数据监控没有任何宪法限制。

尽管对作出否决判决时的理由还存在分歧意见，但法官一致否决了政府的观点。以安东宁·斯卡利亚（Antonin Scalia）为首的大多数法官认为，将 GPS 设备安装在车上实际上是一种搜查行为，因为它实际上侵犯了琼斯的私人财产权。[77] 将 GPS 设备固定在吉普车上，警察侵犯了琼斯的私有财产权。其他法官从技术上对这个问题进行了更为成熟的论证。这些法官认为，追踪的长期性质违反了宪法第四修正案，因为它违反了琼斯对隐私权保护的合理期望。以索尼娅·索托马约尔（Sonia Sotomayor）为首的这群法官首次对时间刻录机问题的危险性进行真实的阐释。[78]

正如其中几位法官所阐述的那样，对隐私的担忧源于数据采集和使用的长期聚合性质。法官们认为，与传统的老式监视相比，新技术几乎毫不费力地进行了长期监视，带来了不同的隐私权威胁。索托马约尔法官总结到：

> GPS 监测可以精确、全面地记录一个人在公共场合的行为，反映出有关其家庭、政治、职业、宗教和性关系的大量细节……政府可以存储这些记录，并在未来数年内有效地挖掘这些记录获得信息……而且

因为 GPS 监控与传统监控技术相比价格更便宜，还能暗中进行，它避开了为了限制滥用执法行为的普通审核：有限的警力和社区敌意。

意识到政府可能在监视这一点让结社自由和表达自由"感到寒意"。并且这个无限制地采集能揭示身份隐私的数据的权力，很容易被滥用。最终结果是，GPS 监控以相对较低的成本向政府提供了大量私人信息，政府可以不受任何约束地选择追踪任何人的私人信息，GPS 监控改变了公民与政府之间的关系，不利于民主社会的发展。[79]

塞缪尔·阿利托（Samuel Alito）法官也表示了这个担忧，即大数据技术的运用，需要重新考虑宪法第四修正案的保护措施：

在计算机时代之前，对隐私权的最大保护既不是来源于宪法，也不是来源于制定法，而是来源于司法实践。任何长时间的传统监视都存在操作困难且成本昂贵的问题，因此很少采取这种方式。在这种情况下，需要对车辆位置进行为期四周的持续监控，这需要一个庞大的特工团队、多辆车辆，或许还需要空中协助。只有非常重要的侦查才能证明这样的执法资源支出是合理的。[80]

因此，最高法院的大多数人同意，这种有争议的"数字化时间刻录机"问题对宪法第四修正案的法律原则构成了威胁。然而，尽管人们意识到大规模监视的危险，但没有一个大法官能对未来给出明确的答案。五位法官一致同意，针对毒品犯罪的长期（28 天）GPS 跟踪违反了宪法第四修正案，因为它侵犯了当事人对隐私权保护的合理期望，但没有提供关于其他技术、其他时间范围或其他犯罪的进一步细节的评述。最高法院回答了之前的问题，但将如何解决大数据监控技术发展的问题留给了未来。我们不知道 14 天或 4 天的监视是否会改变法院的判断，或者不同的罪行（谋杀、恐怖主义）是否可能会影响法院审判的结果，我们只知道技术改变了宪法第四修正案，但不知道改变了多少。

本书中详述的大数据监控能力远远超过了琼斯案中使用的相当简单的 GPS 定位跟踪设备。车牌自动识别设备和人脸识别摄像机的使用也必然会带来是否违反宪法第四修正案的问题，对宪法第四修正案的关注也会影响区域感知系统和无人机的监视问题。但截至目前，这些（技术的运用）是否违宪仍未得到解决，国会基本上没有采取任何行动。

在未来，大规模监视带来的危险只会越来越大。据《连线》（Wired）杂志报道，现有技术可能能够将 3000 万台私人闭路电视监控摄像头连接在一起，形成一个真正庞大的监控系统。[81]私营拖车公司已开始为其卡车配备车牌自动识别扫描仪，以协助收回索赔，并愿意将该数据分享给执法部门。[82]许多城市已经见证了区域感知系统的强大功能，并且正在寻求购买该系统。总之，在没有任何有关未来隐私保护的指导或宪法限制的情况下，这个监控网络描绘了我们日常活动的实时地图，在未来，这些可能引发关于是否违反宪法第四修正案问题的讨论，这个问题有可能改变现有宪法对自由、自治和不受政府监控的理解。

第八节　大数据如何影响警务执法的时段

改变"警务工作时段"不仅表明了警察进行实时侦查的能力，而且还代表了他们主动进行信息采集的承诺。不断采集数据以了解犯罪活动的社区网络已经改变了警察每天的工作。

在和洛杉矶市警察局进行的一次现场询问中，莎拉·布莱恩（Sarah Brayne）现场观摩了新式的犯罪前数据采集对警务的影响。洛杉矶市警察局数据采集工作的核心是填写"现场问话卡"（field interview cards）。[83]巡逻警察将填写这些卡片，其中包括个人信息，如姓名、地址、性别、身高、体重、"血统"（大概是族群）、出生日期、别名、缓刑/假释状态、电话号码和社会保障账号。[84]也可以在卡片上添加有关"个人怪癖"、工会隶属或帮派或俱乐部会员资格等其他信息，其他有关犯罪嫌疑人车辆的信息（包括损坏情况、定制配件或车贴）和能够记起来的与犯罪嫌疑人在一起的人。更重要的是，记录下警方工作的位置和时间，以便保存所有这些信息供以后侦查使用，并上传到系统，将犯罪嫌疑人联系到一起。因此，例如，如果在两个不同的日期、在同一车辆中观察到两个人，那么他们的联系一旦简化为数字形式，就可以在数据中观察到。或者，如果几个现场问话卡识别了来自同一帮派的成员，则可以随着时间的推移以数字方式绘制这些帮派成员的位置。

在某些情况下，现场问话卡被当成正式的"长期暴力犯罪罪犯简报"，而这些简报成为被询问者高风险档案中的一页。[85]简报会包括一张目标犯罪嫌疑人的照片，并附上身份识别信息，还会列出警方对此人（及其同伙）之前管控的历史。这些简报并非旨在取代拘捕令，也没有独立的法律意义，但最终确实产生了真正的长期影响。在实践中，"长期暴力犯罪罪犯简报"已投入洛杉矶"剥离与恢复战略"（Los Angeles Strategic Extraction and Restoration，LASER）项目使用，[86]目标是"以激光般的精确度，瞄准特定犯罪行为的暴力累犯者和在特定区域犯罪的帮派成员。该项目类似激光手术，训练有素的医生使用现代技术去除肿瘤或改善视力"。[87]像纽约市的优先目标一样，这些人在完成任何犯罪行为并报警之前就已成为警方关注的焦点。

这种通过现场问话卡采集数据的举动，开始在警务工作中发挥巨大作用。首先，每一次与警察的接触，公民都会增加将来被怀疑的可能性，并被计上非正式的危险分数。因此，只要成为警方关注的对象，一个人的危险分数就会增加。或者，换句话说，警察会因为关注对象有犯罪嫌疑而增加对其的怀疑。其次，它推动并鼓励了管控警察与目标人群进行实际对话并拦截目标人。即便拦截是双方同意的，对于被拦截的人来说，感觉也像被拘捕一样。而且，一个人是"长期暴力犯罪罪犯简报"的信息可能会打破关于找到一些合理的怀疑再进行拦截嫌疑人的平衡。毕竟，如果你是巡逻的警察，并且你收到一份"长期暴力犯罪罪犯简报"，上面有一张居住在你巡逻路线上的某人的照片，你就会开始怀疑那个人。

这种犯罪预知的信息也会影响警方对待公民的方式。警方接近被视为"长期暴力犯罪罪犯简报"的人时可能会大量地使用更加谨慎的措施，甚至运用强制性措施（包括武力）来确保自身安全。从犯罪嫌疑人的角度来看，这种待遇被视为贬低的、可怕的和不必要的。虽然犯罪嫌疑人可能有帮派关系和前科，并且可能受到法院监督，但在那个特定时间，犯罪嫌疑人正试图回归家庭、找工作或者照顾他的家人。

需要明确的是，这些管控，不涉及调查正在进行的犯罪，或者对已经犯罪的人进行逮捕（既没有合理的怀疑，也没有正当的理由）。警察参与到犯罪前的数据采集中，将他们转变为数据采集者，以建立更大的信息控制系统。警方对嫌疑人在犯罪前进行警务管理，并建立侦查网络以应对未来的犯罪问题。毫无疑问，警察的这些常规调查也对可能涉及犯罪的人群实施了一定程度的社会控制，但实际上重点是主动开发数据，而不是对报案的犯罪做出回应。

专注于实时数据的采集使警察的工作变得更加复杂。除完成所有日常任务外，警察还必须成为数据录入能手、翻译和技术员。数据驱动警务系统中的数据来自采集这些数据的警察。从洛杉矶市警察局的现场问话卡得到的数据可以看出，这意味着需要输入大量的数据。虽然像迈克 43（Mark43）这样的初创公司已经提供了新的数字化软件来加速数据输入和警务自动化改革，[88]但对于大多数警察来说，文书工作系统带来的烦琐与他们父辈那会儿并没有太大区别。

除了数据输入过程的耗时性，这种以数据为中心的做法还要求警方采用按照数据字段考虑问题的方式来看待问题。这些问话卡将人贴上族群、帮派关系、性别等类别标签，而不是将人视为个人。犯罪嫌疑人和无辜者一样成为数据点，重点是标记个体而不是看到他们所处的环境。按照设计，洛杉矶市警察局的系统试图利用时间和空间来标记人，因此警察成为猎人，在更大的数据网标出犯罪嫌疑人的地理坐标。每次巡逻都成为一项数据采集任务，而不是一项打击犯罪的任务。

有了更多信息，警察必须成为流利的数据翻译员。警方不断获得新信息。在敲门、拦截或与街上的人交谈之前，警方必须翻译大量数据。这些即时可用的信息大部分并不完整，相互矛盾，而且数量庞大。想象一下：一名警察拦截了一辆属于已定罪的暴力重罪犯的汽车，但驾驶者是一名看起来有合法职业，并住在一个社区的漂亮大房子里的人，他危险吗？附加信息如何帮助警察对风险进行分类？警察如何核查信息的可靠性？添加各种各样的消费者数据（或同等数据），得到的"危险系数"只会使决策复杂化。

当然，警察总是不得不作出艰难的决定，但传统警务中警察接受的信息要少得多。当麦克法登（McFadden）警察看到约翰·特里（John Terry）的时候，他只看到了他用自己的两只肉眼所能看到的东西。[89]他以前的经验可以给他个人的观察提供信息和佐证，但他的大部分决策来自他的大脑和直觉。但在大数据世界中，麦克法登将接受各种外部衍生的信息。他可能知道邻居的类型，甚至知道上周的抢劫统计数据；他可能知道特里；他不仅收到了现有的执法信息，还收到了大数据公司收集的其他信息；他可能会通过摄像机获得特里之前的位置。所有这些额外的信息可能有助于评估是否存在上前对嫌疑人进行拦截的合理的怀疑，而且大多数可能都非常有用，但不得不对信息的可靠性和可信性进行评估，这就成为警察们的新负担。

警务人员必须成为成熟的数据消费者。如果一线警察不去查询这些信息，那所有的数据都会毫无用处。如果警察不掌握查询数据的技能，纽约市警察局的手持设备就只能成为昂贵的摆设。而这些计算机技能也可能不仅是使用警务数据的技能，还必须超越这一点，能够将数据运用于社交媒体或进行数据挖掘。这一现实不仅涉及技术能力和熟悉程度，还必须能够阐明警察为何这样做以及为什么数据可以被信任。否则在听证会上，警察在回答"你为什么要拦截犯罪嫌疑人？"时，答案只能是"因为计算机让我这么做"，这样的回答显然不是很好。相反，警察需要能够清楚地说明，数据是如何影响他们的专业判断的，以及为什么在此类案件中依赖此类数据是有意义的。只有这样，法庭才会接受大数据监管的价值，以此决定刑事被告的命运。

无处不在的监控能力、大数据分析技术和汇总的个人信息的增长有可能在警察侦查案件时有急剧的发展。一架具有先进视频、音频和追踪能力的无人机，在一次象征性的扫荡行动中，就能让犯罪模式和隐私保护都发生改变。虽然这项技术尚未投入使用，但人们很难想象在公共场合发生的犯罪，有哪种是无法用无人机进行观察和调查的。与地面区域感知系统一样，警方可以数字方式搜索所有直接交易，然后观察哪些交易是毒品交易。警方可以利用视频（现在还未启用的视频能力）来识别个人，并确定他们来自何处（他们的家）以及他们日常活动模式。像银行抢劫案或谋杀案这样的大案要案，可以追踪所有参与者的家，还可以追溯到过去一周参与者的活动。这样的时间刻录机可能会阻止大量犯罪。通过大规模采集各种数据并将之数字化，警察利用这些信息的时间发生了变化，不仅可以对紧急情况做出更快的反应，还可以对街头犯罪模式进行更长期的调查。

然而，这种监视的代价是（一定程度上）牺牲我们的隐私，因为同样的技术也监视政治抗议者、宗教异议者和其他所有人。这是"采集所有信息"思维模式的困境。要抓住银行抢劫犯，你还需要抓拍每个到该银行办理业务者的照片。宪法和成文法尚未引导大数据技术的发展方向，以免除其侵蚀隐私的潜力，但两者正处于一个未来的不确定冲突状态之中。

第六章

警务执法的手段：数据挖掘的数字工具箱

第六章 警务执法的手段：数据挖掘的数字工具箱 121

我们的工作非常具有挑战性，就像在遍布全国的干草堆中寻找针，同时也要弄清楚在哪一堆干草中可能找到针。

——联邦调查局局长詹姆斯·科米（James Comey）[1]

第一节 循环网络

两年内，"高原匪徒"抢劫了 16 家小镇银行。[2]其中两名成员戴着滑雪面具和手套，身穿夹克，在亚利桑那州、科罗拉多州和新墨西哥州的农村地区实施了一次又一次的武装抢劫。在张贴的"通缉令"中，联邦调查局描述了匪徒的作案手法："被认定为 1 号主犯的犯罪嫌疑人经常手持黑色的半自动手枪，在农村地区银行关门前的时间进入银行。1 号犯罪嫌疑人要求柜员拿出抽屉里所有的钱，然后将数额不详的钞票放在一个袋子里，命令所有人趴在地上，然后与 2 号犯罪嫌疑人一起离开银行。"[3]银行抢劫者抢走了少量现金后就消失了。他们一次又一次地设法在执法部门赶到现场之前抢先一步离开，在西部的小城镇来回穿梭。但他们忘记了一件事情，数据正在追踪他们。

通过非常简单的数据搜索，美国联邦调查局就成功地抓获了劫匪。[4]美国联邦调查局申请到了法院搜查令，对四家受害最严重的农村银行周围所有手机信号塔的通话信号记录进行了调查。由于所有手机都定期向最近的手机信号塔发射信号，因此可以通过此方法获得附近手机号码的连续使用记录。美国联邦调查局特工认为，如果每个被抢银行附近都出现了同一个电话号码，这个号码就值得他们怀疑。[5]事实证明他们是对的，在4家银行中的3家银行附近（威瑞森通信公司*在第四家银行附近没有信号塔）收集到的150000个号码中，一个威瑞森手机号码重复出现。[6]在4家银行中的两个位置中出现了另外一个手机号码，且第二个号码反复拨打第一个号码。[7]美国联邦调查局重新向法官申请，并获得另一项搜查令，即查询这两部有问题手机的地理位置数据。通过查阅信号塔记录，联邦调查局可以证明，其中一部或两部手机与16起银行抢劫案中的大部分案发地处于同一地点。然后，联邦调查局追踪手机号码的使用者，最终确定号码分别属于乔尔格·洛里（Joel Glore）和罗纳德·卡皮托（Ronald Capito），最终终结了"高原匪徒"的犯罪生涯。[8]

通过一种更为巧妙的手机调查手段，瑞典警方破获了该国历史上最大的现金盗窃案。[9]就像电影中演绎的犯罪案件一样，资金雄厚的国际盗窃团伙利用一架盗取的直升机和假冒的炸弹，顺着绳索进入保险库，盗走了650万瑞典克朗现金。正如埃文·拉特利夫（Evan Ratliff）在 *Atavist* 杂志上发表的一篇引人入胜的文章中所描述的那样，劫匪的目标是一个价值1.5亿美元的现金金库。[10]该计划涉及利用直升机、高能炸药进行协同攻击，对警卫进行暴力袭击，令其不知所措。该计划近乎完美无瑕，尽管有手套、面具、偷来的车辆和其他预防措施等，犯罪分子仍然无法抹除他们的数据轨迹。

与"高原匪徒"不同，国际盗贼团伙有很好的防范意识，没有携带私人手机到盗窃目的地。相反，他们使用了一次性预付费电话（"刻录电话"）来隐藏他们之间的联系。[11]但即使是一次性电话也会留下数据痕迹。一名叫乔纳斯·杰克·希尔德比（Jonas "Jocke" Hildeby）的瑞典警方侦查员，决定在电话记录的汪洋大海中捞针，找出盗窃团伙所用的通信工具号码。他收集了抢劫案发时现金仓库附近的手机信号塔处理的所有电话号

---

* Verizon，美国的移动通信运营商。——译者注

码清单。该清单包括 300000 个通话记录和 18000 个电话号码。希尔德比的目标是找到一个一次性电话号码之间的通话闭环，这些电话号码只互相通话，并且只在抢劫时间前后通话。他的理论后来被证实正确，劫匪会通过一次性电话进行联络，并使用它们来计划抢劫，然后在抢劫结束后丢弃它们。在梳理数据时，希尔德比找到了一个由 14 部电话号码组成的闭环。这些手机只用于相互联络，并且只是在抢劫前几周才这样做，在抢劫后立即停止使用。在对这 14 部电话的位置进行三角测量时，侦查人员实际上可以确定抢劫过程中不同参与者的行动路线。[12]例如，警方知道直升机是从一个特定的吊架上被偷走的，并且可以追踪其中一部一次性电话到那个吊架的位置。实质上，可以用蜂窝位置数据重建数字地图，这些数据反映了抢劫的每一步过程。

下一步需要将抢劫中使用的一次性电话与实际人员连接起来。警方已经确定了两名潜在的嫌疑人，但需要将这些人与那些一次性手机联系起来。同样，数据轨迹揭露了其中的关联。警方使用相同的追踪技术追踪了嫌疑人的个人手机。（抢劫前）嫌疑人使用个人手机拨打私人电话，使用一次性电话密谋抢劫，数据轨迹显示两只手机同一时间出现在同一地点。在审判中，嫌疑人试图解释这个巧合，但数据轨迹使他们的努力白费了。利用这些信号塔的连接以及其他监视、数字和生物证据，检察官能够将犯罪者定罪。[13]

利用这些微小的、数字化的、生物性的数据，大数据警务创建了搜索关联的新路径。本章探讨了如何挖掘数据来协助刑事调查，也强调了有关数据错误、数据驱动系统受族群偏见影响以及纯概率怀疑的诱惑等问题。

第二节 手机号码的汪洋大海

在美国，警方已经在成千上万的刑事案件中使用了手机信号塔来搜索案件线索。[14]在某些情况下，警察只是从移动电话运营商查阅手机号码的机主信息、通话清单等资料；而在其他情况下，警察使用"手机网站模拟器"[15]直接拦截手机信号。手机网站模拟技术，正式名称为"国际移动用户身份抓捕器"（IMSI-catcher），非正式名称为"黄貂鱼装置"或"D［i］RT-box"，它可以模仿手机信号塔并且诱骗手机认为那是一个官方信号塔。[16]一旦被欺骗，手机就会显示其独特的标识符，而手机网站模拟器会捕获手机呼叫的位置、时间、日期和持续时间。[17]该设备非常精确，可以将手机定位到几英尺的范围内。[18]

困难在于，为了捕获目标手机号码，"黄貂鱼装置"还必须捕获该区域内的所有其他电话号码。[19]要在干草堆中找到有罪的"针"，就必须收集大量无辜的"干草"。由于手机网站模拟器从该区域的所有电话记录中采集数据，它们因此创建了关于个人信息的大型数据网络。[20]这些模拟器可以安装在固定地点，也可以安装在飞机上，从而可以捕获来自数千部手机的数据。据《华尔街日报》报道，美国警察使用装有"黄貂鱼装置"监视工具的小型巡航飞机，搜寻被通缉的犯罪嫌疑人。[21]

筛选手机数据可以显著提升警务效率。2009年5月9日，巴尔的摩市警察局中央售票站的一名员工发现她的车窗被砸坏，手机被盗。[22]在这样一个受犯罪严重困扰的城市，没有目击者或线索，这些小偷小摸问题通常难以解决。但两天后，小偷被抓了。警方破案的秘诀是什么？巴尔的摩市警方使用"黄貂鱼装置"找到了被盗手机。但是有一个问题，这个秘密技术是不能公开的。[23]巴尔的摩市警方在哈里斯国际公司（Harris International）（黄貂鱼设备制造商）的要求下与美国联邦调查局签署了一份保密协议，禁止警方以任何公开方式提及该设备的使用。[24]所以侦查人员在侦查报告中没有提到他们是如何找到这部被盗手机的。检察官无法向辩护律师或法官公开这些信息。这种秘密监视给刑事起诉方面带来了困扰，在少数情况下，法官驳回了指控，因为保密协议限制了警察对使用这些设备取证的情况如实作证。而在其他情况下，检察官撤销或减轻了指控。[25]在巴尔的摩市手机被盗案中，检察官在几个月后撤回了指控。

随着这项技术的发展，利用手机侦查的范围也在不断扩大。在有关使用"国际移动用户身份抓捕器"的诉讼中，巴尔的摩市的一名警方侦探作证说，自2007年以来警方已经使用了该技术4300次。[26]其中一些案件涉及严重犯罪指控，如杀人、枪击或强奸，其他案件则涉及小偷小摸等轻罪。[27]在佛罗里达州，法庭记录显示，警方已使用这些设备1800次。[28]在华盛顿州塔科马，警方使用了170次。[29]联邦政府目前拥有超过400个手机基站模拟设备，2010年至2014年之间在该技术上花费近1亿美元。[30]其他司法管辖区也拥有该技术，但是对其使用范围保密。

第三节 元数据

当你知道手机被盗时，寻找手机的位置（也就是小偷的位置）是非常有价值的。假如你不知道犯罪是否存在，但你怀疑察看通信模式就可以揭露一桩犯罪，那该怎么办？捕获整个大海捞针的电话记录对于警方调查人员来说非常有启发性，因为连接这些数字的元数据揭示了你看不到的其他联系。元数据是"关于数据的数据"，在通话记录中表示呼叫的数量、联系人、时间、日期和位置（但不包括呼叫内容）。[31]元数据是大数据的产物，只有在强大的计算机可以处理每天3亿个打进或打出美国的电话时才有用。[32]同时，元数据也是互联网和计算机的使用、社交媒体帖子、数字照片以及当今时代所有数据活动的共同产物。[33]

有关电话元数据的热门讨论始于爱德华·斯诺登（Edward Snowden）揭露美国国家安全局（National Security Agency, NSA）一直在采集电话记录元数据。[34]尽管美国国家安全局专注于收集外国情报而非国内情报，但通过该机构的电话元数据项目，国家安全局采集了有关呼叫的位置数据、呼叫者的国际移动用户身份（IMSI）以及呼叫的持续时间，但没有采集呼叫的内容。[35]国家安全局通过查询数据以获取有关特定目标电话号码的信息。目标号码之间的关联可以被"转接"连接，这意味着所有和目标电话号码有关联的号码都能被连接。例如，一名国际恐怖分子的电话号码可以连接到他呼叫的所有人，以及所有呼叫他们的人（一个转接），然后连接到第二组呼叫的所有人（两个转接）。该联系网络向外"转接"并逐渐扩展，以揭示可疑危险情报之间的其他可能联系。

在关于国家安全局项目是否符合宪法规定的诉讼中，普林斯顿大学信息技术政策中心（Center for Information Technology Policy）主任爱德华·费尔顿（Edward Felten）详细阐述了元数据的本质。[36]他在向纽约南区联邦法院提交的法律声明中写道：

> 虽然这个元数据给人的第一印象似乎只不过是"有关所拨号码的信息"，但对电话元数据的分析常常揭示出传统上只有通过检查通信内容才能获得的信息。也就是说，元数据通常是内容的代名词。一个最简单的示例，某些电话号码只用于单一的目的，使得任何通话都暴露了关于呼叫者的基本且通常敏感的信息。例如，为家庭暴力和强奸受害者提供的支持热线，包含面向武装部队强奸受害者的特定热线。同样，为许多企图自杀的人提供的热线，包含了为急救人员、退伍军人和男女同性恋青少年提供的特定服务。对于各种形式的成瘾患者，例如酒、毒品和赌博，都有服务热线电话。[37]

费尔顿还详细说明了拨打某些号码如何揭示慈善和政治捐款、与激进组织的联系、就业和友谊。[38]有时，一系列电话可以暴露私密的或者令人尴尬的细节。想一想这个假设的例子：一位年轻女子打电话给妇科医生，然后立刻打电话给她妈妈；接着打给一位在过去的几个月里多次与她在晚上11点之后通话的男人；再之后打电话给提供堕胎服务的计划生育中心。那么，一个可能的故事情节出现了，但仅仅核查其中一个电话记录则不会显得那么明显。[39]

斯坦福大学的一项研究证实了电话元数据的侵袭力。[40]这项研究有823名志愿者参与，他们提供了查看251788个电话和1234231条短信的元数据信息的权限。[41]该研究试图创建一个数据集，可以测试类似国家安全局的元数据项目对信息的揭示程度。该研究总结了有关大数据警务的4个主要价值。第一，即使是"两个中转"的限制也导致几乎25万个电话号码都被联系起来。某些"中心"号码（例如电话推销员）联系了许多人，而其他人几乎都可以由于那些共享的联系而被连接起来。第二，即使电话号码没有附加姓名，通过使用公开的社交媒体和互联网搜索，也可以重新识别身份不明的号码，以找到电话的实际使用人。研究人员得出结论："电话号码可以被轻易识别。"第三，通过研究呼叫模式，研究人员可以得到关于人们生活的更深层次洞见。例如，通过研究电话的模式和时间，研究人员可以确定谁正在谈恋爱。第四，也是最有趣的是，元数据暴露了敏感的个人信息。该研究描述了仅通过电话记录就能够了解到疾病诊断、医疗状况和对枪支的兴趣等内容。[42]研究人员甚至可能对特定的罪行产生怀疑，例如在3周内打电话给水培店、主营店、锁匠和五金商店，这可能推断出来电者对种植大麻感兴趣。[43]

尽管有这样的隐私问题，政府一直坚持认为元数据项目是一种并非收集内容的情报系统，并没有泄露受宪法保护的个人信息。[44]此外，政府还辩解说，由于对访问权限和数据传播的限制，以及该计划的重点是识别未知的恐怖主义行动和防止恐怖袭击，这个计划并未侵犯美国公民的宪法权利。以上两点都具有重要的法律意义。如果元数据没有暴露私人数据，那么就很难断言宪法第四修正案对个人隐私的合理期望的保护应该适用。电话用户不仅明知自己与第三方提供商（电话公司）共享信息，并且知道所收集的信息并非针对个人通话内容（所有披露的数据都是与电话号码有关的数据）。[45]政府认为，基于数据运用方式的限制和政府利益的重要性，大量的数据采集是合理的。[46]虽然国会已经禁止国家安全局实施之前大量收集电话元数据的计划，但国内执法部门在特定情况下仍然可以获得元数据。[47]

但是，实际上，没有人需要国家安全局来收集信息。国家安全局从AT&T等电话公司那里收集原始信息，这些电话公司多年来一直维护电话元数据。[48]从字面上看，数以万亿计的电话记录以可搜索的形式存在。像缉毒局这样的执法机构可以通过一个名为"半球项目"（Hemisphere Project）的秘密程序访问这个超级元数据库。[49]缉毒机构甚至允许AT&T员工在缉毒局协助工作，以便更有效地对数据库的有关资料进行搜索。[50]"半球项目"数据库被称为"超级搜索引擎"或"功能强大的谷歌"，允许侦查人员在通过AT&T公司交换机的任何呼叫中搜索号码和位置之间的联系。[51]这个项目并没有获得司法机关授权，但执法部门可以使用行政传票或同等的司法命令来获得相关目标数据。这些元数据将涉嫌犯罪活动的人在社交网络的点和地理位置的点联系起来。

第四节　挖掘社交媒体数据

俱乐部外的枪击案件、大规模抗议活动、全市范围内的庆祝活动，这些活动会立即引发社交媒体评论，产生照片和视频。参加活动的人们可以发布有关活动的公众评论和图片。如果警察能够锁定某个地理位置，并且查看所有的实时社交媒体评论，识别在场的人及其交流的内容，那会怎么样呢？奥斯汀、奥克兰、圣地亚哥、圣何塞、圣克拉拉和费城的警察已经尝试使用 Geofeedia 程序[52]，这是一种允许用户对社交媒体内容进行标记、搜索和排序以进行侦查的软件程序。Blue Jay 公司、SnapTrends 公司等其他企业也提供类似的社交媒体抓取服务。[53]

这种调查社交媒体的可能性对警察来说很有吸引力。想象一下，在俱乐部枪声响起之后，警察使用 Geofeedia 这样的程序工具来选定俱乐部周围的地理区域，并实时搜索 Twitter、Facebook、Instagram、Picasa 和 Flickr 上的所有帖子。[54]可以通过搜索关键词（"枪""犯罪嫌疑人"）来获得这些公众评论，可以用地理位置来标记该地区的人，从而实时记录证人的位置。人与人之间的沟通可以联系起来，以便侦查人员可以看到谁与现场的人有关，有关犯罪现场的视频和照片可以保存，以供将来在庭审时作为证据使用。警方可以创建一个包含在既定地理范围内的所有社交帖子的搜索数据库，他们也可以跟踪最初被确定为在场犯罪嫌疑人的所有帖子。[55]

监控社交媒体还可以帮助警方侦查犯罪率高的地区。例如，如果警察怀疑某个特定的住房是一个贩毒团伙的据点，就可以实施长期监控，拦截来自该地理区域的所有社交媒体帖子。警方可以识别在该地区发贴的所有人（包括那些居住在那里和来拜访朋友的人），可以通过社交媒体，将这些帖子链接到其他联系人（建立关系网），这样就构成了一个社交媒体监控程序，可以监控公开内容，来查看活动、威胁或社交评论是否暗示了犯罪活动。

纽约和芝加哥的警察长期监控社交媒体，包括观看 YouTube 视频，以确定帮派的组成和相关的帮派活动。[56]由于大多数帮派都有沉溺于社交媒体文化的青年成员，帮派生活渗透进数字世界并不奇怪。帮派利用社交媒体来威胁竞争对手和争夺地盘[57]，在网上吹嘘和侮辱他人，而且有时候视频中的威胁会导致现实世界的后果。《连线》杂志的本·奥斯汀（Ben Austen）采访了一些参与监管社交媒体斗争的大数据侦探，考察了芝加哥帮派单位处理社交媒体威胁的近乎"创业"的方式。[58]"芝加哥警方现在正积极寻找特定日期前后的煽动性评论：凶杀案的周年祭奠日、被杀害团伙成员的生日，这些日期经常引发新一轮的暴力事件。"[59]例如，他描述了警方是如何通知一个12岁孩子的父母，他们的儿子在一个发布的说唱视频中愚蠢地侮辱了一名臭名昭著的黑帮成员。警方尽快地将家人暂时转移出家中，然后观察到帮派成员怒气冲冲地闯进这个小男孩的家里。警方认为，这种预防性的实时干预的措施可以挽救生命。[60]

学者们也开始研究推特来预测犯罪。他们认为，推特上的言论代表了社会目前的观点，并且按地点和内容排列，因此可用于识别未来的暴力风险。在接受美国国家公共广播电台（NPR）*All Things Considered* 栏目采访时，哥伦比亚大学社会工作教授德斯蒙德·巴顿（Desmond Patton）解释了他是如何开发了一种通过挖掘推特内容来预测暴力的算法："一个灵感是，如果我们能解码语言，那么也许我们可以向已经在该社区附近工作的社会工作者、反暴力工作者发送警报，这样他们就可以利用他们已有的策略，在发生伤害或杀人案之前与青年进行沟通。"[61]虽然这种类型的内容挖掘算法仍处于起步阶段，但人们可以看到，它可以向警察提供有关青年在城市中的行为模式的见解。即使是参加周末晚上的热门派对或出门散步这样简单的事情，警方也能更有效地做出回应，以防止在不久的将来出现失控的情形。

当然，就像手机信息采集遇到的情况那样，为了监控个体化风险，警察和研究人员必须收集每个人的数据。随着每天有数十亿字节的数据被共享，大海捞针之"海洋"不断增大。为了查找暴力推文，警方还必须收集社交媒体上分享的其他内容，而且这可能包括受宪法第一修正案所保护的公开演讲。事实上，Geofeedia 程序曾被用来追踪和拘捕在巴尔的摩抗议 Freddie Gray 死亡事件的年轻人。[62]而在美国联邦调查局和波士顿市警察局宣布为了侦查目的，有意监控公共社交媒体帖子之后，也出现了类似的担忧。[63]

第五节　数据挖掘

"数据挖掘"就是通过对大型数据集的搜索来发现新知识。[64]在警务工作中，这意味着运用数据搜索来帮助解决过去的犯罪或发现正在进行的犯罪活动。

多年来，执法部门一直在进行数据挖掘搜索。[65]警方经常在大型国家数据库中搜索指纹或者 DNA 证据。[66]这意味着模型比对软件从收集指纹或 DNA 信息转变为寻找比对模型。美国联邦调查局通过建立一个复杂的生物识别数据库，包括 DNA、指纹、掌纹、面部印记、纹身和虹膜扫描，来增强它们的搜索能力。[67]这种下一代识别系统建立在大数据能力的基础上，允许超过 18000 个执法部门访问并搜索不断增加的数据库资源。[68]同样，美国联邦调查局、美国财政部和证券交易委员会（Securities and Exchange Commission，SEC）依靠金融算法来跟踪异常或者结构性现金存款、国际转账或者股票操纵。[69]这些模式比对的侦查技术，可以搜寻现金流动中的可疑动作，并且随着技术的改进，其复杂程度一直在扩大。

数据挖掘还允许更多非结构化搜索。例如，当里士满市警察局查询其惩教数据库来研究陌生人强奸案时，它发现"先前的财产犯罪相较于先前的性犯罪，能更好地预测陌生人强奸案"。[70]正如警察局局长解释的那样：

在进一步研究了一些陌生人强奸案罪犯所犯的财产犯罪后，我们注意到他们的许多盗窃案的不同之处在于，他们似乎优先选择有人居住的住宅下手，并且，如果他们偷东西，他们经常会偷走没什么价值的财产。使用这种类型的异常检测，我们可以识别值得进一步调查的异常或者可疑事件，并且已经能够成功识别出基于与正常情况的微小偏差而增加了风险的案例。[71]

在过去，这种由数据驱动的洞察力，既违反直觉，又对理解犯罪行为至关重要。在没有大型可搜索数据库的时代，这种现象是发现不了的。

数据揭示了以前看不见的地点、人物或行为之间的联系。例如，性贩卖是一项庞大且过程短暂的交易，因此很难找到贩运受害者的位置。为了应对这一挑战，国家反人口贩卖组织"北极星项目"（Polaris Project）与大数据公司合作，开始对请求帮助的热线电话的地理位置进行标记。[72]从75000个电话的数据库中，通过"北极星项目"开始识别全美有组织的贩运网络。[73]每个电话都可以按位置标记，包括受害者的年龄、移民身份、语言需求和住房要求。[74]某些作为强制贩卖地点的卡车站点的模式也出现了。[75]某些城市在某些时候（如"超级碗"* 周一样）会成为执法部门关注的重点。[76]数据挖掘使绘制地理流动和其他秘密网络成为可能，并且使财务模式得以泄露。例如，在目标区域，经常在晚上11点之后处理大量100美元费用的美甲沙龙被怀疑为非法卖淫的门店而遭到调查。[77]用于掩盖人口贩运的假娱乐公司可能成为逃税或者洗钱调查的对象。[78]通过数据追踪人员活动和资金往来情况，可以监控和起诉一个全球性的、快速移动的犯罪网络。

数据挖掘还可以帮助警方处理家庭暴力问题。在纽约市，数据有助于识别那些最有可能对其伴侣实施暴力的男性。[79]在一年的时间里，纽约市警察局官员处置了263207次家庭暴力的报警。[80]要知道，家庭暴力的前兆行为往往会升级为严重的暴力行为，甚至杀人，但由于不知道哪些案件需要优先处理，警方便求助于计算机程序来扫描警方投诉报告。该算法会搜索诸如"杀人""酗酒"或"自杀"之类的词语。此外，警方还研究了居家

---

* 超级碗（Super Bowl），是美国国家美式足球联盟（National Football League，NFL）的年度冠军赛，一般在每年1月或2月第一个星期天举行，所以被称为"超级碗星期天"。——译者注

隔离令的地址，并利用这些线索优先考虑某些需要额外关注的家庭。[81]根据数据，警方制订了一项计划，凭借拜访那些被预测未来可能发生家庭暴力的指定房屋并询问受害者。[82]警方进行了数万次预防性的跟踪访问，以阻止未来的暴力行为。

最后，消费者的购买记录可被用于挖掘可能与非法活动有关的线索。例如，肯塔基州的一项研究发现，含有活性成分伪麻黄碱的非处方感冒药的销量，与冰毒工厂缉获量和毒品逮捕的增加直接相关[83]。据《洛杉矶时报》报道，"在任何一个县，伪麻黄碱销售额每100人增加13克，就意味着又破获了一个冰毒实验室。结果表明，计算机数据库实际上可用于预测缉毒行动最有可能发生的地点"。[84]更多的个人基础数据关联也可以通过大数据预测。通过研究购买烧碱、碘化物、麻黄素（速效感冒药）、除垢剂、制动液和打火机液（制造冰毒的所有组成部分）的人的购买情况，警方可能能够从其他合法的购买中预测其未来的犯罪行为。[85]从普通的客户收据，可能会发现一种犯罪活动模式。

当然，许多患有感冒、受伤、遭遇水暖管道或汽车故障的无辜人们，也有可能购买那些相对基本（和合法）的消费品。这种相关性虽然可疑，但并非犯罪。这引出了算法调查的一个基本问题：当基础数据不完美时，相关性能否取代因果关系？

第六节　算法调查可信吗

大数据警务的崛起，部分是基于这样的信念：基于数据的决策比传统警务更客观、更公正、更准确。数据就是数据，因此，这种想法认为，数据不会像人类决策那样出现主观错误。但事实上，算法编码也会出现错误和偏差。正如联邦贸易委员会消费者保护局（the Bureau of Consumer Protection at the Federal Trade Commission）前局长大卫·弗拉德克（David Vladeck）（曾负责大数据消费者保护方面的大量法律工作）曾警告说："算法也可能是不完美的决策工具。算法本身是由人类设计的,这就使得未被识别的人类偏见有可能影响整个过程。算法并不比它们所处理的数据更好,正如我们知道的,很多数据可能是不可靠的、过时的或带有偏见性的。"[86]

帮助执法部门锁定犯罪的算法技术必须面临许多非常人性化的问题挑战。什么数据可以录入计算机模型?毕竟,输入决定输出。模型中必须包含多少数据?样本量的选择可以改变结果。如何解释文化差异?有时,算法试图消除数据中的异常现象——这些异常现象可能与少数种族群体相对应。如何解决数据的复杂性和不完美结果产生的"噪声"?[87]人类世界仍然是既复杂又不完美的。创建算法时所作的选择会从根本上影响模型的实用性或可靠性。

为了检验算法设计的问题,试着想象一下,俄亥俄州辛辛那提市的警察在侦查血色匪帮时遇到了问题。这个匪帮是来自洛杉矶的全国性犯罪团伙,所有取得成员资格者都穿红色上衣。警方使用像 Geofeedia 这样的社交媒体抓取工具来锁定可能参与驾车射击的团伙成员。他们搜索如"帮派""汽车""枪""击中""帽子""停车""跑""驾驶""射击""罢工""红色""彩色"等关键词。一系列推特动态和社交媒体帖子弹出后,警方开始追踪各社交媒体用户之间的联系。根据已确定的问题(枪击事件)、确定的目标(使用社交媒体并且发表与帮派相关评论的人)和位置(辛辛那提市),软件程序会提供一份目标嫌疑人名单。但不幸的是,计算机程序的准确性令人不满,因为辛辛那提市的许多人可能正在谈论当地棒球队(红队),使用像"打击""跑""罢工""帽子""停车"等一样的英文单词,以及其他棒球术语来讨论比赛。基于搜索参数和算法设计,关联结果可能非常准确,但在寻找实际目标方面过于宽泛了。

同样,对犯罪前兆的数据挖掘如果设计得不够好,可能导致无益和过于笼统的结果。PredPol 已成功测试了基于场所的财产犯罪预测的警务模型,并试图采用类似的方法对故意杀人犯罪进行预测。[88] PredPol 的出发点非常好理解,如果你追踪手枪的泛滥情况,你可以预测未来的枪击死亡情形。找到枪,你就能找到尸体。利用芝加哥作为测试点,PredPol 收集了 2009 年、2010 年和 2011 年的 38740 起暴力犯罪的数据。通过对犯罪描述模块中使用"手枪"的犯罪行为进行分析，研究人员从中筛选出 17020 起抢劫案、6560 起攻击案、8252 起武器侵犯案、5274 起殴打案和 303 起性侵犯案。[89]然后，研究人员将这些先兆手枪犯罪与同一时期内的 1331 起凶杀案进行了比较。在公布调查结果的白皮书中，该公司声称，"PredPol 通过实时标记 10.3% 的芝加哥人，成功预测了 50% 的枪杀事件，涉及枪支的犯罪在未来 30~100 天内持续对枪支凶杀案件产生影响，并且风险蔓延范围可扩展至 0.5 英里的区域"。[90]然而，将这一结论撇开来讨论，便可以发现该分析的误导性作用。首先，预测 1~3 个月的射击并不能给每天在街上巡逻的警察提供很多指导。在 3 个月的时间内，警方应该时刻保持警惕吗？在那段时间他们需要寻找什么？况且该区域（芝加哥的 10%）是一个大约 23 平方英里广阔的区域。[91]再者，没有更精细的信息，这种相关性即使 100% 准确，也无法提供足够的洞察力来改善警务。

算法也可能只是弄错了。华盛顿大学计算机科学教授、《算法大师》(*The Master Algorithm*)的作者佩德罗·多明戈斯（Pedro Domingos），讲述了机器学习错误的一个惨痛教训。[92]在《华盛顿邮报》的一篇文章中，他解释了一位同事是如何创建计算机算法来区别（看起来非常相似的）狼和野狗。[93]在测试的过程中，算法表现得非常完美。但只有经过进一步的检查，才发现为何计算机如此出色。狼的所有照片都是拍摄于白雪的背景之中，并且没有一张狗的照片在背景中有雪。计算机只是学会识别雪，而不是狼。[94]算法预测面临着类似的风险：错误标志可能会证明相关性，但这仅仅是因为模型设计不当。

第七节 大数据带有族群主义色彩吗

有时，由于模型中内置的族群或性别偏见，机器会发生错误。对于警务来说，这是一个严重的问题。正如弗兰克·帕斯夸莱（Frank Pasquale）在其著名的《黑匣子社会》(*The Black Box Society*)一书中所写的那样：

"算法不能免受歧视这个根本问题的影响，其中消极和毫无根据的假设会凝结成偏见……而且他们不得不经常使用夹杂着极端人性偏见的数据。"[95]

梭伦·巴罗卡（Solon Barocas）和安德鲁·塞尔布斯特（Andrew Selbst）是研究大数据技术的著名学者。[96]在一篇关于大数据歧视原因的文章中，他们阐述了所有算法决策的4个根本问题：（1）定义偏差；（2）训练偏差；（3）特征选择偏差；（4）代表性偏差。[97]综合起来，这些问题在许多大数据"监督学习"模型中导致很大程度上无意识的算法歧视。[98]监督学习算法是那些创建有序目标的算法，在预测或比对某人的犯罪概率方面很有用。

从计算机科学家的角度来思考设计问题。想象一下，你被叫到办公室，并被告知建立一个大数据系统来预测犯罪。你知道如何创建一个根据输入预测输出的模型，但还是有一些重要的设计问题需要回答。首先是定义问题。模型输入是犯罪？罪犯？模型？你如何标记犯罪？什么构成入室盗窃（在有些州，闯入外屋，甚至闯入汽车都作为入室盗窃）？这种行为符合哪种犯罪行为？入室盗窃是非暴力犯罪还是暴力犯罪？目标变量是什么？是否专注于拘捕（只是对犯罪的指控）或定罪（可能在事件发生后数月，或者甚至数年才能解决）？需要关注什么类型的犯罪？预测入室盗窃的算法与预测性侵犯的算法看起来有很大不同。如果选择基于场所的财产犯罪算法来指导你的警务策略，可能会忽略这个区域中难以跟踪的其他犯罪行为。如何定义犯罪的地点（区块、地址、GPS坐标）？位置精度水平可能会影响最终预测模型对警方的有用程度，必须回答这些"目标变量"和更大的"定义标记"问题，必须做出选择。人类决策会影响"目标变量"（寻求的答案）和"类别标签"（可能的答案菜单），这些选择的偏差都会影响最终的算法模型。[99]

构建模型需要使用训练数据来"训练"模型。[100]算法和机器学习模型通过分析过去的数据来学习，这意味数学模型仅有的能力是对历史数据进行分类来确定相关性。输入数据，得出结论，所以，如果历史犯罪数据显示，发生在银行的抢劫案比在托儿所更频繁，该算法便将银行与抢劫案联系起来，而无须了解银行持有大量现金而托儿所没有。"为什么"对数学来说无关紧要，相关性才是关键。

当然，算法也会重复过去的偏差，因此如果一个算法是围绕有偏差的数据构建的，分析师将得到有偏差的结果。例如，如果警察主要是从少数人种的社区拘捕吸食大麻的有色人种，那么即使所有族群和所有街区的人吸食大麻的比率相同，该算法也会将族群与吸食大麻联系起来。该算法还会将大麻与某些位置相关联。基于这种算法的警务策略将会把族群和毒品关联起来，即使这种相关性不能准确反映整个社会实际潜在的犯罪活动，并且即使将族群因素完全排除在模型之外，由于位置的原因，族群与有色人种社区的相关性可能仍然存在。即使没有正式将族群作为变量之一，也可以通过数据将族群偏见带入系统。

首先，在构建模型和训练数据时，系统需要人为的判断。分析师必须决定如何使用数据。"特征选择"有可能会产生偏差，[101]那就意味着你为模型选择的特征将会改变结果。其次，如果采用相对简单的模型来预测犯罪的地理位置，你可以构建犯罪预测模型、收集数据并训练数据，但是如何定义结果输出呢？预测的高犯罪率区域究竟有多大的范围？是选择一个500英尺乘以500英尺的方形，还是半径半英里的圆形？两者可能都和数据拟合，但对于实际的警务工作而言，其有效性和不利影响可能大不相同。目标区域保持"热"能有多久（一个月，一天），预测的强度是否会随着时间的推移而衰减？哪些罪行更重要，哪些需要加重权重？这些都是与数据无关的选择，但对模型的有效性来说至关重要。

最后，族群偏见可能会影响数据。巴罗卡斯（Barocas）和塞尔布斯特（Selbst）讨论了"冗余编码"的问题，即"受保护类的元素恰好在其他程序中被编码"。[102]可能是数据被训练成只关注社区，但如果城市各社区已被族群歧视性分区法所隔离，或者经济上已经分割，那么贫困、族群就和地区相关，基于地点的预测模型就会在无意中产生歧视。以数据为基础的系统引入了其构建者和整个社会中的偏见。数据不是盲目的，数据就是我们，只是被简化成了二进制代码。

在大多数大数据警务模型中都出现了这些对预测性大数据技术的担忧问题。更糟糕的是，系统中的偏见可以为警方的不平等或不公平的执法辩护。如果采用算法引导警务，那么警察管理员和巡逻人员就大概率会效仿。因此，正如朱尔斯·波洛涅斯基（Jules Polonetsky）、奥马尔·特恩（Omer Tene）和约瑟夫·杰罗姆（Joseph Jerome）所承认的那样，"大数据可能会导致现有的不平等现象加剧，因为它表明，历史上处于不利地位的群体实际上就应该得到不利的待遇"。[103]如果人们没有看到在输入中存在的潜在的偏见，最后得到的就只是一个看似中立客观的输出。

随着算法在我们生活中变得越来越重要，被植入算法中的族群偏见已经暴露出来。一个臭名昭著的例子是哈佛大学教授拉坦娅·斯威尼（Latanya Sweeney）的一项实验，他证明谷歌的广告词销售计划受到种族歧视。[104]斯威尼研究了由提供犯罪背景调查的数据服务公司推广的12万条互联网搜索广告。当查询与非洲裔美国人后裔有关的姓名时，广告会显示为犯罪前科查验，而当查询与白种人社区相关联的名称时，则不会显示此类查验。[105]另一个发现是谷歌算法带有性别歧视。卡内基梅隆大学的研究人员创建了一个工具，表明谷歌搜索查询显示为男性提供的职位空缺多于为女性提供的职位空缺。[106]这并不是因为谷歌在编写搜索算法时带有故意的性别歧视，而是其基础数据反映了社会中现有的性别偏见。简单地将性别或族群排除在模型之外并不能解决潜在的偏见。正如数学家杰里米·昆（Jeremy Kun）所阐述的："算法本身就是定量的，它是一系列解决问题的算术步骤的归结。问题在于这些算法是根据人们产生的数据进行训练，可能数据本身就带有偏差，使结构性族群主义和少数群体的负面偏见永久化。"[107]大数据警务也有类似的结构性族群主义和关于少数群体负面偏见的问题。"如何"锁定目标会影响"谁"会成为最终目标，而潜在的现有族群偏见意味着由数据驱动的警务可能很好地反映了这些偏见。

第八节　或然性怀疑

对手机信号塔的号码、元数据或者犯罪数据的数据挖掘，都依赖于相同的原则：可疑联系将犯罪嫌疑人与犯罪联系起来的可能性很大。

"高原匪帮"的手机都巧合地在抢劫发生时出现在每一家银行，这种概率实在太高而且令人无法忽视。这种概率暗示着犯罪行为，并且有很高的确定性。

但是，算法是否足以成为逮捕的理由？假如你买了化肥、丙烷罐和火柴，再加上一辆租来的卡车，那么这就有制造卡车炸弹的犯罪嫌疑，就像用于俄克拉荷马城阿尔弗雷德号爆炸案的炸弹一样，是否应该有一种算法来提醒法官签发逮捕令？尽管每个人可能都希望这类危险能够得到调查，但它是否能上升到被怀疑的人都需要戴上手铐并被投入监狱的程度？或者在高速公路上受到拦截？如果算法说这个预测有90%的确定性怎么办？有没有一个精心设计、训练有素、无偏差的并且具有高精度的算法，足以生成一张逮捕令，从而导致现实世界的监禁？这是数据驱动警务的终极难题。

在思考纯粹的或然性怀疑时，两种相互矛盾的直觉发生了冲突。第一个问题是承认预测长期以来一直是执法的一部分，而且根据词义来看，预测有可能是错误的。[108]第二个问题是对普遍怀疑的不适感。当谈到自由时，单纯的相关性或数学概率不足以证明警方的行动是正当的。两种观点都可以从判例法中获得一些支持，但双方都没有在法庭上说服另一方。

毫无疑问，宪法第四修正案承认预测性怀疑的必要性。当警察起草搜查令时，他们是预测到违禁品将会出现在该特定地点[109]，而法官则必须确定"在特定地点是否存在违禁品或犯罪证据的合理的可能性"。[110]违禁品可能会消失，或者从一开始就不存在。因此，预测性怀疑不是一个新概念，而是追溯到宪法第四修正案案文中的"合理依据"。正如最高法院所指出的那样："在典型的情况下，警察寻求许可搜查他们认为已经在房子里的物品，但治安法官认为搜查的合理依据是预测在执行逮捕令时，该物品仍然存在那里。"[111]

顾名思义，"合理依据"取决于"概率"，而这些预测概率不一定是固定数字一类。事实上，最高法院拒绝为合理依据所需要的确定性提供明确的百分比。[112]法院指出，"合理依据标准无法精确定义或量化为百分比，因为它涉及概率并依赖于总体情况"。[113]这种缺乏指导的原因在很大程度上是因为法官必须在信息不完善的情况下作出快速决定，而将法院或警察限制在特定的百分比似乎既不公平又不现实。[114]

在街头执法时也存在这种差异性，调查性传唤（警察拦截）也涉及快速的预测性判断。特里诉俄亥俄州案的标准表明，为了证明拦截的合理性，警方必须"能够指出具体和明确的事实，与基于这些事实的理性推论一起，合理地证明拦截的合理性"。[115]换句话说，警察必须阐明为什么他们预测某个人参与了犯罪活动。同样，预测可能是错误的，但其核心是一种预测性的概率判断。

预测也是法医调查的基础。实际上，DNA 比对也是两个生物样本比对的概率。[116]预测正确的可能性非常大（误差的可能性很小），但它仍然是预测。强有力的预测甚至可以用来证明逮捕令的合理性。例如，在一起悬案中，DNA 比对是将犯罪嫌疑人与犯罪现场联系起来的唯一因素。因此，警察对预测理论和预测技术的依赖问题既不新鲜，也不一定有争议。

然而，预测的基础原则令人们对普遍的怀疑感到不安。在刚才列举的每个例子中（逮捕令、特里拦截、DNA 比对），这种预测与犯罪嫌疑人个人有关。搜查这个人、那个房子或那种生物材料应该是有某种原因的。但是，如果只是一种普遍的怀疑，尽管准确率很高，那么情况又如何呢？在关于宪法第四修正案的一篇论文中，阿诺德·洛维（Arnold Loewy）在这一点上提出了一个有趣的假设性问题："假设在主街的一个特定城市街区，在第四、第五大街和主街道之间，在人口统计学上可以确定，在下午 6 点到 10 点之间，每 10 个人中有 9 人正在携带毒品。这是否形成一个'在必要的时间内逮捕在主街上发现的任何人'的合理依据（或合理怀疑）呢？"[117]无论如何，90% 的概率很容易超越法院要求的合理依据标准，然而实际感觉却是不合理的。这种普遍的怀疑很可能会针对无辜的人（1/10 的人无罪），这与其他基于概率的强烈怀疑相悖。

问题在于缺乏了个性化的怀疑。当洛维回答他自己提出的问题时，"我相信答案是'不'。合理依据和合理怀疑需要的不仅是人口统计学上的概率，必须有一些被告人的特别之处来增加他犯罪的概率（可能是一个鬼鬼祟祟的手势、线人的提示、过度的紧张等）。"[118]除了笼统的怀疑，必须建立关于"犯罪高发地点"或经常光顾这里的"重点人员"的更多具体的怀疑。正如最高法院在另一起案件中所阐述的那样:"合理依据要求'必须对被搜查者或被扣押者有所了解'。"[119]或者正如特蕾西麦·克林（Tracey Maclin）基于历史背景所说的那样:"该条款是宪法第四修正案对历史的公正总结，反映了制宪者希望控制普通执法人员的自由裁量权并消除缺乏具体怀疑的政府干预行为。"[120]

将这种具体怀疑原则应用于纯概率的数据挖掘问题上，法院可能不愿意允许粗略怀疑（即使具有高度准确性）构成合理依据。为了满足宪法第四修正案要求，可能需要更多的东西以令对一个人的怀疑具体化。单凭基于数据库的怀疑还不足以达到宪法规定的门槛。

但这个要求也提出了一些难题。例如，假设一个40岁到60岁之间的白人濒临破产，接受了紧急精神病服务，并且他在同一周购买了枪支，算法拉响了警报。其理论是，从统计学意义上来说，这些生活压力和行为结合起来很可能会导致冲动、情绪化的暴力行为。假设有明确的数据表明此类事件将导致暴力（截至目前，没有此类数据），警方是否应采取措施制止、扣押甚至逮捕犯罪嫌疑人？第一个问题是，法官或执行拘捕的警察无法测试这种相关性的准确性，这些数字仍然是一个黑匣子。第二个问题是，附加在这种群集上的一般性怀疑可能不会附加到这个特定的犯罪嫌疑人身上，一个面对重大生活问题的无辜男子现在将面临犯罪嫌疑。第三个问题是，执法机构内部没有人知道系统是如何处理这些信息的。当然，一种解决方案是可以让警报仅仅针对警方监控的人，而不是指向实际的犯罪行为。警方可能会打电话或询问，但不会做出更具侵入性的事情。通过这种方式，算法警报将更多地用于公共卫生功能，而不是执法功能。但是如此一来，人们只能想象当警察敲门"谈论"他的问题时，这个已经很紧张的人会做出什么反应。

其他学者则反对个性化怀疑的整个概念。[121]毕竟，如果你考虑警察如何真正作出决定，你会发现他们通常会从过去的经验中归纳和使用直觉来预测未来的行动。事实上，个人判断只是对过去经验概括的反映。[122]例如，我们对"漂亮"或"丑陋"、"可疑"或"无辜"等概念的理解，仅仅依靠我们自己过去经验的积累和直觉。伯纳德·哈考特（Bernard Harcourt）和特雷西·米尔斯（Tracey Meares）详细地描述了关于警方的怀疑的一个更为准确的现实：

> 怀疑与一个人所表现出的群体特征相关，例如裤子口袋有凸起，并且这个人在看到警察巡逻车时扔掉塑料小瓶，符合附近发生的犯罪行为的描述……这些是基于群体的判断，通常不需要警察以经验判断其是否已经犯下特定罪行，并且属于这些类别中的所有个人都可能会被怀疑。在这些情况下的怀疑是"个性化的"，不过是因为他或她属于可疑群体的成员。换句话说，在大多数警务案件中，怀疑并不是源于个人层面的。[123]

换句话说，个人怀疑确实包含了关于群体行为特征的概括。警察一直运用这些认知捷径，但是如果警察可以运用这些群体特征进行怀疑，为什么算法不能将相似的群体相关性结合起来？正如前文已经讨论过的那样，困难在于这些经验或归纳包括了隐含（有时是明确的）偏见，并且影响人类归纳的问题也会影响算法归纳，仅仅信任警察归纳而不允许设计一个算法系统来反映相同的偏见，是不合理的。

关于纯算法怀疑的法律问题仍然悬而未决。丹尼尔·斯坦博克（Daniel Steinbock）认为："预测性分析与宪法第四修正案并不矛盾，并且预测所使用的因素必须向调查官员（以及后来审核的法院）表明怀疑的必要程度。没有任何迹象表明这些参与者应该遵循计算机算法来预测这种程度的怀疑，但是也没有任何一种情况可以排除这种可能性。"[124]也许改进的大数据技术会使我们对这种普遍但又准确的相关性感到更舒服。我对此表示怀疑，因为在人类执法系统中，人类要求对怀疑进行确认似乎是必要的。即使算法或警报系统可以帮助人们在大海捞针中找到针头，人类也应该确认在这种特殊情况下相关性是有意义的。但法院尚未解答这个问题，现行法律很可能允许这样做。这很重要，因为数据挖掘的兴起以及将这些数据驱动的线索与真人进行比对，在未来只会变得更容易。

第九节　大数据如何影响警务执法方式

数据采集、数据挖掘和数据分析是警方调查和警务实践的主要过程，这项工作需要技术专家和对技术的重大投资。

出于侦查目的，数据挖掘的转向开启了一种新的怀疑路径。数据提供了线索，数据指明了方向，只有在查询数据后才会发现犯罪嫌疑人。正如艾琳·墨菲（Erin Murphy）所描述的那样："使用数据库发现犯罪嫌疑人，这完全代表了一种新的侦查方式——无论是基于特定信息（例如'谁呼叫了这个号码'），还是基于预定算法（例如，'谁在一个月内前往了这3个国家，并购买了这两样物品'）。"[125]这种怀疑提供了在没有犯罪报案的情况下，锁定侦查目标的能力。在建立主动的、情报导侦模型的基础上，这种预测性怀疑将导致更多的监控，以及警察采集数据的更大需求。如果你结合本书中讨论的各种不同的监控技术，你会发现执法将迎来巨大变化。虽然进行了单独分析，但这些技术中的每一种（基于人员、地点、实时、社交网络、空中监视等）都可以聚合在一起进行数据挖掘，从而为发现疑点提供新的可能性。

更实际的做法是，警务管理者需要开始招聘更精通技术的数据极客。除非警察机构希望将侦查外包给私营公司和顾问人员来管理这项技术，否则内部警察必须接受培训（并持续不断地培训）。目前，洛杉矶市警察局与帕兰蒂尔公司或纽约市警察局与微软公司（构建区域感知系统）之间的公私合作关系似乎正在发挥作用，但人们可以想象，未来会遇到各种各样的问题。私营公司可以决定不继续在警务空间内工作，放弃技术和城市合同。私营公司本身也可能涉嫌犯罪活动（或造成重大利益冲突）。预算问题可能要求警方缩减参与相关项目的安排，如果智能数据警察没有经过持续培训，依据数据的警务系统可能会面临失败。

改变警务方式也包含改变思维方式。警务管理人员面临着一个巨大挑战,即如何让警察相信大数据技术的发展潜力。警务工作就是一种维持现状的工作,通过规划和传统来保护现状。许多警察都在传统的警务结构中实践了几十年,因此转向数据驱动警务会带来阻力、不信任和紧张情绪。[126] 早期版本的预测性警务技术遭到了怀疑,年长的警察不认为这项技术比他们自己对该领域的专业知识更可靠,其他人则认为产品比科学更神奇。因此,警务管理者必须对警察进行数据挖掘技术的增值教育。

最后,数据驱动警务需要关注精度问题,警务管理人员需要为数据挖掘系统开发质量控制机制。消费者领域的大数据并不需要完全准确就能提供帮助,但是警务领域的大数据不能容忍错误。随着大数据系统范围的扩大,可能会出现更多的错误,警察必须能够清理、纠正并信任这些数据,警察局局长不能对影响警察的信息的内容或可靠性一无所知,警方也应该披露用于获取信息的技术工具的性质。尽管新的监视工具可能具有吸引力,但警方必须对其拥有自主权,并能够捍卫其合法性。警察机关不能在未知的黑暗中工作。

第七章

黑色数据：族群，透明度和法律的扭曲

第一节　望尽黑暗

在不久的将来，大数据警务的创新将放大执法机构打击犯罪时面临的"对象""在哪里""何时"和"怎么做"的问题。虽然不是所有的司法管辖区都将利用大数据警务的新技术，并且新技术还在继续发展之中，但是每个使用大数据技术的警察部门都会面临一个共同问题："黑色数据"问题。

"黑色数据"指的是随着数据驱动警务的崛起而出现的3个相互叠加的问题，即族群、透明度和宪法问题。首先，数据来自现实世界，带有族群差异和不公平应用的历史。其次，新的数据技术是神秘的、可怕的和陌生的。它充满了黑暗、空虚和恐惧。我们无法预见未来。最后，我们所看到的有关隐私保护或宪法保护的观点似乎是扭曲的。

黑色数据中固有的紧张关系将影响人们对警务技术的看法。目前，在新技术与警务老问题交织的时期，黑色数据必须得到清晰的阐释。本章试着从黑色数据的视角来审视大数据警务的未来。只有直面族群、透明度和宪法条款的扭曲等问题，大数据警务的未来愿景才能变得清晰。就像一个人的眼睛适应了在黑暗的房间里看东西，能够望尽黑色数据的黑暗，才可以区分出哪些东西是我们应该害怕的，哪些东西是无害的，甚至是有益的。

第二节 黑色数据和族群

大数据宣称自己具有客观性和公平性，这一说法必须直面美国警务工作族群偏见的历史。受到显性和隐性偏见的影响，警方的数据仍然摆脱不了族群偏见。警方的数据编码是带有族群偏见的，笼罩在数以百万计不信任的眼神和数以千次令人不安的搜身行为的阴影之中。这些数据包含了非洲裔美国人、拉美裔和其他有色人群的生活经历。这些人群由于社会的怀疑而感受到了歧视，而无论怀疑正确与否。[1] 总之，大数据警务必须承认，族群问题仍然是现代警务的一部分。一旦族群偏见被作为编码，数据就是黑色的。

承认警务数据是"黑色的"，对理解两个问题很有帮助。首先，承认警务数据的黑色属性，驳斥了一种肤浅的说法，即"客观的"、数据驱动的警务可以消除族群问题，或者新的大数据技术可以免受族群偏见的影响。其次，承认警务数据的黑色属性，迫使人们认真审视那些仍然在少数族裔社区激起怨恨和不信任的人类不公正现象。警方可以通过开发技术来消解和克服这些族群紧张的关系，但前提是数据驱动警务系统的采用者必须承认这一点，并针对族群偏见这一现实进行设计。

正如本书中详细论述的那样，大数据警务重新证明了传统警务的许多系统性不平等，并将系统性不平等具体化了。大数据警务从未经提炼的犯罪统计数据中筛选出的基于地点的预测系统映像的是警务模式，而不一定是潜在的犯罪模式。[2] 选择将卧底缉毒人员派往市中心而不是常青藤盟校，确保了缉毒人员逮捕的是穷人，而不是特权阶层。将有大量刑满释放人员或缓刑人员居住的高风险街区作为目标，这构成了刑事司法系统的先前裁决，从而导致对有色人种的惩罚力度过大。因为考虑到逮捕记录、与犯罪团伙的关联等因素，基于犯罪嫌疑人的预测性警务反映了传统警务模式的社会经济影响。[3] 正如现代预测警务之父杰夫·布兰廷厄姆（Jeff Brantingham）对基于人员的警务模型发出的警告："这些'以人员为中心'的模型是有问题的……因为他们提高了误差幅度，可以使基于族群、性别和社会经济驱动的特征分析合法化。作为一名科学家，你最好确定因果关系模型是正确的，否则就会导致大量的错误。"[4]

还存在其他系统性的族群不平等现象。人们可以看到，针对高风险人群收集"现场问话卡"的压力会造成他们的自我怀疑。[5]官方在少数族裔社区采取的激进拦截盘查的政策会在未来受到怀疑，这种怀疑部分是由警方先前的管控次数形成的。即使是纯算法的怀疑，也应该避免带有族群偏见，但是由于建立模型的方式，或者收集和训练数据的方式，人们发现算法可能会受到族群偏见的影响。如果说面部识别、审前风险评估和谷歌搜索查询技术无法避免基于族群的差异效应，那么所有数据驱动的技术都必须警惕潜在的偏见。

因此，大数据警务虽然有望有一个良好的开端，但事实上无法摆脱长期以来族群歧视历史的影响。相反，它必须面对少数族裔社区中令人不安的社会控制传统。

正如桑德拉·巴斯（Sandra Bass）所总结的那样，

> 自美国早期历史以来，族群、空间和警务之间的互动关系就一直具有社会和政治意义。监控奴隶的活动是种植园主和奴隶巡逻员关注的中心问题。规范和压制新奴隶行为的愿望，是制定新的法律规则以打击战前南部的流浪和游荡行为的主要动力。族群隔离墙的兴建以及城市贫民区和公共住房的选址和建设，都是通过族群遏制来促进社会控制和隔离的刻意努力。在我们历史的大部分时间里，族群一直是决定公共空间定义、建设和管理的一个核心决定因素。[6]

美国内战结束后的一个多世纪里，当地警察一直在执行带有族群歧视的法律。[7]警察抓捕逃跑的奴隶，强制实行少数族裔以劳役偿债的制度。警察未能保护争取民权游行的抗议者，[8]默许暴力、私刑和偏见侵蚀刑事司法系统。[9]从20世纪60年代到今天，主要的城市骚乱都是由于人们对警察暴行的愤怒引发的，这并非偶然。[10]密苏里州弗格森市白人警察枪杀黑人青年引发的骚乱，纽约市警察局在拦截盘查中一再发生对少数族裔的不尊重，以及手无寸铁的男子在被警察拘押期间死亡的事件，从过去到现在，这些都在今天重新唤起了人们对警察族群歧视的共同记忆。

这些黑暗的污点都带有官方认可的烙印。族群歧视的伤害是明知故犯的。在1968年将"拦截盘查"纳入宪法的特里诉俄亥俄州政府一案中，美国最高法院承认对少数族裔的过度执法带来的族群影响："现场审讯活动中'盘查'的频率高……没有什么好处，反而是严重加剧警察与社区之间紧张关系的一个因素。出于'有必要维持巡逻警察的权力形象'的想法，对年轻人或少数族裔人员'拦截盘查'时，关系更为紧张。"[11]纽约市警察局的拦截盘查计划（NYPD'S stop – and – frisk program）将现代版的"巡逻警察的权力形象"系统化了。2013年该计划被宣布违宪，违宪的问题涉及利用警察的法律权威和武力对特定社区进行系统的控制。

这种社会控制的"黑色"现实，从字面上和象征意义上给现代大数据技术的引入增添了色彩。美国警务的历史包括了对非洲裔美国人社区和民权抗议活动进行监控的历史。[12] 20世纪60年代，美国联邦调查局专门针对民权抗议者进行政府监控，[13]当时美国政府的特工监禁了马丁·路德·金（Martin Luther King Jr.）和许多其他人，目的是压制呼吁族群平等的声音。电话被窃听，生活被审查，会议被渗透。从威廉·爱德华·波格哈特·杜波依斯（William Edward Burghardt Du Bois，W. E. B. Du Bois）到范妮卢·哈默（Fannie Lou Hamer，1917—1977，美国民权领导人物），再到"黑人民权运动"（Movement for Black Lives），警方一直试图通过监控来监测对社会秩序的威胁。[14]那么，大数据技术从这样黑暗的历史中孕育而出，它们怎么可能不带有"黑色"呢？"热点名单"中除有色人种的穷人之外什么都没有，社交媒体上的非洲裔美国人活动家受到监控，判决风险评估被发现带有族群歧视，空中监控只用在西巴尔的摩地区。当大数据技术最初的用途都指向高科技形式的族群歧视时，大数据警务如何避免掉入过去的陷阱？

对这些问题的解答将塑造大数据警务的未来。幸运的是，这些问题已经开始得到解决。2016年，保罗·巴特勒（Paul Butler）和阿尔瓦罗·贝多亚（Alvaro Bedoya）在乔治敦大学法律中心（Georgetown University Law Center）主持了一场名为"监控的颜色"（The Color of Surveillance）的会议，会议重点讨论了监控与族群的交叉问题。学者、活动人士、技术专家、联邦调查局法律顾问以及全国的观众开始承认警察过去的做法存在问题，并着眼于大数据技术的发展趋势。贝多亚解释了举办会议的目的：

> 我们这代人正在经历关于监控最激烈的辩论。但是这场辩论在很大程度上忽略了一点，即当每个人都被监视时，并不是每个人都平等地受到监视。从历史上看，直到今天，被监视的重点一直都是非洲裔美国人和社会认为危险的部分"其他人"。这种监视的理由是为了执法和国家安全。如果我们想为隐私和公民自由营造有意义的保护，我们就必须考虑到监视的颜色问题。[15]

这些类型的活动、争辩和讨论将确保大数据警务不会停留在过去。通过承认族群对黑色数据警务的影响，可以为讨论提供一个空间。或者正如巴特勒所反思的那样："刑事司法领域的族群问题危机不仅关乎警察和监禁，还关乎更多技术形式进行的监视。"非洲裔美国人的呼声、遭遇和道义对于隐私和技术的讨论至关重要。[16]

认识警务数据中的族群问题需要新的技术能力。必须对大数据警务的输入和输出进行监测，以发现它们对有色人种社区的不同影响。显然，明确使用族群作为一种编码的做法可以排除在计算机模型之外，但是族群很容易被伪装成其他东西，必须对各种选择进行审查，以确保族群因素不会影响警方的决策，这说起来容易，做起来难。拘捕统计数据的收集和测量可能很简单，但如果一个系统只关注像密苏里州弗格森这样的城市的拘捕统计数据，就会导致族群不平等现象的出现。[17]这样的系统将以牺牲实际犯罪驱动因素为代价来衡量拘捕情况。这样的制度会把对市政收入（以逮捕或罚款的形式）的渴望与实际犯罪混为一谈，从而对有色人种产生不成比例的影响。[18]将输入从拘捕改为请求帮助的报警电话（举报的犯罪），或从输入中删除低级别的拘捕，可能会改变结果。

设计数据系统以避免族群偏见，这一做法已经在其他专业领域开始了。[19]私营企业现在使用算法来做出招聘决策,因为通过一个计算机模型来检验过去成功的招聘,然后从提交的简历中检索这些招聘,可以相对容易地对一批申请人进行分类。当然,偏见也会悄然而至。如果该公司过去聘用的大多数员工都是受过常春藤盟校教育的白人男性,那么对这些数据进行"训练",以匹配过去聘用的数据,可能会导致族群不平衡的招聘策略。认识到这一现实,伊法欧马·阿琼瓦(Ifeoma Ajunwa)等学者提议,用一个系统来审查招聘算法,并评估它们是否存在族群偏见。[20]利用这样的技术,公司可以放心,招聘算法没有无意中基于族群或性别的歧视,如果发现有偏见,可以修改模型。这样的程序可能也适用于警务模型,因为它关注的是模型本身而不是输入的数据。市政当局可以要求公司证明他们的预测警务系统避免了差异性影响。[21]

大数据警务的黑暗面不容易解决。但有一个重要的教训可以改变大数据警务在未来的发展方式。这个教训很简单:记住族群。尽管人们很想关注数学、技术或未来主义的声音,但大数据警务仍将是黑色(和棕色)的。意识到潜在的族群偏见,并不会使大数据警务失去合法性,它只是不断地提醒人们,影响了街头警务的隐性和显性偏见也会影响系统中的黑色数据。

第三节　黑色数据和透明度

除了族群问题,大数据警务还面临透明度问题。除数据分析师之外,几乎所有的数据系统对用户来说都是神秘的黑匣子。[22]专有的预测算法保护了它们的秘密。[23]开放源代码的预测算法仍然非常复杂,难以理解,即使是简单的数据库,也不是终端用户所能轻易理解的。警务工作通常并不是一个需要博士水平技术专家专业知识的领域,尽管一些数据科学家参与了警务策略的制定,但绝大多数警务管理人员和巡逻人员并不具备编写代码的能力,无法看清大数据的本质。此外,警方用来监控犯罪活动的黑色数据需要保持足够的机密性，才能发挥效用。无论是对于警务人员安全还是从战术优势来说，数据保密很重要。

黑色数据的概念象征着大数据警务缺乏透明度和缺乏问责制的问题。如果警察、法院或公民不能理解这项技术，如果律师、记者和学者不能质询这些数据，那么人们怎么能相信它呢？

大数据警务必须解决这种不透明的问题。秘密在黑暗中滋生，使公民远离负有公共责任的政府实体，并加剧了人们对这项技术的疑惑。因此，黑色数据警务制造了一种合理的恐惧，即秘密系统将影响人们的生活和自由。公民理所当然地会质疑为什么用于保护他们的工具不能被解释清楚。对于那些甚至不能在法庭上公开的秘密技术（比如基站模拟设备）是否对他们有利，社区可能会相当怀疑。

寻求解决黑色数据透明度问题的警察必须首先让公民认识到，大数据警务与他们生活中的其他算法决策没有太大的不同。算法已经控制着我们在Facebook上阅读的内容、我们在银行的信用情况、就业市场上存在哪些机会、我们开了什么药品、谁会受国税局审计、我们交的保险费率是多少、我们收到哪些消费者优惠券，甚至控制着你在谷歌查询"算法在日常生活中控制什么"时得到的答案。[24]不可否认，除税务人员的造访之外，其他那些决策都不会像警察来访后可能造成身体或心理上的不适，但是承认这一现实可能会让人们接受这样一个事实：我们生活中的大部分内容都被不透明的算法和评分系统所控制。[25]

其次，警方必须确保，回应缺乏透明度指责的方式不是提供更多信息，而是加强问责制。公民不一定需要知道算法背后的数学公式的信息，但确实需要得到解释，即为什么要使用该算法，以及存在什么机制来追究创建者的责任。与纽约同样侵犯隐私的区域感知系统相比，秘密"基站模拟设备"或美国国家安全局的秘密元数据项目的爆料引发的争议要大得多。人们的愤怒更多是针对政府监控的秘密性质，而不是实际的技术监控能力本身。

识别环境健康风险的公共卫生模型提供了一个有用的类比。想象一下，一座城市意识到它的公共供水可能被安装在贫困社区的铅制水管污染。管道是隐蔽的、无规律布置的，并且仅限于一些家庭。通过审查过去的工程合同、运输供应收据、过时的管道图以及一系列其他不精确的变量，可以知道该市住宅可能面临的风险。识别过程是一个猜谜游戏，先通过一个简单的算法来计算家庭的风险，然后分别计算出这些家庭中某个年龄的儿童面临的风险。创建一个秘密的、基本上难以理解的算法来排列最有可能发生铅中毒的儿童，即使个人数据被暴露，儿童成为目标，数学是复杂的，公式是隐蔽的，结果可能带有族群偏见，这种偏见很可能会影响贫困的有色人种儿童，人们还是会认为这种做法无可争议。然而，用类似的算法来识别可能成为暴力受害者的年轻人，会引发人们的恐惧和对透明度的质疑。事实上，问题不在于算法的透明度（在这两种情况下，我们可能都理解不了算法），而在于如何向公众解释程序的透明度，当然，还有如何处理信息的问题。

因此，出于政治和技术两个不同的原因，强调算法的透明度，可能是错误的。从政治上讲，就像在公共卫生的例子中所看到的那样，重要的是向社区给出为什么使用该算法的理由。问题不在于解释数学公式，而在于解释为什么数学风险评估是必要的（以找出那些最容易发生铅中毒的人）。透明地解释为什么使用不透明的算法，可能比计算机模型的实际示意图更有价值。和一位母亲坐下来，解释为什么她的儿子之前3次被捕、与一名谋杀案受害者的友谊、与帮派的关系以及逃学使他成为暴力的目标，这么做就是提供了所需的透明度。他的原始"热点名单"评分几乎没有提供更多的清晰度，更不用说潜在的名次排序公式了。在芝加哥，个性化会议、定制通知信函和个性化威胁评估方案等做法承认了程序公平的价值并向目标传达目标系统背后的原因。

从技术层面上讲，要求技术公开透明可能是不现实的。许多预测性警务技术为私营公司所拥有，这些公司的商业模式依赖于对专有技术的保密，[26]披露源代码意味着暴露公司的商业竞争优势。其他算法是使用机器学习工具构建的，而这些工具在设计上是从先前的建模中学习，因此，永远不会重复相同的计算。[27]在人工智能、机器学习模型中，每次的分析都是不同的，因为机器会从上次处理信息的过程中学习到知识。[28]进行数百万次的计算意味着最后一次计算不同于之前的计算。这种不断发展的技术意味着人们即使有技术能力，也无法看到潜在的公式，因为系统不是静态的。你也不能以传统的方式审查人工智能模型，因为模型永远是一个动态的目标。[29]

因此，从揭示机器内部运作的意义上来说，要求透明是不可能的。这样的呼吁可能也没有必要。重要的不是计算而是设计，以及证明模型的设计是公平的、准确的和有效的。一群计算机科学家和学者——约书亚·克罗尔（Joshua Kroll）、乔安娜·休伊（Joanna Huey）、梭伦·巴罗卡斯（Solon Barocas）、爱德华·费尔顿（Edward Felten）、乔尔·雷登伯格（Joel Reidenberg）、大卫·罗宾逊（David Robinson）和哈兰·余（Harlan Yu）合作撰写了一篇论文，探讨了在不断发展的黑匣子系统中寻求透明度的这一挑战。[30]他们提出了一个解决方案，包括设计具有"程序规律性"的计算机系统，这意味着揭示计算机系统如何做出决策，然后创建机制来测试计算机系统是否按设计工作。[31]使用计算机科学的工具——如"密码协议"（cryptographic commitments）、"零基础证明"（zero-knowledge proofs）和"随机公平选择"（fair random choices）等复杂的工具，可以设计一个预测模型，在不放弃源代码的情况下对其进行公平测试。[32]就我们的目的而言，需要理解的是，计算机科学家可以测试一个模型是否有效，即使他们不知道该模型是如何工作的。通过设计一个可以测试的模型，最先进的机器学习系统可以被问责，即使它们仍然明显是不透明的。

所有这些花哨的计算都归结到问责制上。这个模型有效吗？我们如何才能确信它是以公平的方式发挥作用？问责制，而不是透明度，提供解决黑色数据不透明问题的方法。从设计上来说，问责制要求大数据警务正视本书中提出的有关偏见、恐惧和公平应用的问题。其中，一些责任可能需要额外的沟通，例如解释输入数据、解释模型设计以及解释数据系统是如何设计来避免族群或其他偏见的，但这并不需要完全透明。诚然，某些预测模型可能无法满足这一基本要求。那些拒绝披露录入数据、理论依据或如何避免偏见的公司或项目可能无法克服黑色数据的问题。但是其他公司可能会恰好崛起并取得成功，正是由于他们接受挑战，解释他们的预测模型是如何工作的，以及为什么应该信任他们。

第四节　黑色数据和法律

　　法律还必须面对大数据警务的扭曲。数据驱动的警察角色、警务实践和警察文化的变化，模糊了传统的法律分析，削弱了现有的宪法保护。

　　警方的行为最终将由法庭裁判。警务技术在法庭上受到起诉。在不久的将来，法官、检察官和辩护律师将面对黑色数据的问题，他们的工作将变得更加困难，因为大数据监控有可能极大地重塑现有的宪法第四修正案。

　　正如前面讨论过的，新的监控技术改变了人们对隐私权合理预期的理解。有一个全天候记录你的行动的区域感知系统，车牌自动识别系统在你行驶的任何地方标记你的车辆，或者人脸识别技术标记你的位置，你还怎么能有在公共场合要求任何隐私权保护的期望呢？[33]美国联邦最高法院的5名大法官表示，愿意保护通过全球定位系统跟踪进行的长期（28天）的集合监控，但短期监控仍然存在真正的问题。[34]无处不在的高空视频监控是否违反了宪法第四修正案？我们根本没有明确的答案，国会也没有介入，未能提供法律上的明确解释。

　　大数据也扭曲了街头拦截盘查的合理怀疑决定。根据算法，将某人列入芝加哥模式的"热点名单"，这可能意味着此人受宪法第四修正案保护的程度较低。[35]毕竟，如果一位警察看到了全芝加哥"4号"人物并以涉嫌参与暴力为由拦停了他，法官怎么会否定这种合理而清晰的怀疑呢？作为一个宪法问题，排名应该不足以证明拦停的合理性，但作为一个实际问题（在刑事法庭被质疑），它可能会影响法官对犯罪嫌疑的认定。随着个人信息的增多，合理怀疑的微弱局限性将逐渐消失。一些无关紧要的因素（朋友关系、邻里关系、衣着、社交媒体关系）拼凑在一起，将形成必要的犯罪嫌疑。面对大数据世界，"小数据"原则的结果会令宪法保护力度减弱。

类似地，预测性警务技术能够标示出涉嫌犯罪的区域，也可以标示出受宪法第四修正案保护程度较低的区域。[36]"高犯罪率"的定义可能与预测性预告相结合，突然间，一种算法将改变一个街区的宪法保护措施。[37]同样，当法官得知拦截盘查发生在一个预测的犯罪"红色方框"范围内，并且该警察的怀疑是基于这个预测时，他又该怎么做呢？把这些信息与整体情况结合起来考虑，将会加重该警察直觉的分量，否则这种直觉是违宪的。预测技术将影响宪法第四修正案对该目标地区所有人的保护。

概率怀疑的问题将会困扰法院。精确的算法提供精确而普遍的怀疑，这使人们对合理依据的决策变得非常困难。警方希望采取行动时有实时线索，元数据可以向他们提供可操作性线索。法院将很难说高预测性、纯概率怀疑是不够好的。没有中间步骤的社交媒体威胁或认罪将引发新的问题，即个人在线沟通是否足以构成合理依据。对移动电话信号塔、基站模拟设备和生物检测识别样本的搜查令将变得越来越常规。这些技术中的每一项都面临着一定的法律挑战和不确定的法律未来。

幸运的是，宪法问题可能是最容易解决的黑色数据问题。法院经常面对新技术的问题。汽车、电话和智能手机曾经都是"新产品"。[38]虽然进展缓慢，但法官们已经在很大程度上设法使旧法律适应了新技术。事实上，法院非常适合法律原则的缓慢演变，当然也有很好的实践经验。偶尔的立法回应填补了法律空白，像我这样的法学教授从事理论研究工作，探索宪法第四修正案如何适应这些新技术变革。虽然对新事物的恐惧确实让人迷失方向，但就像过去一样，宪法第四修正案将适应、改变并应对这一挑战。

第五节　克服黑色数据

大数据警务将继续存在。除有用之外，这项技术实在是太过创新和超前，让人无法忽视。新技术解决方案的魅力已经深入我们的灵魂。在性格和气质上,美国人仍然痴迷于"下一个新事物"。每个杂志、报纸和电视新闻节目上都有一个关于"科学或技术的下一个突破"的标题。一个由新兴的叛逆者、不安分的创新者和进步的思想家组成的国家,总是把目光投向未来,这就是为什么警察和我们其他人一样,毫不费力地接受了大数据的理念。以数据为驱动的新警务的洞察力和优势仍然太过诱人,让人无法忽视。

为了走向这一充满希望的未来,警方必须消解黑色数据问题。黑色数据警务必须融合新技术和旧实践经验。警方必须承认挑战,并解决复杂的族群偏见、缺乏透明度和法律扭曲的问题——好的,坏的,都需要一一来应对。只有直面复杂性的挑战,而不是盲目地假装尝试新事物,才能消解黑色数据问题。这样,一束光才能照亮黑暗,展示出一个深邃而又不那么可怕的未来。

然而,大数据的潜力还不止于此。下一章将探讨大数据如何颠覆监控架构,采集警察不当行为和族群偏见的蓝色数据系统,从而彻底改变警务实践。

第八章

蓝色数据：警务数据

第一节　蓝色风险

大数据警务的焦点通常指向外部——犯罪和犯罪行为。但是，大数据技术也提供了警察系统内部的宝贵的经验教训。借助于大数据监控的洞察力，警察可以对这个职业有更多的了解。

本章探讨大数据技术在提高警务效率、减少警察暴力、加强培训和问责制方面可以发挥哪些作用。这些蓝色数据的创新反映了为警察机关开发的监控技术，包括犯罪地图、"热点名单"、实时监控、数据挖掘、概率怀疑和预测目标。

从国家层面上看，蓝色数据仍然相对稀少，数据采集系统只是例外的，而不是常规。尽管人们对警察开枪事件感到担忧，但在密苏里州弗格森市布朗抗议活动发生时，没有任何执法数据库记录下全美范围内警察使用致命武力事件的数量。正如当时的司法部长埃里克·霍尔德（Eric Holder）所抱怨的那样："令人不安的现实是，我们目前没有能力全面跟踪针对警察使用武力或警察使用武力的事件数量……这让包括我在内的许多人感到无法接受。"[1] 尽管人们对带有族群歧视的拦截盘查表示关切，但是没有一个全国性的、由政府管理的警务数据库来衡量族群资料。地方的数据采集系统也同样糟糕。

虽然许多司法管辖区试验了"早期预警系统"来标记可能受到公民投诉或使用暴力的警察，但其他司法管辖区没有建立任何严格的内部纪律制度。[2] 美国司法部的调查发现，许多陷入困境的警务系统没有有效的内部审查程序。[3] 只有少数几个城市抵制了这一趋势，试图在问题出现之前就采取预防措施，而且通常只是因为法院命令要求收集此类数据（在警察侵犯公民宪法权利之后）。大多数警察机关都没有建成追踪过度或非法使用武力的警察的制度。

这种不重视警察问责制的情况或许正在改变。2014年，美国国会通过了《羁押期间死亡报告法案》（Death In Custody Reporting Act），该法案要求报告任何"被拘留、被逮捕或执行逮捕过程中"人员的死亡。[4] 2015年，时任总统巴拉克·奥巴马（Barack Obama）启动了白宫"警务数据倡议"（Police Data Initiative），旨在创造财政激励和组织能力，着手研究警务数据。[5]联邦政府的领导力和资金，以及与当地数据科学家的合作，如果被优先考虑，可以开发新的风险评估形式。[6]2016年年底，美国司法部宣布了一个试点项目，开始收集警察使用武力事件的全国统计数据。[7]尽管仍处于开发阶段，并受到政治优先事项和资金的制约，"蓝色数据很重要"的理念已从一种期望发展成为一项国家计划。

大数据的崛起为蓝色数据采集工作提供了新的契机。在创新监控和掌握犯罪模式的同时，警方现在可以绘制和追踪警察执勤模式，以更好地了解警务实践，并预测未来可能出现问题的警察。蓝色数据的目标是实现系统化，但也要解决现代警务中反复出现的问题。

第二节　犯罪全景地图

基于地点的预测性警务利用地理位置数据追踪犯罪。[8]警务管理人员可以将特定街区的犯罪模式和热点可视化。但是犯罪制图和预测性警务只关注了一半的情况：我们知道犯罪发生的地点，但是不知道犯罪发生时警察在哪里。我们的犯罪地图只有一半的相关信息。如果在某条小巷发生了抢劫案，而警察恰好在两个街区之外，那么研究这一"近距离脱靶"事件，对阻止未来的抢劫或设计巡逻路线非常有帮助。或者，如果抢劫案发生了，而警察不在这个区域，这一重大失误可以暴露出更严重的资源分配错误。或者，如果抢劫案经常发生在警察刚刚离开一个区域之后，警务管理人员可能会发现，犯罪分子一直在监视警察的日常工作，并等待机会动手。

在以前，警务管理人员知道警察在哪里巡逻。警察有常规巡逻路线和通信点，并使用无线电联络确保调度员知道他们的位置，以便对犯罪现场做出回应。但是一般来说，上班点名后，警察会自行出动，运用他们的自由裁量权和专业判断力进行巡逻、响应报警电话，或者进行他们认为必要的调查。徒步巡逻也是如此，在任何特定时段，警察局对警察位置的追踪都非常有限。现在，通过警民联系卡这种可视化的方式，可以更精确地了解巡逻以及由此产生的警民互动的信息。例如，在纽约市，警察填写一张 UF-250 卡，记录每一次警察与市民互动的确切位置。[9] 这些数据（就像洛杉矶警察局的现场问话卡一样）被上传到一个数据库中，这个数据库可以用来追踪警察的联系方式。其他大城市也有类似的系统，提供了一个有用的事后了解警民接触地点的方法，可以在事后绘制出警务地图。

然而，新的 GPS 追踪技术改变了警务管理人员对这些随意的巡逻模式的实时了解。正如犯罪地图从回溯热点地图到实时可视化地图一样，警务地图也可以如此。如今，许多巡逻车都有 GPS 追踪功能，第二代执法记录仪也有 GPS 追踪功能，而像纽约市警察局这样的警察机关，最近给警察配发了数千台手持设备，现在已经有能力对警察进行精确的地理位置追踪。[10] 如果警务管理人员愿意，他们可以拥有一个实时、精确的数字地图，记录下每位警察在城市中的每一次步行或车辆巡逻。警察和市民的联系可以被实时跟踪。这个犯罪全景地图（对犯罪和警察的实时监控）可以提供关于犯罪和警察之间相互关系的宝贵数据，它还将提高警察的工作效率和绩效，并提供社区问责制。

从行动层面来说，警务管理人员能够看到可调遣警察的位置，以便在必要时派遣后援力量，处理犯罪现场。一些警察局已经在使用这样的操作方式，因为他们有能力根据每天的发案数量和类型改变巡逻模式。如果上午汽车盗窃案发生量增加，就意味着下午要重新部署巡逻警力。新一代的技术可以实现根据新发现的环境风险立即重新部署方案。利用犯罪全景地图，再加上热点或环境犯罪驱动因素的信息，警务管理人员可以在发生枪击事件后或者最有可能看到年轻人在街头聚集的时段组织额外的巡逻。警务指挥人员还可以将社交媒体信息与警察的 GPS 位置结合起来，将警察引向抗议游行、聚会或其他大型活动中从特定地点传送信号的群体。实时跟踪技术不仅可以监视被监视对象，还可以监视观察者。

从个体层面来说，警务管理人员可以对特定的警察进行监控，以评价其绩效。某位警察是否每天沿着完全相同的巡逻路线巡逻，是否在当地的咖啡店待了太长时间，或者待在自己的车里而不是参与社区活动？监控人员很可能会怀疑这种次优警务（suboptimal policing）正在发生，但现在它可以被监控。与其他行业的员工监控技术一样[11]，警方可以采用各种机制来确保警察遵守规定的工作目标（步行巡逻的街区数量、检查的企业数量、监控的热点地区数量）。对一线警察来说，这显然是一种冒犯，大概也是不受欢迎的，但大数据的追踪功能无论如何都在追踪他们（通过他们的个人智能手机），所以这只是给警务主管提供了信息。同样，如果谷歌都知道警察在正式巡逻值班期间的位置，为什么警务管理人员不能知道？

从系统层面来说，绘制一段时间内的警察巡逻地图，可以让人们对巡逻设计的有效性有深刻的认识。想象一下，将一个月的巡逻情况叠加在城市的数字犯罪地图上。每名巡逻警察都是一条彩色的线，沿着日常活动的路径进行巡逻。彩色线条叠加在一起，就会显示巡逻覆盖的频率。警察到底在哪里巡逻？某些街区的巡逻是否过于激进？其他街区是否被忽视了？线路和犯罪的匹配度如何？资源决策是否反映了无意中的族群偏见？对于关心警务模式和警务资源（分配）的社区来说，这些决策是否合理？正如预测性警务使警察机关负责人能够更有效地利用资源，以较少的资源做更多的事情一样，这种对警察的追踪将使警察机关负责人能够更有效地利用警察的时间和技能。

最后，监控实时部署可以提供一种新的方法来衡量 911 电话响应时间的效率。[12]许多有色人种社区抱怨警方对 911 电话的响应不够迅速。有投诉称，尽管警方的巡逻强度很高，但是在紧急情况下，没有警察可用。[13]巡逻数据可以确定911电话响应的时间问题，减少警务资源效率低下的问题。[14]

第三节　风险风向标

基于人员的预测性警务认为，某些人可以被预测为更有可能做出不良行为。[15]算法并不预测谁将实施犯罪行为，而是分析使这种行为更有可能发生的风险因素。算法的洞察力也可以识别出哪些警察更有可能进行负面的警民互动或使用武力。

研究表明，导致不成比例的"使用武力"投诉的只是少数警察。[16]在芝加哥市，12000名警察中有124人要对5年来所有警察不当行为诉讼的1/3负有责任。[17]10名违规最严重的警察平均每年受到23.4起投诉。[18]在佛罗里达州的奥兰多市，在3200起警察使用武力事件中，只占总人数5%的警察对占到总数1/4的事件负有责任。[19]对于警察局局长来说，他们一直面临的难题是怎样在坏事发生之前预测谁是"问题警察"。

进入大数据时代，如果风险因素可以在警察做出越界行为和不当使用武力之前，对其进行标记，会怎么样？如果警务管理人员可以在枪击事件发生前进行干预、警告和再培训，会怎么样？芝加哥大学数据科学与公共政策中心主任赖德·加尼（Rayid Ghani）已经开始试验大数据解决方案。[20]加尼与夏洛特－梅克伦堡警察局合作，进行了一项真实实验，研究如何识别有违规风险的警察。为了建立违规风险模型，夏洛特－梅克伦堡警察局提供了15年的人事档案[21]以及关于拘捕、拦截、派遣和其他警务活动的数据。[22]（通过）对300个数据点进行分析，（我们）可以找出消极的警民互动的预测因素。[23]从一天中的时间到社区，再到案件的类型，所有的事情都被分类进行分析。加尼解释说："我们的想法是利用这些警察部门的数据，帮助他们预测哪些警察有可能发生这些负面事件。所以，现在的系统不是等到有人发生了不好的事情再干预，而且，到那个时候，你唯一的干预是惩罚性的，我们正在关注的是：我能不能及早发现这些事情？如果我能及早发现它们，我能不能对它们进行干预，比如培训、咨询？"[24]这个过程与早期的重点威慑计划的发展非常相似，强调的是风险和恢复，而不是惩罚。

新系统试图剥离出可能导致警察过度反应或决策失误的隐藏变量。[25]相比之下，如果一名警察在过去180天内发生3次使用武力事件，夏洛特－梅克伦堡警察局早期的预警系统就会对其贴上标签。这样，任何有3次使用武力记录的警察名单都会被提交至内务部做进一步调查。[26]警察们不喜欢这个系统，因为它是惩罚性的，只根据一个数据点来确定"热点警察"而忽略了其他因素，比如巡逻的类型、案件的性质、一天中的时间，或者其他可能增加压力的因素。[27]"早期的预警系统也过于笼统，将半数以上的警察列入接受进一步调查的名单。"[28]加尼的预测系统提供了一种更有针对性的方法，将以前未被识别的模式分离出来："我们发现的一件事是，在我们发现的几个预测因素中，压力是一个很重要的指标。举个例子，如果你是一名警察，你处理过——比如，自己一直在应对大量的家庭虐待案件或自杀案件，这就是你在不久的将来卷入危险事件的一个重要预测因素。"[29]其他的见解还包括，许多家庭暴力的应对措施都是以警察的暴力行为而结束，因为这种情况的高度情绪化，警察无法控制。警方认识到，派遣三四名警察而不是一两名警察去控制现场，这样降低了发生暴力事件的可能性。[30]

与处理暴力问题的公共卫生项目手段类似，蓝色数据项目的目标是识别环境风险，从而改变政策、培训或服务，更好地缓解警察面临的压力。蓝色数据项目不像旧系统那样，为了内部事务纪律的目的而进行调查。这种以系统为基础的方法侧重于最大限度地降低可预见的风险，而不是惩罚过去的行为，这与其他大数据警务策略的前瞻性、预测模型相类似。

这种基于风险的评估来寻找"重点警察"的做法并不新鲜。20多年前，芝加哥市警察局想出了一种算法，该算法研究警察受到投诉的记录和个人压力因素，如债务或离婚。[31]但是在项目启动两年后，由于警察工会和警察同业会的抗议，该系统被关闭。[32]令人担忧且具有讽刺意味的是，这种担忧与现代社会对预测技术的担忧类似,而这种预测性的判断对警察是不公平的,因为他们是在为自己尚未做过的事情受到惩罚。这套取代芝加哥市警察局早期预警系统的系统效果并不理想。[33]值得注意的是,根据关于最近的警察不当行为数据的分析,从 2011 年至 2015 年,在 162 名受到 10 次或以上不当行为投诉的警察中,现有的系统未能对 161 名警察进行标记。[34] 2017 年,美国司法部对芝加哥市警察过度使用武力的调查发现,早期预警系统"名存实亡",无法帮助主管人员纠正警察的行为。[35]

其他警察部门是否会像夏洛特－梅克伦堡警察局那样欢迎对蓝色数据的分析,还有待观察。将重点放在以培训、教育和同情为目标的主动风险识别上,而不是职业惩罚,这可能会安抚一些反对加强问责制的人。很明显,隐私问题会出现,像所有其他行业的员工一样,警察可能会对工作场所过度侵入性的监控感到不满。但是,正如其他行业的员工所体会到的艰辛一样,对于那些希望在经济不景气时期提高效率和改善业绩的管理者来说,大数据可能具有无法抗拒的吸引力。[36]

理论上,寻找有风险的警察的算法也可以融合消费者大数据的洞察力。夏洛特－梅克伦堡警察局项目的重点是职业活动产生的警务数据。出于隐私的原因,数据分析中省略了警察的个人背景。但是,尽管极具争议性和侵犯个人隐私,其他形式的消费者数据也可以被挖掘出来,以获取基于风险的对警察个人的洞察。信用评分可以提醒主管者留意到警察个体面临的高度的财务窘境;社交媒体帖子可以用来研究族群或性别偏见、压力或暴力的表达。2017 年,美国司法部对芝加哥市警察局展开调查,联邦调查人员发现了令人不安的社交媒体帖子,帖子的内容显示出发帖者对穆斯林的敌意,以及一再表现出对非洲裔美国人族群的冷漠,[37]甚至兴趣爱好也可能被当作导致问题的潜在原因。一位专家认为,参加综合格斗术或泰拳(一种格斗运动)是增加工作中使用武力的一个预测性因素。[38]或许警察会觉得这种类型的大数据监控过于具有侵入性,但与其他消费者监控一样,令人毛骨悚然的个人隐私入侵并不一定会削弱其预测价值。

第四节 数据挖掘警务实践

蓝色数据采集的下一阶段将涉及挖掘原本平淡无奇的警务数据,日常警务实践的效率、偏见,以及提高准确性和公平性的方法。就像消费者数据挖掘的力量一样,发现这些隐藏的相关性和效率可以为警务工作增加价值。[39]本节探讨研究人员提出的三种利用警务数据改进警务实践的方法。与黑色数据的讨论相似,这些方法侧重于纠正错误、族群偏见和不透明的问题。

一、"拦截盘查命中率"

如果有一种方法可以计算出某次拦截盘查成功的可能性,或者某次拦截盘查是否会歧视少数族裔,那会怎样?涉及纽约市警察局拦截盘查的弗洛伊德案的诉讼显示,大多数警方的搜身行动没有找到任何武器(成功率只有1.5%)。[40]此外,统计数据和审判的基础证据表明,族群偏见影响了拦截盘查的实际操作。[41]在这些发现的基础上,一个多学科的学者小组——大卫·斯克兰斯基(David Sklansky)、色拉德·戈埃尔(Sharad Goel)、拉维·斯洛夫(Ravi Shroff)和玛雅·帕尔曼(Maya Perlman)(分别是法学教授、工程学教授、数据科学家和法学学生),已经证明大数据可以提高拦截盘查的预测准确性。[42]

利用纽约市警察局2008年至2010年的诉讼数据,研究人员创建了他们所谓的"拦截盘查命中率"(stop-level hit rate,SHR),它可以在拦截盘查之前计算出成功搜查出武器的可能性。[43]"拦截盘查命中率"通过对472344张UF-250卡的数据进行分析计算,以了解哪些因素能帮助警方成功查获武器,哪些因素不能帮助警方找到武器。[44]因为警察在工作中被要求填写 UF – 250 卡，阐明他们出于什么怀疑理由做出拦截盘查的决定，所以警方的正当理由数据库就建成了（可疑因素包括"鬼鬼祟祟的行动""犯罪高发地区"和"可疑的凸起"等）。在处理数据的过程中，研究人员简单地比较了这些理由中哪些确实有助于警察做出准确的拦截盘查，哪些没有帮助。该模型研究了关于犯罪嫌疑人的人口统计信息，位置信息，被拦截盘查的日期、具体时间、年份，被拦截盘查的背景（无线电广播通知、警察着装巡逻），以及警察观察犯罪嫌疑人的时长，然后将这些数据与有关被拦截盘查区域的其他信息进行加权。该模型最终包含了 7705 个预测特征，以找出成功搜到武器的关键因素。[45]

接下来，研究人员将他们创建的预测模型应用于 2011 年至 2012 年进行的 288158 次拦截盘查，以查看这些预测是否追踪了现实世界中的成功率。[46]当应用于数据集时，该模型预测拦截盘查查获武器的准确率是 83%。更重要的是，该模型预测了哪些因素与查获武器无关。从研究结果来看，所谓的"鬼鬼祟祟的行动"在统计数据上并没有为最终查获武器提供任何支持。令人惊讶的是，有 43% 的拦截盘查行动，查获武器的概率不到 1%。[47]运用这些数据意味着警方可以减少拦截盘查次数，但保持查获武器的次数不变。此外，数据还显示，"49% 的黑人和 34% 的西班牙裔因涉嫌携带武器而被拦截盘查，查获他们拥有武器的概率不到 1%，相比之下，被盘查的白人比例为 19%。"[48]

"拦截盘查命中率"提供了一种方法，即可以利用警务数据来改进警务实践。通过使用"拦截盘查命中率"等方法研究警务数据，警察可以提炼出哪些可疑行为实际上与犯罪行为相关，哪些与犯罪行为无关，并可以设计培训或策略来避免不必要的拦截盘查。此外，这种方法可以发展成一种预测性的指导方针，帮助警察在走上街头之前仔细考虑他们的拦截盘查决定。[49]通过研究蓝色数据，可以获得更高的效率，减少过去的偏见。蓝色数据可用于法庭案件，以证明或防止违反种族平等保护的行为，并可用于培训，以确保系统性的低效不会给有色人种社区带来负担。

二、"命中率"百分比

数据可以被收集起来用于确定哪些警察在拦停嫌疑人方面做得更好（更准确）。在大多数宪法第四修正案的审前证据辩证听证会上，警察就有争议的拦停的怀疑理由出庭作证。法官听取证词，审查证据，然后决定拦停是否违反宪法。由于调查的性质，在查获违禁品后和审前证据辩证听证过程中，法官倾向于相信警察的怀疑，并拒绝排除证据的动议。毕竟，这一次警察"猜对了"（查获了违禁品）。这个过程虽然可以理解，也很典型，但却忽略了一个从未被考虑过的重要事实：在这次正确的拦截盘查之前，警察有过多少次"错误"的怀疑？

马克斯·明兹纳（Max Minzner）提出了一种更加个性化的、以数据为驱动的拦截盘查测试，建议法官审查警察先前成功查获违禁品的准确度。[50]当然，法官会审查过去的"命中率"，并将其纳入宪法第四修正案的分析。明兹纳解释说：

> 当我们判断一个棒球运动员是否可能击中球时，我们要看他在本垒上成功的记录。当我们决定是否听取股票分析师的建议时，我们要看她过去推荐的股票价格是涨了还是跌了。但是，当警察声称他们有足够的理由相信某一地点有犯罪活动的证据时，我们却不会去看他们在过去提出同样的指控时是对还是错。这是一个错误。[51]

通过精确的蓝色数据采集系统，可以轻松确定此类概率统计数据。在一些城市，这种数据已经存在；在其他一些城市，这种数据可以被收集。法官可以审查某个警察局或某位警察的成功率，然后"加强审查那些特别不可能找到证据的搜查类型，以及那些相较其同事而言能力较低的警察"。[52]

明兹纳提议的结果可能既对个人产生影响，也对警务系统产生影响。从个人的角度来说，使用统计数据可以为法官提供一些额外信息，以便他就合理怀疑或合理依据做出裁决。显然，信息只是其中一个因素，甚至可能不是一个重要因素，因为以前的成功率只是一般意义上的，并不直接与案件的具体情况有关。本垒打球手会三振出局，而糟糕的击球手会上垒。但是总的来说，知道一名警察是特别擅长于发现违禁品（成功率为80%）还是在这方面非常糟糕（成功率为1%）可能会影响最终的决定。

从警务系统的角度来说，如果警察知道他们的命中率模式会影响他们在法庭上的可信度，那么他们进行拦截盘查的方式就会改变。警察和警务管理者将试图通过减少不必要的拦截盘查来确保一定程度的准确性。警察可能会研究那些有助于他们改进和提高命中率的信息。较高的命中率可以激励他们改进，而这样的历史记录也可能会重新平衡在审前证据听证会上对警察的尊重。目前，法官只在警察查到违禁品时才审理案件。在法官看来，这个警察总是能"打出本垒打"。了解所有失误或错误模式的总体统计数据，将重新衡量因为受到宪法第四修正案质疑而提交法院审理案件的准确性假设。

三、数据促进变革

斯坦福大学2016年的一项开创性研究《数据促进变革》（Data for Change）中，可以找到关于准确性和族群偏见的数据驱动的见解。[53] 詹妮弗·埃博哈特（Jennifer Eberhardt）领导的研究小组与奥克兰市合作，研究了来自奥克兰市警察局的真实警务数据。[54] 数据挖掘过程既复杂又创新。首先，研究人员使用计算机工具分析了28119份表格中的"拦截盘查数据"，这些表格是警察在两年多的时间里拦截盘查行人和司机后填写的。[55] 其次，他们使用搜索工具分析了从执法记录仪中捕捉到的语言，研究了警察们在一个月内380次拦截盘查中说出的15.7万个单词。再次，他们使用程序分析了警察1000次拦截盘查的书面陈述，[56] 目的是研究收集到的警务数据，以了解被拦截盘查、搜查和拘捕的对象，以及警察是如何对待他们的。

研究人员审查了执法记录仪拍摄的近3万次拦截和对话，并对警察和社区成员进行了采访和调查。研究人员得出结论，奥克兰市警察局的文化导致了拦截、搜查、逮捕和使用手铐过程中带有族群歧视的做法。[57]研究显示，即使考虑了社区犯罪率和人口统计数据因素，奥克兰市警察局在一年时间内拦截的非洲裔美国人比白人更多。从实际数字来看，非洲裔美国人只占奥克兰市人口的28%，他们却占到被拦截盘查人数的60%。[58]这又一次说明即使在考虑了该地区的高犯罪率和人口统计数据的情况下，族群偏见仍然存在。此外，非洲裔美国人比白人更有可能被戴上手铐和遭受拘捕，警察对非洲裔美国人使用的语言和语气往往不那么尊重。[59]

斯坦福大学的研究提供了一个如何挖掘蓝色数据的模型。在《数据促进变革》(*Data for Change*)和相关报告《变革的策略》(*Strategies for Change*)[60]中，斯坦福大学的研究人员提供了一些新颖的数据驱动方法，以研究警察如何与市民互动。例如，除决定拦截市民之外，数据还揭示了使用手铐来作为区别对待不同族群的一种措施。研究发现，"在每4次拦截中，就有一次是非洲裔男性美国人被戴上手铐，相比之下，每15次拦截中，才有一次是白人男性被戴上手铐。即使在考虑了社区犯罪率、人口统计数据和许多其他因素之后，我们的分析显示（奥克兰市警察局的）警察给非洲裔美国人戴上手铐的人数明显多于白人"[61]。同样有意思的是，给被拦截人员戴上手铐的决定中有67%由20%的警察做出，这意味着并不是每个警察在遇到类似情况的反应都是一样的。[62]然而，研究人员警告说，他们的研究结果揭示了一种歧视性文化，一个警务系统性的问题，不应该把它当作几个害群之马的做法而一笔勾销。

例如，在13个月的时间里，奥克兰市警察局的所有警察中有四分之三的人在执行拦停任务时从未对白人做出戴上手铐、搜查或拘捕的决定，但大多数警察在拦停任务中确实对非洲裔美国人采取了这些行动。这些发现并不是少数甚至是许多警察"坏"的证据，而是关于如何管理不同族群的人的普遍文化规范（即作出行为的不成文规则）的证据。只关注个别警察，而不是整个文化，很可能会让警务工作中的族群差异持续存在。[63]

作为数据挖掘可能性的另一个例子,研究人员研究了交通拦截盘查时警察使用的语言。执法记录仪收集的数据可以通过自动程序进行搜索,这样研究人员就可以查询是否使用了敬语("先生"或"女士")或者是否进行了道歉("对不起"或"抱歉")。[64]这项研究调查了警察在与不同族群的人交谈时,是否使用了不同类型的词汇。研究人员发现,警察对有色人种说话的方式确实有所不同,他们甚至建立了一种算法,可以根据警察所使用的词汇,以68%的准确率预测出说话对象是白人还是黑人。研究人员没有发现使用族群歧视或贬损性词语,也没有发现脏话,但是在警察对公民解释和盘问时所花的时间上,他们发现了差异。可以想象,这种搜索警察和公民之间使用的语言的能力,打开了一个由数据驱动的可能性的局面,可以用来培训或确定未来问题的风险因素。类似的数据挖掘系统可以搜索警方报告、宣誓书甚至证词,[65]从而创造用大数据搜索工具研究搜查的词汇、理由或原因的未来。

受大数据的启发,安德鲁·克雷斯波(Andrew Crespo)提出了一项类似的调查,调查警察证明其怀疑的方式。在《哈佛法律评论》(*Harvard Law Review*)的一篇文章中,克雷斯波建议,不要将法庭文件、逮捕令宣誓书和报告、审前证据听证会记录以及行政元数据视为截然不同的数据,而应将其视为"系统性事实"——一个揭示性(如果尚未开发的)的信息宝库。[66]如果要审查蓝色数据,它可以为传统的警察行动提供一种衡量问责方式和透明度的新措施。

例如,通常情况下,作出可能原因裁定的法官会审查支持搜查令或逮捕令的书面宣誓书。宣誓书通常包括一个遵循传统模式或"脚本"的叙事故事。[67]这些脚本是熟悉的事实模式,常常会查获违禁品。例如,一份搜查毒贩公寓的搜查令宣誓书可能会说:"根据情报,宣誓人认为毒贩通常将钱和武器藏匿在家中。"克雷斯波的建议是使用数据挖掘技术来研究脚本。在每一个法庭系统中都有数以万计的这样的脚本,但从来没有被查阅以确定它们的准确性或一致性。正如克雷斯波所解释的:

> 一名法官被要求"确定一名警察是否遵守了宪法第四修正案",

他通常会"听这名警察讲述一个独立事件的经过",然后决定"该警察是否有"或"有足够的信息来侵犯目标的隐私和自主权"。然而,一个拥有刚才描述的系统事实的可搜索数据库的法官,可以做的远不止这些。具体来说,他可以评估可能原因脚本的一致性、描述的准确性,甚至预测的准确性,这些脚本通常被提交给他,作为在他管辖范围内的警察执行宪法第四修正案活动的正当理由。[68]

在研究数据时,当前实践中的某些疏忽或矛盾就会暴露出来。克雷斯波指出,为了证明搜查令的正当性,哥伦比亚特区的警察经常在宣誓证词中声明,因毒品而被捕的犯罪嫌疑人通常"在家中存放买卖记录、犯罪所得和枪支"[69]。事实证明,警察们也经常在单独的宣誓证词中声明,因毒品被捕的犯罪嫌疑人通常"不在家中存放买卖记录、犯罪所得和枪支",而是存放在某些藏匿处、朋友或亲戚的家中。[70]从理论来说,这些选择之一在特定情况下可能是正确的,但是作为常规脚本,它们揭示了相互矛盾的事实陈述。有宣誓证词称,因毒品被捕的犯罪嫌疑人的家里经常有毒品,他们家里也经常没有毒品。在个别案件中,法官从来看不到矛盾之处。只有对矛盾的数据进行挖掘,才能揭示系统性的事实真相。

同样,在研究令状数据库时,人们可以预测法律上可以认定的"高犯罪率地区"。[71]在许多令状中,都声称该地区是高犯罪率地区,但由于没有人追踪这些说法的一致性,这一事实就失去了意义。研究宣誓书中关于某户家庭位于高犯罪率地区的陈述,可以绘制出经法院认定的高犯罪率地区地图。[72]法官可以查看过去批准的区域,看看宣誓书的陈述是否与该模式相符。就蓝色数据而言,其中的矛盾或错误可以得到纠正。可以进行培训,以确保向法院提供真实和一致的陈述。可以对脚本进行研究,以确定有效的正当理由和那些未能构成合理依据的理由。事实上,我们可以做一个类似的实验,比如拦截行动的命中率,但是要有逮捕令的成功率。关键是系统性的事实可以通过数据挖掘,以揭示警察的行为模式,从而改进警务实践。

第五节 警务感知系统

将来，实时监控城市的能力也将允许警务管理人员监控街面上的警察。想象一下，纽约市的区域感知系统将其重点从挫败恐怖分子的阴谋转移到追究警察违反职业道德的行为、违反宪法的拦截搜身和暴力行为的责任。

这样一个警务感知系统需要持续的实时视频监控、回拨功能、对警车的实时监控、执法记录仪拍摄的视频，以及手持设备的个性化 GPS 定位，这正是目前通过区域感知系统和配发给纽约警察的 3.5 万部智能手机可提供的功能。[73]使用这些功能的管理人员能够随时监控所有警察，审查他们使用武力的情况，检查其对待公民的态度，并评估培训方案。

具有讽刺意味的是，那些破坏美国治安稳定的问题——不良的社区关系、违反宪法的行为、使用武力、族群偏见、缺乏透明度以及缺乏数据，都有可能通过旨在建立街道秩序的监控来解决。虽然很少有司法管辖区像纽约市这样迅速或广泛地接受大数据警务，但它或许意外地为新形式的蓝色数据问责制提供了一个模型。

弗格森事件前后，引发针对警察的激烈争论的导火索是警察每天进行的拦截盘查。这种行为正在削弱他人的权利。警察要求被拦截的人出示身份证明，搜身寻找武器，或者干脆闯入他人日常生活事务，制造恐惧、怨恨和不信任。[74]这种恐惧的一部分来自这样一个事实，即警察拥有看似不可审查的国家认可的权力（包括使用武力）。抵抗会导致暴力，被拦截的人会感到孤立无援，无法挑战这种行为，无法抱怨自己受到的待遇，也无法提供事件的另一面。因此，与警察冲突后出现的公民手机拍摄的视频，以及推动警察佩戴执法记录仪的做法，被视为改变这种权力失衡的一种手段。但是在区域感知系统控制的环境下，佩戴执法记录仪并不是必须的。警务管理人员可以实时观察警察和市民之间的互动。

想象一下，在纽约市警察局拦截搜身做法的巅峰时期。正如《纽约时报》所详细报道的那样，相对缺乏经验的警察会在目标区域内积极巡逻，有系统地拦截和盘查有色人种的年轻人。[75]这些例行的"激增的巡逻"（surge patrols）可能是违反宪法的，但发生得如此频繁，而且是针对没有政治权力的个人，以至于这些拦截成了社区与警察关系紧张的一个重要原因。[76]以布鲁克林市布朗斯维尔社区的第8街区为例，警察在4年中拦停了5.2万人。[77]一名26岁的法律助理报告说，她被拦截了30次至40次。[78]但是有了实时的区域感知系统，警务管理人员可以看到他们的下级警察在做什么。[79]警务管理人员可以观察一次又一次的拦截行为，他们可以评估是哪些警察实施了拦截，他们可以询问警察作出拦停决定的法律依据。当他们观察到警察有违宪行为时，可以对警察个人和团队进行培训。此外，通过查看执法记录仪的录像，警务管理人员可以确认拦停时警察的语言、语调以及对拦停对象表现出的尊重或敌意的程度。

应用区域感知系统的警务监控对于数据采集也非常有用。警察是否不成比例地拦截有色人种？拦截的频率如何？警察观察到的"鬼鬼祟祟的动作""凸起（显示有枪）"或"逃跑"能被视觉证据证实吗？同样的数字化回放技术可以识别所有穿着红色衬衫的人，也可以识别警察每次掏出武器时的动作。记录合法拦截的电子数据采集卡可以在手持设备上填写，并实时上传。建议警务管理人员通过实际观察警察的工作来监控工作绩效，而不是通过传票数量或罚款金额来衡量生产力，这并不是一个激进的提议。纽约市警察局早期的CompStat模式带来错误的激励，其中一个就是鼓励将传票数量作为工作绩效的衡量标准，而不考虑其在制止犯罪方面的效果怎么样。[80]因此，与传票数量等绩效指标相比，专注于观察警察的实际行为可能会改变激励措施，从而改变警察与公民的互动。

这种区域感知系统监控还可以提高警务工作的合宪性。在法院命令要求保留警察拦截数据的城市中，违反宪法的警察执法一直是一个问题。在宾夕法尼亚州的费城，由戴维·鲁多夫斯基（David Rudovsky）领导的律师团队发现，三分之一以上至二分之一的警方拦截没有达到"合理怀疑"的标准，即使是在警察自己对相关事实的描述中也是如此。[81]在新泽西州纽瓦克市，美国司法部发现，当地警察对75%的拦截行动不能充分说明合理的怀疑。[82]在新墨西哥州阿尔伯克基市，美国司法部发现，在长达3年的时间里，在超过一半的使用致命武力和使用非致命武力的案件中，警察过度使用武力，违反美国宪法。[83]如果能够立即看到警察的做法（以及产生的数据），那么所有这些涉及数据采集的法院命令都可以更高效、更快速地完成。警务管理人员可以在拦截发生当天对行动进行评估，他们将不必重建警察的事后法律依据。获取引起宪法关注的数据，将使警务管理部门有机会在问题发展成为系统性问题之前进行纠正。检察官和辩护律师也可以看到其中拦截的一些视频片段，这加强了对警务工作的问责力度。通过在法庭上观看视频，可以看到警察拦截过程的真实情况，这样对警察在街面上看到的事情提起诉讼会变得更容易。

如果你要求警务管理人员对所谓拦截搜身做法违宪的指控做出回应，大多数人会如实地说：监管人员会尽其所能地进行培训，但是无法在警察进行街面工作时牵着他们的手。然而，有了区域感知系统和实时警务，监管人员几乎可以像在现场（那样指挥）。在某些非紧急情况下，警察在街面上就可以获得中央指挥中心主管（甚至律师）的法律许可。想象一下，一名警察正在监视一所房子，他认为离开房子的人可能购买了毒品。[84]他想阻止下一个人，现在可以通过与中央指挥中心沟通，寻求建议。主管们可以通过审查视频了解他所看到的情况。他有足够的法律依据吗？还是他需要更多的信息？更多关于房子可疑性的细节（通过执法记录仪或大数据公司的记录）或任何离开房子的人都可能使他产生合理的怀疑。也许管理人员会说："不，不要拦下任何人，因为你会违反宪法第四修正案。"通过区域感知系统和实时通信，所有的做法都能实现。

相同类型的实时问责制可以缓和警察使用武力的紧张局势。公民的手机视频为了解这些事件打开了一扇窗，但事实是，每年尚有更多的死亡事件隐藏在公众讨论之外。由于普遍存在的警民不信任，在没有客观证据的情况下，合法使用警察武力会与警察误判或警察犯罪归为一类。缺乏透明度意味着警察机构仍然（为警察执法行为）辩护，市民仍然不信任警察。但是区域感知系统联网之后，所有警察使用武力的事件都会被记录下来。

你不仅可以看到执法记录仪拍摄的画面,还可以看到事件发生"之前"和"之后"的情况,这样你就可以追溯到暴力事件发生之前的一小时和之后的一小时,任何一方都不能再编造符合自己立场的叙述。关于受害者"举起手"的说法(正如警方对迈克尔·布朗枪击案的最初报道)可能会实时被揭穿(而不是等待数月,只有在彻底的独立的联邦调查之后才能被揭穿)。[85]虽然录像并不能说明全部情况,但这一过程的透明度将会大大提高。从技术上讲,区域感知系统能做到以上说的所有事情。

第六节　社区数据采集

蓝色数据不一定来自执法部门。学者、记者和活动家已经开始采集有关警务实践的信息,他们使用大数据技术,使数据采集能够以非传统的方式进行众包、整合和查询。

警务执法公平中心(Center for Policing Equity)的主席菲利普·阿提巴·戈夫(Phillip Atiba Goff)等学者,现在监督着一个全新的"国家司法数据库"(National Justice Database),该数据库旨在追踪和规范关于拦截搜身和警察使用武力的国家统计数据。[86]该项目由美国国家科学基金会(National Science Foundation)资助,目前正与数十个执法管辖区合作采集数据。尽管项目刚启动,但执法部门承诺会配合行动。警务执法公平中心的第一份报告《司法的学问:族群、拘捕和警察使用武力》(*The Science of Justice:Race,Arrests,and Police Use of Force*)就警察使用武力时的族群差异对12个司法管辖区进行了调查[87],发现"即使考虑了逮捕人口统计数据,参与调查的部门也揭示了它们不同程度地存在使用武力时的族群差异。"[88]斯坦福大学工程学院发起了一个"法律、秩序和算法项目",利用大数学来研究警务模式。[89]色拉德·高尔(Sharad Goel)和他的团队已经收集了来自11个州的5000万次交通拦截的数据,希望能建成记载超过1亿次拦截数据的数据库。[90]该项目的目标是检视大数据策略是否可以确定警务实践中的族群偏见或其他系统性偏见。

《华盛顿邮报》和《卫报》的记者已经开始收集有关警察开枪事件的数据，试图了解问题有多严重。[91]记者们建立了一个网站，开展公众教育活动，突出强调枪击事件背后的人性故事。[92]其他记者和新闻机构，如马歇尔计划（Marshall Project）、ProPublica网站、内特·希尔（Nate Silver）创办的FiveThirtyEight网站，披露了警察暴力和其他刑事司法问题背后缺乏经验数据的问题。[93]

此外，美国公民自由联盟（American Civil Liberties Union，ACLU）等全国性游说团体和小型初创企业联合会开发了一款移动应用程序，公民可以在智能手机上举报警察的滥用职权行为，上传视频和学习宪法权利相关知识。美国公民自由联盟的移动应用程序"拦截—搜查瞭望"应用程序（Stop & Frisk Watch app）允许参与项目的城市的民众记录警察滥用职权的情况[94]，并且由于这些信息是数字化的，因此可以进行整合。使用该系统可以追踪全国范围内的警察滥用职权事件。随着越来越多的警民冲突事件信息被上传，可以创建一个平行的、社区驱动的蓝色数据源。这些平行的数据来源不仅是社区的资源，也是警察收集和维护警务数据的动力，这些数据可以用来反驳他们认为不正确的陈述。

在警务方面，新技术甚至试图重组正在评估的指标体系。芝加哥和其他城市的警察局已经开始尝试使用RespectStat模式，以此取代收集犯罪统计数据的CompStat模式。RespectStat模式从公民调查中收集关于警察对待方式的社区情绪数据。[95]RespectStat模式背后的理念是通过考察警察的受尊重情况、是否乐于助人和个人能力来评估他们。[96]因此，警务管理人员将拥有另一个衡量标准来决定警察的工作情况，而衡量受尊重情况可能使警察将"工作绩效目标"从"拦截和拘捕"转移到更有利于社区的事情上。

第七节　蓝色数据系统

所有这些蓝色数据创新的共同点是：它们都是以系统为导向的警务实

践方法。测绘、跟踪、挖掘或观察警察的工作为我们打开了一扇窗，让我们看到反复出现的问题——警察暴力执法和违反宪法的拦截搜身，这不（仅仅）是几个坏警察的错。相反，这些错误是由未得到解决的系统性因素造成的，从根本上来说，这些因素在高风险的工作中增加了发生"事故"的风险。警务系统创造了可预见的环境风险，导致误判和不当行为。而蓝色数据暴露了这些风险，并为改革提供了契机。

系统性地看待问题标志着我们对警察职业的看法发生了变化。警察似乎是一个混乱的、偶然的、无系统的、无数据的职业。警务工作种类繁多，警察每天的工作方式多种多样，千奇百怪，似乎不可能系统地思考问题。当警察进行一次巡逻，他可能身处城市，也可能在郊区的沙漠中；可能逮捕一名杀人犯，也可能接生一名婴儿；可能挽救生命，也可能带走一条生命。由于这种随机性，警务工作仍然是地方化的，并且很大程度上不受数据驱动系统的审查。这并不是说要忽视关于警务理论、警务实践、培训手册和供警察遵循的一般规则的浩瀚书籍和指南，但确实很难找到好的数据。关于如何开展工作的信息是存在的，但是关于如何完成工作的信息却并不存在。

在这个看似没有数据的世界里，警察就像医生、飞行员和其他高风险职业的人员一样，在杂乱无章的环境中工作，最初他们也抵制数据采集和数据分析。[97]医生认为，每个手术都是不同的，有不同的病人、不同的病史、不同的诊断，所以没有任何系统可以提高他们的专业判断。[98]飞行员认为，每一次飞行都面临着天气、技术和计划等方面的不同考验，因此没有任何系统可以应对某一次的飞行计划。[99]医生和飞行员更愿意把自己视为艺术家，而不是科学家；是系统的主人，而不是一个由医生和飞行员组成的更大系统的一部分，他们或多或少都在做着同样的事情。结果，当事情出错时，在手术台上或坠机前发生的错误，被认为是孤立的错误，而不是系统性问题。事实证明这么理解是不对的。这些错误从来不是单一的判断失误，而是一系列层层叠叠的小错误，最终导致了严重的手术失误或坠机。[100]专业人士共有的艺术性和自我意识掩盖了反复出现的可避免的小错误，这些小错误导致了本可避免的悲剧。

随着时间的推移，外科医生和飞行员等高风险职业开始接受对错误的"系统分析"。[101]这些职业转变为收集手术室或驾驶舱内发生的事情的数据，然后邀请系统内的其他参与者（护士、检验师、主管人员和复核人员）来揭露系统风险并研究重复出现的错误。通过这样做，有害的、有时甚至是致命的风险被最小化，系统得到了改善。现在，医生和飞行员已经形成了一种共同的安全文化，即在错误发生之前预先寻求规避风险的方法和措施。[102]

律师兼刑事司法专家詹姆斯·多伊尔（James Doyle）一直在运用这种系统方法来改进刑事司法系统。[103]两年来，他领导了美国国家司法研究所（National Institute of Justice）的一个项目，研究如何从刑事司法系统的错误中吸取教训。国家司法研究所项目得到了当时的司法部部长埃里克·霍尔德（Eric Holder）和众多一流刑事司法专家的支持，该项目率先提出了对错误定罪和其他已知的不公正行为所导致的错误进行"前哨活动"（sentinel events）审查的想法。[104]这些"前哨活动"将所有的利益相关者聚集在一起，以非判断性的方式评估错误的原因，然后制定系统性的方法来应对未来的风险和威胁。其核心思想是，任何单一的灾难性错误实际上都是许多较小的级联系统错误的产物。[105]失败不是个人的（例如侦探搞砸了），而是系统性的、组织性的事故（检查和问责措施系统失败了）。将错误视为许多不同行为者的集体过错，与结构性风险因素交织在一起，可以更容易地解决系统性问题。通过研究收集到的数据，"哨兵"可以看出，医生并没有选择犯错，而是在一个有缺陷的系统中构建的各种情况的组合导致了错误。多伊尔借鉴医学界的经验，将这些"前哨活动"用于研究药物错误或"近距离脱靶"（差点弄错病人进行手术），并将这些经验应用于错误定罪和其他类型的警察失误之中。[106]

与国家司法研究所的工作类似，宾夕法尼亚大学法学院的奎特隆公平司法行政中心（Quattrone Center for the Fair Administration of Justice）主任约翰·霍韦（John Hollway）发起了一系列基于系统的刑事司法系统变革的全国性讨论。[107]刑事司法系统中的错误，包括警务错误，可以通过"根本原因分析"来进行分析。这个过程类似"前哨事件"，旨在创建一个无过错的空间，以了解错误是如何在高风险系统中发生的。寻找问题的"根本原因"，目标始终是促进学习，而不是惩罚。[108]问题（系统）的所有部分都会被分解，并由一个团队进行检查，看看哪些部分出了问题，最终目标是看是否有更改、培训或改进，以防止错误再次发生。

把警察的错误想象成一个系统问题就能打开对话的大门，讨论如何减少重复出现问题的风险，比如不必要地使用警察暴力。迈克尔·布朗（Michael Brown）、塔米尔·赖斯（Tamir Rice）和菲兰多·卡斯提尔（Philando Castile）遭枪击死亡，都是由相对较小的错误行为导致的悲剧结局，不能简单地归结为一个不好的行为人在族群仇恨的推波助澜下做出的一个单一的不好行为。这些错误更为普遍，相互交叠，逐渐累积。隐性的或显性的族群偏见，可能起到了一定的作用。但除此之外，警察们还收到了部分的、不完善的关于处置犯罪行为的无线电调度。警察被孤立起来，在没有足够支援的情况下接近犯罪嫌疑人。警察在面对那些被认为具有人身威胁的人时，不知道他们是谁，也不知道他们会带来什么危险。警察没有趁手的其他非致命性武器，警察在对感知到的危险做出适度反应时犯了错误。这些错误可以被重新定义为结构性风险因素（包括沟通、意识、偏见、培训、招聘），如果不加以纠正，将导致致命的情况。通过研究警方的做法，收集数据，并将这些事件可视化，不是作为孤立的错误，而是作为一个有缺陷的系统的一部分，可以创建一种新的方法来应对高风险。

类似地，纽约市因攻击性的拦截搜身而产生的冲突，并不是由个别警察故意对有色人种青年进行族群骚扰造成的。相反，它存在一个系统性的、"文化上的"警务问题。自特里案以来，美国联邦最高法院允许基于不确定的和未定义的宪法第四修正案的拦截，这意味着理性的人可以对"合理怀疑"的定义产生分歧。警察几乎没有得到明确的指导，事实上，关于这些标准的培训也可能是混乱的，甚至是错误的，这一点在纽约市警察局的另一起诉讼中得到了验证。在该诉讼中，法院发现，一段用于向警察讲授宪法第四修正案关于扣押的培训视频在法律上是错误的。[109]这段培训视频几乎在每个辖区向每位巡逻警察播放过。[110]此外，在纽约市，要求以传票或逮捕的形式彰显"工作绩效"的系统压力鼓励了不必要的对抗，而族群、阶层和社区关系的紧张，以及警察暴力执法的历史，则滋生了民众的怨恨。最重要的是，随着警察意识到有必要在街面上建立社会控制，具有侵略性色彩的警察文化被明里暗里地鼓励着。[111]这样的例子不胜枚举，所有这些潜在的风险都增加了每一次拦截搜身时发生群体性事件的可能性。如果说一名警察在这种环境下采取激进的、违反宪法的行动是一个孤立的判断错误，那就是忽略了更深层次的系统性缺陷。通过数据确定的激进的警察制度和文化，暴露了不必要的高水平的违宪风险。

利用蓝色数据来揭示这些系统性弱点，提供了解决风险的契机，可以做出三个改变。首先，可以采集和分析蓝色数据，如本章讨论的数据类型。如果没有数据采集，就无法检验系统的组成部分。其次，需要采用以改善组织文化和减少潜在风险为重点的系统方法。蓝色数据提供了观察整个系统的可视化工具，但是警务管理人员和其他利益相关者必须愿意进行文化变革。最后，当群体性事件发生时（将来会发生群体性事件），各方需要愿意举行公开的、非判断性的"前哨活动"，利用收集到的数据来研究问题。

第八节　蓝色数据的未来

蓝色数据的未来面临着传统的阻力。和所有专业人士一样，警察不愿被微观化地管理或监督。和所有人一样，警察不希望自己的个人生活受到侵犯，也不希望自己的专业判断被人分析，看看算法是否认为他们"处于风险之中"。警察工会和代表其成员的各个组织将像过去一样，抵制更多的监督。

然而，监督在过去被证明是有价值的，采集警务数据的想法并不新鲜。[112]美国司法部已经对数十个警察部门进行了监督和调查。[113]《美国法典》第42卷第14141条下的民权禁令带来的是数十年的数据密集型调查。[114]私人和解产生的正式同意法令经常要求收集数据作为补救措施。[115]根据《美国法典》第42卷第1983条提起的私人警察诉讼也导致收集警察行为的数据作为补救措施。[116]让这些数据采集机制适应大数据技术，可能只是增强了民权倡导者和机构的能力，使其能够对分散的、地理位置不同的问题司法管辖区进行监控。假如有政治改革意愿，大数据警务能够为致力于改善警务工作的现有系统增加价值。

尽管存在阻力，但就像其他行业一样，数据采集和分析很可能会被强行推进。这一推动，以及对蓝色数据的更大规模推动，得到了奥巴马政府的帮助。如前所述，奥巴马政府的白宫警务数据倡议，设想在政府、学术界和私营部门之间进行雄心勃勃的合作。[117]超过50个地方司法管辖区已经开放了90个数据集以供研究。[118]联邦政府通过司法部面向社区的警务服务办公室（Community Oriented Policing Services，COPS）同意为愿意参与警务数据倡议的地方警察部门提供培训资金和技术援助。此外，私营公司和非营利组织，如警察基金会（Police Foundation）、国际警察局局长协会（International Association of Chiefs of Police）、阳光基金会（Sunlight Foundation）等，已经同意提供更多的技术和数字工具，让更多的人获取和使用这些数据。[119]警务工作的关键是合法性，更聪明地了解系统性问题既有助于解决这些问题，也有助于提高合法性。警察局局长们看到了透明度和信任的必要性，他们希望蓝色数据能起到引领作用。

第九章

显性数据：风险和补救措施

第一节　看清风险

大数据警务技术有一个共同点：识别与犯罪活动相关的预测性风险因素。正如本书所述，风险识别技术已经带来一系列解决犯罪问题的创新警务策略，但是这种新的数据驱动的识别风险的能力并不一定需要警务补救措施。风险和补救措施是可以分割的。大数据洞察的问题不必由警方处理。与此相反的是，在没有警察直接参与的情况下，预测性警务措施可能同样有效。

本章将探讨大数据的风险和补救方法。它建议将解决犯罪问题与需要警务解决方案的自动假设分离出来。虽然大数据警务在很大程度上是由警务执法部门资助和推动的，但它不必由警方控制。本章旨在阐明笔者所说的"显性的数据补救措施"——"显性"是因为它们是聪明的（精确的和集中的），"显性"是因为它们具有启发性（揭示隐藏的问题和模式）。[1] 显性的数据补救措施与大数据警务形成了鲜明的对比，因为它们故意对警察的角色保持不可知论。在某些情况下，可能需要警察来解决已识别的风险，但在其他情况下，非警务部门的反应可能意味着一个更好、更持久的解决方案。在所有情况下，大数据都能识别风险，但不一定能够提供补救措施。

第二节　显性数据和地点

预测性警务算法可以预测在特定地点发生犯罪的特定可能性。但是，识别出危险的地点并不能确定解决犯罪问题的恰当补救措施。

以科罗拉多州的车牌自动识别系统汽车盗窃案例研究的修改版本为例（在第四章关于基于地点的预测中讨论）。在一个冬天的早晨，假设这个算法预测到某公寓大楼发生汽车盗窃的可能性会增加，正如我们所讨论的，原因是"吹风者"的问题——人们在寒冷冬天的早晨把汽车停在从家里无法看到的地方。预测算法可能会预测，在一个特别寒冷的早晨，某个停车场有很高的汽车失窃风险。

PredPol 公司或 HunchLab 公司可能会对这样的预测做出反应，在早晨的高风险时段指挥一辆警车在该区域巡逻，吓退可能出现的窃贼。车牌自动识别系统提出了一个更全面的办法，包括密集的警察巡逻，严格执行现有的市政条例（针对交通违法、违反住房管理规定等情形），所有这些都应该有助于降低风险因素，降低该地区对罪犯的吸引力。还有一家预测公司会建议在停车场开展徒步巡逻，或者安装实时视频监控系统，将图像传到警察局总部。但所有这些补救措施都离不开警察。由于预测性警务产生于警务执法文化，并且警务机构控制着技术，因而解决方案的重点在警察最擅长的事情上，即警务执法。

然而，显性数据的洞察力并不是需要在停车场安排更多的警察，也不是要在风险区域周围开出更多的传票。相反，这种技术的洞察力关注的是在某些环境脆弱的地方（一个人的公寓到停车场的路程，可供闲逛的地方，缺乏安全保障）的人类行为模式（在寒冷的环境中启动汽车）。可以采取许多其他非警务措施来补救导致风险缓慢增长的环境脆弱性，从对停车场进行物理改造（安装门、锁，发放安全通行证）到对社区的教育宣传（向居民解释无人看管车辆的危险）、早上的居民/社区守望、技术上的补救措施（汽车安装更快的加热器）、结构上的补救措施（重建地下停车场），这些都可以在不增加警察负担的情况下化解已识别的具体风险。

现在把大数据的镜头向外延伸，想想现有的关于特定犯罪地点的现有消费者数据。[2] 数据公司了解住在每个公寓里的每个人，以及他们驾驶什么样的汽车。与犯罪模式相比对，数据显示盗窃者最喜欢偷的汽车类型或最容易被偷的车型，特定车主可以得到关于被盗风险的特别警告。某些汽车配有发射地理位置数据的智能传感器，这样的汽车既可以在失窃前起到威慑作用，又有助于在失窃后辅助侦查。社交媒体跟踪器知道谁在该区域通话，以及什么时候通话，这样就可以确定早上经常到达该地点的人，以便警察进行社区巡逻。社区公共服务器可以共享信息，公寓租赁公司可以购买监控摄像头。这些技术或基于社区的干预措施可以在有或没有警察协助的情况下进行，以补救同样的环境风险。

将警察在场作为补救措施必须被视为一种选择，一种政策选择，而不是由预测数据驱动的选择。诚然，警察可能是系统中打击处理犯罪问题的主要参与者，但他们不必是系统中降低风险的主要参与者。其他机构、公司和社区团体也许能够在没有警察干预的情况下降低风险。简单地说，预测警务数据可以识别问题的洞察力，但并不决定选择什么样的补救措施。

一个更大的问题是，以警察为中心的补救措施是有助于还是有损于减轻助长犯罪的环境脆弱性这一更大的目标。即使是一两周的成功的警察威慑，也只能提供一个暂时的解决办法。下个月或明年冬天，问题可能会再次出现。虽然通过交通违章罚单加强警力，或通过分区执法减少废弃建筑的整体规划可能会产生更长远的影响，但两者的影响都不会像永久改善自然环境那样大。危险的是，如果认为警察可以通过追踪数据来解决问题，那么社区就会停止寻找长期的解决方案。毕竟，真正的犯罪驱动因素涉及结构性贫困，正是这种贫困导致有人需要偷车。如果认为预测性警务只是一种警务工具，社区可能看不到针对已识别的环境风险的其他解决方案。

第三节 显性数据和模式

大数据模式可以帮助将助长犯罪的社会风险因素可视化。目前的犯罪地图记录了报告上来的犯罪，但大数据技术还可以创建一个复杂的风险地图来显示社会需求。

想象一下，一张数字地图采用了 Beware 公司等大数据公司提供的所有消费者数据，[3] 但它没有识别出有危险的家庭，而是识别出了需要帮助的家庭。哪些家庭需要教育援助、经济援助、精神或身体健康援助？这些家庭中哪些人最亟须帮助？如果你有一张风险地图，上面显示所有没有得到足够食物的孩子，你要怎么办？接下来，将该地图与现有可用的公共服务设施叠加。如果你能给母亲展示一张数字地图，上面有最近的食品储藏室，那会怎么样？如果你能将你的就业社会服务资源准确地定位到某个单身父亲身上，情况会怎样？你可能会从地图上看到一种现象，社会服务机构并不在有需求的人们生活的地方。此外，你可能会发现可用资源太少以致无法满足需求。但是，一张显示这种不平衡的地图将有效地突显出对更多资金和资源的需求。社会问题的模式可以在整个城市的风险地图上被可视化（除了犯罪）。

可视化很重要。在犯罪地图出现之前，警察就知道犯罪的发生，市长知道犯罪的发生，社区知道犯罪的发生。绘制犯罪地图并没有阻止犯罪或解决犯罪问题，但它确实能够使人们对高犯罪率的特定地区给予更多的关注。社会需求可以实现相同的可视化。显性数据的风险地图使社会需求可视化，有针对性，并因此成为补救措施的重点。正如警务管理人员不懈地使用数据来降低犯罪数量，要求具体数值的改进，城市管理者也能以类似的目标方式降低贫困人口数量。哈佛大学肯尼迪政府学院的罗伯特·D. 贝恩（Robert D. Behn）率先提出将类似 CompStat 模式的数据采集转化为显性数据策略的想法，以实现社会问责和政府问责。贝恩提出了"PerformanceStat 模式"的概念，将其作为一种数据驱动的领导战略，以展示以数据为中心治理的潜力。[4] 用于追踪犯罪减少的数据驱动的问责机制可以被重新定向，以追踪和改善从路灯到无家可归的城市问题。

这些社会问题的风险地图也可以帮助警察完成他们的工作。每天，警察都要面对一系列的社会问题，从因贫困引发的问题（在公共场合小便、非法侵入、行为不检）到因精神健康引发的事件（在公共场所表现出愤怒或困惑），再到青少年问题（逃学、涂鸦、校园袭击）。许多这样的小事件从未上升到刑事起诉的程度（甚至没有被传唤），但它们确实作为城市生活的一部分而存在。绘制这些社会问题的地图将有助于发现问题点，并对警察每天的工作进行分类。公共服务的空白和需要关注的重复模式的差距，可以用冰冷的、确凿的数据来实现可视化。就像你可以看到犯罪的热点一样，你也可以看到社会需求（或社会衰退）的热点，并提供适当的积极干预。再说一遍，可视化很重要。这些社会需求的热点铭刻在每一个熟悉自己社区的巡逻警察的脑海中。警察们认识无家可归的老兵、带着狗乞讨的流浪者，还有精神病患者。但是，这些互动并没有得到衡量或监控，因为警方的数据采集主要针对犯罪，而不是警察每天发挥的无数其他公共卫生职能。用数据绘制社会问题地图可能会改变人们对巡逻警察日常工作的认知程度。

来看一个绘制显性数据地图的例子。哥伦比亚特区消防和紧急医疗服务部（Fire and Emergency Medical Services Department，Fire&EMS）和行为健康部（Department of Behavioral Health，DBH）每天交换大量与健康相关的数据。[5] 一旦出现药品服用过量案件，随之而来的就是救护车的使用、医院就诊记录、精神健康或药物滥用转诊、拘捕记录和社会服务机构呼叫记录。在典型的药物过量案例中，911报警电话将警察和急救人员召集到同一地点。患者接受治疗并被送往医院，填写表格、联系社会服务机构、结案。即使同一个吸毒者经常吸毒过量，流程也是如此。即使所有不同的机构和急救人员都知道这种模式会重复发生，流程也还是如此。甚至系统可以识别那些反复使用紧急呼叫、给系统增加负担的少数人，并给予帮助，流程依然如此。

2015年夏天，哥伦比亚特区消防和紧急医疗服务部决定通过绘制有关吸食毒品过量的数据来改变这一现状。当时，消防和紧急医疗服务部平均每天接收处理15例疑似服用合成大麻素过量和6例疑似海洛因过量的病例。在一项试点项目中，消防和紧急医疗服务部开始向行为健康部实时传送每位疑似海洛因过量人员的姓名、住址和过量吸毒史。这两家机构设定的目标是：确保本市每一个有过量吸食海洛因记录的人，在过量吸食海洛因事件发生后7天内能得到（接受过药物滥用咨询训练的）专业团队的随访。该团队将向过量吸毒受害者提供自愿筛查、短暂干预和药物治疗转诊，现场提供治疗方案，包括免费乘车前往治疗机构等。为期两个月的试点计划中，有84人被推荐到行为健康部接受干预。[6]在过去的8年里，这些人总共得到超过1000次紧急医疗服务的响应。行为健康部外联小组找到了其中39名患者，超过半数（21人）完成了自愿筛查，并同意接受滥用药物治疗，其中包括8名直接上车前往治疗机构的患者。[7]

也许同样重要的是，消防和紧急医疗服务部和行为健康部之间的数据共享，使得哥伦比亚特区的卫生部门官员能够更新他们对鸦片剂量过量风险人群的预判，从而创建更有效的公共卫生战略。[8]对过量吸毒受害者场所的地址进行分析后发现，反复吸毒过量的人员和少数几个特定的无家可归者收容所之间存在很强的相关性。因此，哥伦比亚特区的官员在他们能够实现最大影响的地方开展宣传和干预工作。[9]

当然，模糊警务执法与公共卫生的边界会产生严重的隐私问题。在试点项目中，哥伦比亚特区消防和紧急医疗服务部没有向执法机构提供吸毒过量受害者的姓名或家庭住址。在绘制地图和向警务执法部门提供信息之前，有关吸毒过量人员的住址和毒品类型的信息已被识别，并汇总到单元块或类似的地理子单元。出于对隐私的考虑，他们将目标定位设定为地点，而不是人。

最后，想象一下，使用强大的视频监控系统，比如区域感知系统，不仅可以追踪恐怖分子，还可以追踪亟须帮助的人。[10]目前的追踪系统侧重于可疑行为的模式（一只被遗弃的袋子、一笔直接交易、航班信息），但同样的技术工具也可以用来跟踪贫困或社会需求的模式。区域感知系统可用于识别无家可归的青年,以便提供住房服务。区域感知系统可用于识别精神疾病患者,以提供心理帮助。区域感知系统可以自动对特定模式发出警报,比如一个严重醉酒的女人被人从酒吧拖出来,或者有人因为过量吸食毒品而昏倒。唯一的变化是区域感知系统将重点从识别犯罪扩大到可以自动对驱动犯罪的社会力量发出警报。

因为所有这些人的行为模式都可以简化为数据,所以可以将它们与其他城市数据放在一起研究,铅制水管、违反住房法规、驱逐、废弃建筑、公共交通、经济投资、交通模式、路灯亮度、娱乐空间、图书馆使用、医疗保健或学校出勤率等数据都可以被绘制和追踪。比较社会活动模式和社区功能障碍(或活力)模式,可以揭示破坏经济和社会发展的相互关系的新观点。也许可以发现图书馆与减少青少年暴力之间的关联,或者公园与改善心理健康之间的关联。通过研究和追踪这些显性数据,整个城市(不仅是警务执法部门)可以更好地了解风险存在的场所和健康合法行为的模式,以帮助推动未来的规划。

第四节 显性数据和人员

芝加哥市的"热点名单"这样的创新,为风险和补救措施的结合提供了最好的例子。[11]通过设计,"热点名单"预测了潜在的受害者和潜在的犯罪者,这意味着无辜的受害者因为一个关联的网络或先前的犯罪接触而被锁定,联系上这些年轻人并给予提醒意义非凡。开发用于发现风险因素的算法抓住了显性数据的本质。但是,让警察带着制式警告通知书(甚至是由社会工作者陪同)上门的补救措施,并不一定是风险识别后得出的结论。警察的介入不是要告诉一个年轻人改变他或她的生活。在历史上这种干预是在没有警察参与的情况下进行的(或多或少是成功的)。毕竟,社会并不要求警察介入并向公民解释其他公共健康风险(如含铅油漆、吸烟或饮酒的危险)。那么,为什么我们要为暴力对公共健康带来的风险进行干预呢？

答案显而易见，就是这项技术仍然主要由警方发起，由警方资助，而寻求维持对高危人群的联系和社会控制的警察对该技术也有兴趣。但是为什么不限制警察的介入？为什么不创建一个真正的"公共卫生热点清单"？抛开显而易见的隐私问题不谈，"社会需求热点清单"可以准确地针对那些最需要社会援助的人。青年男女可以平等地获得教育、金融和卫生服务。利用大数据和精心设计的算法技术，任何一个大城市都可以创建一个1400名最需要帮助的孩子的名单（与"热点名单"上的人数相对应）。你可以为那些有风险的年轻人提供工作、导师、服务或顾问，也可以跟踪进度。如果一些潜在的问题得到改善，你可以重新权衡风险因素。

更进一步，你可以将社会服务联系整合到现有的与帕兰蒂尔公司的设计类似的追踪系统中。[12]对高风险违法者的评级是通过"现场问话卡"设定，而对高需求客户的评级是根据为他们提供的服务来设定。每当社会工作者帮助一个孩子，数据就会输入全市的系统。每一次咨询，数据会输入系统。如果发现没有监控，自动警报可能会发出信号，表明这个人被忽略了。社交网络技术可以识别有风险的家庭成员，他们可能是下一代需要社会救助服务的人；可以追踪受忽视群体的人际关系网，而不是犯罪团伙的人际关系网。从本质上讲，目前为社会控制而创建的整个监控体系结构可以进行重组，以实现社会进步。

在显性数据的世界里，暴力实际上可以被视为一个公共卫生问题。如果你想清除危害社会的毒素，就不能只是逮捕污染者，还必须清除毒素。没有条件搬家，年轻人不能逃离帮派，没有经济支持来避免落入毒品的深渊，就算告知公民他们生活在有毒的环境中也是不够的。

一直以来，人们没能找到治愈这些更严重的社会弊病的良方。让侦探扮演医生的角色（通过制式警告通知书告知患者他们的疾病），这并不是能理解警察的最佳角色。警察不是"公共卫生"中的医生，而更像急诊医生，处理不断发生的紧急情况，将患者送到急诊室的门口。真正负责提供治疗方案的是城市政府。为了找到解决暴力突发"公共卫生"问题的方法，城市必须解决这些环境风险的根源。而就像任意一种有效的药物一样，治疗方法也得花钱，得有资源才能解决职业培训、学校的衰败、安全问题以及贫困、精神疾病和毒品成瘾等背后存在的潜在问题。在芝加哥、堪萨斯城、巴尔的摩和纽约市的部分地区，几代人以来都没能解决环境风险，因此要求警方用医院的伤检分类的办法——即使是对被认定为风险最大的人——也无法解决深层次的社会问题。但是，到目前为止，钱都花在这里了。预测性警务计划在识别风险上投资，而没有在补救风险方面进行类似投资。

投资社会服务补救措施一直很难，至少比投资警察更难。如果没有这笔钱，城市反而会加倍采取更多以法律和秩序为中心的补救措施。解决问题十分不容易，因此情报驱动起诉等策略开始显得更具吸引力。[13]毕竟，将目标个体从社会中移除，可以减少暴力的蔓延（至少在短期内）。就像隔离传染病患者，或者像古代那样驱逐受疾病折磨的人，这种专注于剥夺犯罪行为能力的解决方案可能比寻找治疗方法更容易。

但是，显性数据的兴起为非惩罚性方法解决同样的社会问题提供了论据。风险识别系统是相同的，目标个体也是相同的，唯一的区别是对已识别的风险所选择的补救措施。显性数据为不以警察为中心的大数据战略打开了大门。但是城市政府一定想进入那扇门，走向未来。与蓝色数据警务一样，调整现有大数据功能的视角，可以为相同的潜在社会问题提供新的认识和新的方法。大数据、蓝色数据和显性数据，都可以从海量的不同数据源中识别风险，部分困难在于用识别出的信息去做一些有建设性的事情。

当数据流减弱或数据流消失时，另一个难题出现了。在大数据的世界中，没有数据的地方和空间可能会被忽略。下一章将探讨"数据漏洞"的问题，即缺少数据会造成数据自身的变形。

第十章

无数据：填补数据漏洞

第一节　数据漏洞

18 岁时，约翰过着非常艰苦的生活[1]，在少年犯收容所进进出出。约翰是一个被忽视的孩子，基本上被母亲遗弃了，只有高中学历，没有稳定的家，他躺在女朋友家的沙发上，思考着黯淡的未来。任何参与评估刑事司法系统中风险因素的人都可以看出，他正处于犯罪风险之中。而且，可悲的是，这样的评估将被证明是有预见性的，因为他最终会在一年内面临贩卖可卡因的指控。约翰的案子以及成千上万的类似案例，为大多数城市的刑事法庭提供了素材，并填充了刑事司法数据系统。

在城市的另一头，一个叫查理的 18 岁年轻人，正准备去上大学。他来自一个富裕的家庭，正在收拾他的宝贝：iPad、智能手机、笔记本电脑、Xbox 游戏机、蓝牙音箱、Fitbit 手环、耳机、一些干净的衣服，还有几小瓶可卡因。作为信息时代的产物，查理在数字世界里生活、工作和娱乐。作为一个相对富裕的孩子，他在媒体、音乐和衣着上的消费方式符合他的年龄。作为一名富裕的毒贩，他从未被抓过，也从未在任何刑事司法体系中留下过记录。

简化到数据层面来说，约翰和查理代表了两种截然不同的形象。消费者大数据公司很可能会忽视像约翰这样的人，他们没有钱，没有稳定的住址，经济前景黯淡。之所以存在数据漏洞，是因为大数据营销公司没有什么经济动机去追踪一个不会成为旺盛购买力的消费者。大数据营销公司只是对约翰不够关心，没有兴趣弄清楚他的喜好。而查理，则为消费者的消费和广告呈现了完美的人口统计特征。查理是营销公司的现在和未来，他需要被密切监控。

　　类似地，执法部门的数据采集系统可能会更关注约翰，而不是查理，尽管两人在 18 岁时都没有成年犯罪记录，而且都参与了同一种非法毒品的贩卖。数据驱动的警务系统将监视约翰，而不是查理。约翰会看到警方对他的监视，日积月累地受到管控，并长期被监控。而关于查理的数据漏洞也将存在，尽管他从事的是重复贩卖可卡因的危险行为。富裕状况和家庭背景创造了一个缓冲地带，以抵御侵入性的警察监视。

　　这些数据缺口带来了一个问题，大数据警务的前景取决于所分析数据的大小和规模。但是数据漏洞仍然存在，因为在采集何种类型的数据方面存在系统性压力。随着社会朝着更依赖数据的警务系统方向发展，填补这些数据漏洞，或者至少承认它们的存在，可以抵消对数字和概率怀疑的盲目依赖。消费者数据低估了收入不高的人，犯罪数据低估了某些类型的犯罪。本章简要分析了两个大数据漏洞，提出人们应该警惕对大数据的信任，并对获得完整数据集的一些困难进行解释。

第二节　无价值数据

　　三个相互关联的金融实体造成了穷人的消费数据差距。首先，大数据系统收集的大部分数据涉及通过个人电子设备进行的数据抓取，因此无法访问个人电子设备就意味着没有数据记录。正如乔纳斯·勒曼（Jonas Lerman）所写的那样："大数据也会给那些没有被大数据吞噬的人带来风险，他们的信息没有被定期收集、培植或挖掘（一个不恰当的隐喻）。尽管拥护者和怀疑论者都倾向于将这场革命视为一场总体性的和普遍性的革命，但现实情况是，数十亿人仍处于这场革命的边缘，因为他们不经常参与大数据和高级分析技术旨在捕捉的活动。"[2] 如果你没有智能手机、不在网上购物、不使用信用卡、没有汽车，甚至没有家庭住址，你就从消费者数据采集中隐匿了。正如凯特·克劳福德（Kate Crawford）所认识到的那样,"并不是所有的数据都是平等地被创造甚至被收集的",并且"大数据集存在'信号问题'——暗区或阴影,在这些暗区或阴影中,一些公民和社区被忽视或代表性不足"[3]。大数据采集不会统计那些它看不见的人。

其次,许多传统的、非数字的数据采集点也不适用于那些生活在边缘的人。政府提供的基本服务,如驾驶证、税收和投票,都需要一个邮寄地址。只有生活足够稳定,才能追求职业资格证和就业档案这些东西。贫困、无家可归和流动性削弱了大数据追踪个人的能力,甚至在刑事司法系统中也是如此。此外,随着数据开始推动政府服务的发展,这种数据不可见性也扭曲了这个被遗忘的群体所能获得的政府福利:"在未来,大数据及其可能带来的预测将从根本上重塑政府和市场的秩序,将穷人和其他边缘化人群排除在数据集之外,这样会对经济机会、社会流动性和民主参与产生令人不安的影响。这些技术可能会造成一种新的无声状态,即当强大的行为者决定如何分配商品和服务,以及如何改革公共和私人机构时,某些群体的偏好和行为很少,甚至根本不会被纳入考虑范围。"[4]这种无声状态可能产生消极反馈循环,数据驱动系统低估了被漏算的数据,这反过来意味着无法进入数据采集系统的人们,将获得更少的报酬和服务。那些大数据看不见的人可能会被依赖大数据的系统遗忘。

再次,从经济角度来看,消费者大数据公司根本没有强烈的经济动机来获得正确的数据。[5]消费者大数据公司通过向公司出售信息而繁荣。处于经济体系边缘的人不值得他们花费时间和精力去更好地捕捉数据。[6]这并不意味着公司可能没有每个家庭的地址或个人的一些信息,但其详细程度和准确性可能会降低。如果警方开始依赖商业系统来为其风险评估提供信息(如 Beware 系统),那么这种在贫困社区中不准确的数据可能会产生令人不快甚至致命的后果。

这一数据缺口也为越来越依赖外部数据采集设备的警务系统敲响了警钟:数据采集设备可能不会发现一些最有可能从事犯罪活动的人。由于约翰和他合租公寓的失业高中女友不是很好的消费者目标,因此不在大数据系统(统计)中。消费者大数据系统不会注意到那些最有犯罪行为风险的人。具有讽刺意味的是，数据缺口对于那些试图躲避政府监控的犯罪分子有利，因为对消费者大数据过度依赖的系统可能会忽略他们。但是，正如已经讨论过的那样，其他以警察为中心的数据监控系统已经存在，很可能会将约翰这类人的数据采集到他们的系统中。

第三节　丰富的数据与糟糕的数据

执法数据采集系统与消费者数据系统产生了相反的问题。即使可能参与了犯罪活动，很大一部分人也没有受到跟踪或监视。

阶层（以及受阶层影响的警务决策）保护了许多违法的人。[7]在芝加哥市的"热点名单"上，大多数目标人物的年龄在18岁到25岁之间，这是许多年轻人攻读大学或研究生学位的年龄。不幸的是，在芝加哥市区和常春藤联盟的校园中，吸毒、贩毒、盗窃、威胁、袭击和性侵犯等行为屡见不鲜。[8]各种经济背景的年轻人都会做愚蠢、危险和冲动的事情，很多时候是在药物或酒精影响下，但受到的刑事指控却不尽相同。在酗酒斗殴、盗窃、威胁甚至强奸发生之后，校园保安接到电话，（行为人）会受到学校的纪律调查，而报警则会带来刑事指控。只不过后面这种情况会被录入该市的刑事司法数据库，成为犯罪嫌疑人永久犯罪记录的一部分。

还有许多其他基于阶层的保护措施，让那些有钱人远离执法部门的大数据采集系统。涉及私人财产的物理屏障使高墙后发生的行为不受监视[9]，经济流动性使人们可以远离高度监视、高犯罪率地区。社会地位影响着警察对是否拦截、搜查或逮捕的自由裁量权。[10]如果富裕的查理在上学的路上被拦截，靠边停车，车牌自动识别系统不会提示警察需要发出搜查令，计算机系统也不会显示受管控要求，也没有留下数据轨迹，受数据驱动的无罪推定将影响警方的行动（尽管查理持有非法毒品）。

除阶层差异之外，警方的数据也相当零散。正如罗纳德·赖特（Ronald Wright）所解释的那样，"在美国，有17876个州级和地方执法机构在运作，在这些机构中，只有 6.1% 的机构雇用了 100 名或更多的全职宣誓警察。74% 的机构雇用的警察不到 24 名"。[11]这些较小的单位无法完成大多数大数据系统所需的数据质量控制或采集任务。结果就是当地的警务数据集既不完整，数量又太少，无法创建有用的犯罪数据库。[12]这种碎片化造成了更多的数据漏洞。

同样存在的问题是，目前的刑事司法系统在收集完整的犯罪数据方面做得非常糟糕，因为某些犯罪行为常常没有报案。[13]由于涉及个人隐私关系，家庭内部的身体虐待和性虐待没有得到报告。[14]因为社会耻辱和举报的法律困难，性侵犯报案仍然很不充分。[15]帮派暴力以法外报复而不是向警察报告来处理。大多数吸毒者不会举报自己，大多数非法拥有枪支的人不会自首，白领盗窃仍然难以调查。一些社区因为对带有偏见的警务行为感到灰心，或者担心与警察接触可能产生负面后果，干脆拒绝报案，即便是暴力犯罪也不一定能进入数据系统。[16]司法统计局发现，将近一半的暴力犯罪（每年 340 万起）没有报案。[17]与其他原因类似，司法统计局的研究发现，暴力犯罪的受害者没有报案的原因是他们太害怕了，或者认识犯罪者，又或是选择了其他方法来处理这种情况。[18]

基于阶层的数据缺口和基于犯罪类型的数据缺口叠加在一起，意味着任何大数据警务系统充其量只能处理一半的有效犯罪数据。这样的数据扭曲意味着数据驱动系统的巨大局限性，而且从最基本的层面来看，这种扭曲对数据驱动策略结果的可靠性提出了挑战。警务资源和技术投入用于打击我们可以看到的犯罪，而非现实当中的所有犯罪。对于性虐待、贩卖人口、吸毒成瘾和其他较少报案，因而也难以评估的犯罪的受害者来说，对这些犯罪的忽视可能会产生实际影响，因为缺乏完整数据的数据驱动的警务系统可能会给人一种成功愿景的假象。

在另一个层面上，这些数据漏洞会扭曲未来的数据分析。基于不完全数据训练的数据驱动系统可能会导致不准确的结果。[19]计算机可能将来自少数群体社区的异常数据视为错误，并在以后的算法中将其忽略掉。[20]这意味着，如果算法选择将某些不符合其模型的数据最小化，那么一个数据漏洞可能会产生更多的数据漏洞。

然而，并非所有犯罪都存在数据遗漏。如前所述，某些犯罪，如杀人、陌生人实施的性侵犯、与保险有关的财产犯罪（如汽车盗窃和入室盗窃），以及其他有严重伤害的袭击，往往被相当准确地报案。[21]在这些情况下，警方依赖数据驱动的系统是有意义的。数据漏洞并非无处不在，但是它们确实提供了必须被识别的黑暗空间，即使无法被照亮，也必须认识到它们的存在。

第四节 代价高昂的数据采集

数据漏洞的存在还有一个非常简单的原因，那就是所有大数据技术都需要花钱，花很多钱！而许多警察局根本不必花那些钱。安装一台固定视频监控摄像机的基本硬件大约花费 25000 美元。[22]安装车牌自动识别器，大约需要花费 100000 美元。[23]车牌自动识别器的花销因销售公司和识别器功能而异，[24]但车载摄像机每台花销约为 24000 美元，外加每年需要支出的维护费。警察的执法记录仪每台成本约为 1000 美元，但数千小时数字存储容量的花销可能高达数百万美元（一年）。[25]这些都要花钱。

像 HunchLab 和 PredPol 这样的高级预测程序，根据辖区的规模，价格从 3 万美元至 20 万美元不等，还需要支付年费。[26]据报道，Beware 系统每年的费用约为 2 万美元[27]，一台基站模拟设备耗资 13.5 万美元。[28]比起纽约市的区域感知系统耗资 3000 万美元至 4000 万美元，洛杉矶市警察局的情报分析快速反应中心总部耗资 1.07 亿美元（包括大楼的建造），这些都显得微不足道。[29]尽管技术成本会大幅下降，新的存储和分析能力也会不断发展以满足需求，但购买任何大数据系统的固定成本都高得令人望而却步。

除实际创建大数据技术的开支之外，还需要雇用人员来运行和维护这些技术设备，需要雇用犯罪分析人员、数据技术人员和大量信息技术支持人员。为了确保数据的可靠性、安全性和有用性，需要不时地聘用咨询专家。为了运行一个实时数据驱动的系统，警方需要专职的技术支持来确保系统的正常工作。为了处理紧急情况，该系统必须保持 24 小时运行。为了保护执法部门的权益，该系统必须防御黑客或犯罪分子（的网络攻击）。所有这些人员和系统都需要花钱，而这些钱并没有被用来雇用警察在街面巡逻。

阅读到这里的警务管理人员，因为担心不能继续使用新技术，可能有充分的理由拒绝采用新技术。依赖一个无法维持的系统可能不符合一个城市的利益。毕竟，一些较小的司法管辖区很难为巡逻车付汽油费，更不用说为智能手机计划买单了。然而，这意味着数据漏洞将会扩大，并进一步采取碎片化数据采集。无法捕获和维护数据可能意味着选择对某些犯罪模式保持一无所知的状态。

第五节　隐私恐惧

对于大数据监控，公民的反应是规避或抗议无处不在的监控，这也是数据漏洞存在的原因。[30]全美大数据监控专家伊丽莎白·乔（Elizabeth Joh）将这种对警方监控的反应称为"对侵犯隐私的抗议"。[31]

现在已经有技术可以使人脸识别技术识别的脸部模糊，使车牌识别器看不见数字，并规避电子监控。[32]一家公司制造了一种类似雷达的手表，它通过震动以警告附近有录音设备。[33]艺术家亚当·哈维（Adam Harvey）设计了一个服装系列，他称之为"隐形服装"（Stealth Wear）。该系列包括一款反无人机拍摄的连帽衫和围巾，旨在对抗（无人机）广泛使用的热成像技术。[34]一家名为"国内无人机反制措施"（Domestic Drone Countermeasures）的公司甚至出售"反无人机防御系统"，该系统可以"消除小型无人机通过机载摄像机、录像机和麦克风捕获声音和图像的能力"。[35]随着大数据监控的发展，这些反监控的对策也会随之增长。

对于犯罪数据采集，更重要的是认识到，实施犯罪行为的人将学会如何比警方的监控更胜一筹。如果汽车被车牌自动识别器监控，犯罪分子就会停止使用自己的汽车；如果手机信号被截获，犯罪分子就会使用一次性手机。无论技术如何发展，警察和强盗之间的猫捉老鼠的游戏都会继续，而这些应对大数据采集的反应将削弱所采集到数据的可靠性。破坏数据采集行为会造成数据漏洞，这些漏洞需要填补。

最后，提倡保护隐私的人士会组织起来反对某些区域的数据采集。在西雅图市，社区反对无人机飞行侦查，警方就停止了无人机使用。[36]在奥克兰，社区反对预测性警务，阻止了警方对预测性警务的初步采用。[37]在巴尔的摩，人们也对持续监控系统（Persistent Surveillance Systems）的使用产生了类似的担忧。[38]这种模式一再出现，但并非所有社区都有组织和抗议的政治意愿。那些没有组织或没有能力抗议的地区在阻止监控方面就不太成功，其结果可能是，一个错综复杂的监控往往从无权无势的社区获得更多的信息，而从组织有序的社区获得较少的信息。受保护程度更高的地区的数据采集不免存在数据漏洞，进一步改变了数据采集和运用的公平性。毕竟，如果警察只对存在数据的地方做出反应，那么警察就会更多地针对那些无权无势的社区。也许这只是巧合，但是持续监控系统公司首先在加利福尼亚州的康普顿和马里兰州的西巴尔的摩测试了其空中摄像头，这两个地方是美国最贫穷和族群隔离最严重的地区。[39]

数据漏洞为大数据监控的前景蒙上了阴影。除碎片化、高成本和隐私权保护等问题之外，对消费者数据采集和执法监控的限制，都不利于这项技术的充分利用。依赖于大数据的风险识别技术所面临的挑战是，数据将是不完整的，甚至是误导性的。现阶段的补救措施要求认识到这种危险。数据漏洞自然会出现，因此依赖于数据的系统必须看到这些数据漏洞，并解决出现的数据扭曲问题。正如接下来在结论中讨论的那样，在不断演变的格局中，对数据驱动系统的不断质疑是为数不多的问责机制之一。

结 语

未尽之路

尖端技术的力量势不可当，警民之间无法解决的紧张冲突，这些频繁地摆上超负荷工作的警察局局长们的办公桌（议事日程），常常超出人们的想象。

这个官僚主义的机构，针对诸如人员配备安排、请病假和培训手册等更为普通的问题，必须对未来作出根本性决策。警察机关是否要购买高科技的新型数据挖掘工具？警察机关应该接受未来主义的主动巡逻吗？警察应该对执法记录仪持开放态度吗？谁来出钱？谁来培训警察？社区或警察工会将有什么反应？那张办公桌通常无法承受历史上族群歧视的重压，它也无法支持对机器学习的细枝末节或"算法是如何训练的"的探究。这张办公桌实在太小，根本容纳不下任何大数据变革可能产生的铺天盖地的政策和法律后果。

但是必须作出决定。本书致力于解决这些关于新技术、警务策略及其社区影响的重大决策。本书提出了大数据警务的核心问题中一个基本上隐藏的问题——"黑色数据"问题，以及随之而来的族群、问责制和宪法的所有复杂问题。本书还研究了如何通过大数据技术来阐释警务实践和社区需求。

在本章结论中，我会给那些超负荷工作的警察局局长们提出建议，会向相关的社区成员、活动家、法官或立法者提出同样的建议，让他们知道在面对大数据警务时该怎么做。这些建议可以归结为五个原则（或者说是五个基本问题），在批准任何采购或者采取大数据警务战略之前，必须圆满地回答这些问题。这些问题的关键在于人们对族群偏见、错误和问责制的担忧，但他们也认识到数据驱动警务威胁到了基本层面的人性。我将它们描述为问题，但实际上它们是黑色数据警务监管难题的答案。

1. 你能识别出你利用大数据技术所要解决的风险吗？
2. 你能捍卫系统的数据输入（数据的准确性、方法的合理性）吗？
3. 你能捍卫系统的数据输出（它们将如何影响警务实践和社区关系）吗？
4. 你能测试这项技术（提供问责制和某种程度的透明度）吗？
5. 警察运用该项技术是否尊重它所影响的人的自主性？

这些问题需要解决方案，但也需要一些空间来讨论这些解决方案，必须开辟专门时间、地点和协作环境来讨论新的大数据监控技术的采纳和运用。笔者提议，建立地方、州和联邦各级的"监控峰会"，每年召开一次会议，对社区中使用的大数据警务监控技术进行审查、评估和说明。这些会议将有警察、社区代表、选举产生的领导人、技术专家和公民自由团体参与，就未来的监控获取和过去的使用情况进行公开的信息交流。在这些论坛上，作为对技术的正式审查，将对前述五个问题进行辩论和讨论。

第一节 风险：你能识别出你利用大数据技术所要解决的风险吗

大数据警务是基于风险因素的警务。因此，任何数据驱动系统的首要任务都是确保风险识别成为等式的一部分。哪种大数据技术适合你所面临的犯罪问题？你是否需要一个"预测系统"来识别涉嫌犯罪的地点或人员？你是否需要一个"监控系统"来监控风险区域？你是否需要一个"搜索系统"来挖掘数据以获得调查线索，或者为团体或跨社区开发有用数据的情报网络？不是所的有警察部门都需要这三种系统。

你所关心的风险将局限于某个地区当前的犯罪问题。预测系统，如PredPol、HunchLab、风险地形建模或主体驱动的预测技术（如"热点名单"），可能在不同的司法管辖区内具有相当大的适应能力。警察想知道几乎所有地区可能的犯罪地点和犯罪人员。在华盛顿特区或纽约市这样的大城市，广泛的视频监控技术可能是必要的，但在蒙大拿州西部就没有必要了。密苏拉县（蒙大拿州西部的一个县）闹市区的监控录像的存储成本要比在该县的主要十字路口部署一名警察的成本还要高。由于缺乏数据，生物特征数据挖掘的搜索系统在地方层面可能意义不大，但在国家层面却意义重大，因为系统可以访问共享的、整合的数据集。

选择正确的大数据系统是一项政治决策，而不是一项警务决策。大数据系统的本质往往掩盖了这一事实，但选择将警力资源集中在哪里仍是一项政治决策。有些政治决策很容易作出，没有人希望自己生活的社区里有人被枪杀，所以针对暴力或暴力分子可能是一个无可非议的最高政治优先事项，但是作其他决定就比较困难了。许多警察局局长可能喜欢使用区域感知系统或具有视频回放功能的无人机进行监控。毕竟，使用一台时光机器来处置犯罪可以节省大量的侦查工作。但是，社区可能无法接受持续的监控。[1]作出其他选择真的很艰难。准确的、类似Beware这样的系统，其存在价值在于，警察敲开犯罪嫌疑人的门之前，为他们提供实时的危险系数评估。出于保护隐私的顾虑，公民不希望警察根据大数据公司对他们生活方式的评估将他们进行分类；而从警察人身安全的角度来看，提供实时的危险系数评估的价值肯定超过了公民隐私的重要性。[2]但是，权衡警察的安全与社区隐私何者更重要，这并不是那么容易的。无论选择哪一个，都要付出相应代价。如果做了一个错误的假设导致无辜的房主被枪杀，这样的结果可能会危及预测性警报系统。但是，如果不掌握这些信息，也可能会将应对紧急情况的警察置于危险之中。

因此，风险识别过程的一部分必须包括社区的参与。社区在前端对大数据警务决策的影响将最大限度地减少大数据技术带来的许多黑色数据问题。在提议召开年度监控峰会时，笔者还设想召开一次正式的公开会议，警方将在会议上展示今后的技术采购需求，并对过去的使用情况提供材料说明。这样的公开审计和审查程序可以清楚解释现有系统的应用范围、来源和费用，并允许公众发表公开的批评和关注。在有色人种的社区中，这样的年度问责制可以使人们对族群偏见的担忧得到宣泄和解决。但是，更重要的是，来自社区的意见可以对风险进行更多的情境识别。警察可能会根据得到的数据，将重点放在某个高风险区域，但是社区可能更希望在学校、社区活动中心或公园周围加强警力。社区可能会意识到，鼓励上学或课外体育活动，更有利于实现让孩子远离产生风险的犯罪"热点"的最终目标。关于未来犯罪地点的数据很可能是准确的，但是社区应该认识到解决推动该预测的更广泛风险的因素才是重要的。

与社区一起识别风险可以减少现代大数据系统带来的一些黑色数据问题。但是，警务人员仍然需要解决缺乏透明度、族群偏见和对机器自动化的恐惧等问题。所有问题都必须得到解决。大数据技术会对有色人种产生不成比例的影响吗？它会锁定正确的人群吗？会在富裕的社区实施吗？我们怎么知道它是否有效？谁要对错误负责？它是否比其他替代方案更好？我们能负担得起吗？警察局局长向社区解释要使用新的监控技术时，最好能够回答这些基本问题。

警察局局长还必须能够面对镜子，问自己两个更难的问题。第一个问题是，"我之所以选择这项技术，是因为它确实会为警察和社区提供帮助，还是说它仅仅是'你打算如何减少犯罪？'这一无法回答（但不可避免）的问题的最佳答案？"在遭受族群骚乱或警民关系紧张的城市中，这个问题变得更加尖锐。利用大数据提供的"合理解决方案"来摆脱过去的丑闻或当前的紧张局势，而又不相信潜在的技术效果，这是目光短浅的表现。

第二个问题是，"警察机关真的是解决这种已确定的社区或环境风险的最佳机构吗？"拒绝流入警方财政的资金，拒绝有关犯罪形式的行动情报，这样的想法可能会让人更加无法抗拒，只能接受这项技术。但是，许多可识别的风险并不需要警务补救措施。大数据技术可能有助于预测风险，但它们不一定要通过警方渠道、在警方的控制下构建。

回答这个基本的风险识别问题是捍卫大数据解决方案的第一步，作出这个初步的判断将控制所采用的任何技术的设计、实施、问责制和成功与否。

第二节 输入：你能捍卫系统的数据输入（数据的准确性、方法的合理性）吗

第二个需要解决的重要问题就是被选定的大数据系统的数据输入问题。对于预测模型来说，它可能是刑事司法数据；对于监控系统来说，它可能是选择在哪里架设摄像机，标记哪些信息，设置哪些信息点自动触发警报；对于搜索系统来说，它可能是进入聚合数据库的原始数据（生物特征、逮捕记录等）。确保正确输入数据对于任何一个大数据系统的合法性、准确性和有效性至关重要。

本书指出了数据偏差、数据错误和数据系统的不完整性等反复出现的问题。这些数据输入问题可能会破坏大数据系统的合法性和可靠性。基于不良数据的数据驱动系统就是不良系统。要创建一个高质量的数据系统，人们必须能够回答这个最基本的问题：你能信任这些数据吗？

建立这种信任意味着警察管理层必须知道数据从哪里来、谁收集数据、谁复核数据、谁纠正数据。对于警方采集犯罪数据而言，这意味着需要开发系统来训练、审核和清洗数据。任何一个系统，每天从数百名警察那里收集数千位信息，都会存在错误。目标是必须确保错误的信息不会破坏整个系统。这可能是管理层面临的最棘手的问题之一，因为如果不能信任收集来的数据，那么如何依赖由此作出的决定？唯一的答案是建立系统来检查你认为会存在的错误。目前，逮捕记录系统及帮派犯罪数据库、许多刑事司法数据库产生的错误太多，而纠正措施太少，人们无法真正信赖它们。[3]当前，并不存在能够保证准确性的系统。以情报为主导的警务系统吸纳了碎片化的数据，却没有对情报分析人员进行足够的培训来评估数据。[4]在急于向数据驱动型警务发展的过程中，收集一切的思维方式占据了主导地位，而没有相应的"核查一切"的系统。对于新系统而言，构建"核查一切"的合规系统必须是头等大事。每个警察局局长都应该能够在

监控峰会上宣布："是的，我信任这些数据，我们使用的是合规系统，我可以信任这些数据。"

但是，误报现象仍然时有发生。误报就是对不应被识别的人做出错误的预测。[5]在数据挖掘环境或基于人员的"热点名单"中，由于预测和相关性可能是错误的，因此会发生误报。警务工作不是一个以完美为标志的职业，在警务工作中利用数据也不会一下子改变这一现实。人类在信息不完善的情况下迅速作出的判断可能是错误的。因此，建立在这些决策基础上的大数据系统也会出错。但是，无法消除错误并不意味着无法解决错误率。接受错误的自然发生，建立系统和数据冗余来减少和纠正错误是维持信任的唯一方法。

对于监控系统来说，数据输入应当包括设计选择，以确保准确性。不能准确识别车牌的车牌自动识别系统对警方没有帮助；误读人脸的面部识别系统对侦查人员没有帮助；在握手时发出警报，而不是在毒品交易时发出警报的自动监控系统，对任何人都没有帮助。这些系统必须是值得信赖的，对警察来说才是有用的，便于他们根据信息采取行动。为了实现这一目标，警务管理人员的利益应与社区利益保持一致，否则将会有不必要的拦截，从而导致冲突。但是，必须有人宣传准确性的价值，这样，系统才能为准确性而设计。在调查报告显示族群偏见问题之前，在政府对数据错误进行审计或指控疏忽的诉讼发生之前，社区必须在前端解决将在后端发生的、可预见的数据问题。

除准确性之外，预测模型本身也必须是合理的、科学可靠的，设计模型时必须意识到潜在的族群偏见和数据集存在的结构不平等。模型必须解决数据漏洞，并注意不要夸大结果，这些要求与任何大数据项目相比没有什么不同。大多数数据集包含不完整的信息、可能的偏见和混乱的现实世界变量。[6]在必须捍卫人工生成的数据系统的固有局限性时，警务管理层必须关注预测分析中三个反复出现的问题：（1）内部有效性；（2）过度概括；（3）时间局限性。所有大数据系统都会反复出现这些问题，而设计技术解决方案就是为了解决和纠正这些问题。

"内部有效性"是指"一种方法能够准确确定因果关系的程度"。[7]按照定义，大数据几乎并不试图确定因果关系。[8]虽然相关性是可以确定的，但是因果关系理论并不是从纯粹的数据处理中产生。因此，虽然预测性警务战略降低犯罪率这一事实值得高兴，但不应将其作为犯罪率降低的原因进行吹捧。这种限制超出了语义范畴，相关性要求我们保持谨慎。我们不知道为什么会出现某种结果，因此我们持续观察以确保相关性能继续得到保持。因果关系超出了技术范围，并可能导致盲目地关注数据驱动的焦点。捍卫预测性警务系统意味着在数据支持的基础上进行辩论，并且仅在数据支持的情况下进行辩论。

"过度概括"是指接受一个司法管辖区的调查结果，认为它必然适用于另一个情况不同的司法管辖区。[9]这是一个常见的错误。预测性警务可能在洛杉矶市的广阔地区有效，但在曼哈顿市垂直设计的建筑中却不太奏效。一块500英尺乘以500英尺的面积可能只涵盖了堪萨斯州的一户农民，但是在布朗克斯区有100户家庭。重点威慑理论在新奥尔良市可能效果很好，但在芝加哥市则不然，因为问题与技术或基础理论完全无关。正如警务工作是一个本地化的过程，寻找合适的技术也是本地化的过程。这意味着要仔细思考，一项在大城市经过审查的技术是否在小城镇也能很好地发挥作用，虽然很可能是适用的，但在采用某项具体技术之前，必须提出并回答"过度概括"的问题。

模型提供预测，但是预测的准确性根据模型建立的时间框架而有所不同。如果时间框架足够长，几乎任何预测都可能实现。"你会死"是一个准确的预测，"何时"是一个至关重要的变量。为了给警方提供可行的情报，必须限制时间框架。基于地点的预测性警务模型要特别认识到，"邻近重复"的现象会随着时间的推移而迅速衰减。[10]对于基于地点的系统，时间感知意味着鼓励持续的和最新的数据采集，以确保做出可用的预测。对于基于嫌疑人员的预测，时间意识意味着认识到犯罪嫌疑人或帮派成员随着时间的推移而变老或改变行为习惯。任何大数据警务策略都必须考虑到预测模型的"时间局限性"。

捍卫数据输入和输入的方法，需要了解所有数据驱动系统的局限性。只有当输入数据库的信息和在黑匣子内工作的系统能够被解释和检验时，系统的黑匣子能力才能被信任。要满足这些要求，就可能需要来自专家的评估和建议，因此，在所有的监控峰会上，都应该有懂技术、懂法律的专家在场。目前，有一些法律技术咨询公司和非营利组织提供这样的分析，这些组织可以对这些大数据技术如何发挥作用，或是为什么失败提供必要的客观评估，还可以在地方一级建立更正式、更独立的审查委员会。

第三节 输出：你能捍卫系统的数据输出（它们将如何影响警务实践和社区关系）吗

询问任何一位警察局局长，或者任何一位高层管理人员，关于他们的首要工作，他们都会说他们的职责是提供"愿景"。[11]愿景包括设定优先事项、战略和一般价值观，以实现这些目标。大数据技术可以是这一愿景的一部分，但它们也可能造成某些盲点。为了避免盲点，关键问题是：你想在你设计的系统中实现什么样的输出。你是否关心犯罪率、警务程序、警察健康、警察培训、社区支持、公民信任或预算平衡？如果你的答案是"以上所有"，你如何采取政策来支持这些有时相互冲突的目标？

在大多数大城市，犯罪率通常是警务工作的首要衡量指标，因此利用数据衡量犯罪率的下降一直是大数据系统最大的吸引力。但是大数据警务会扭曲我们衡量成功的方式。容易衡量的输出会比那些难以量化的输出得到青睐。犯罪率会涉及具体的数据，而来自社区的尊重则不会。逮捕人数可以统计，罪犯可以排名，社区可以贴标签。但是，所有这些输出都不一定能解决警察如何与社区互动的问题。在警民之间关系日益紧张的时代，大数据的输出可能掩盖了需要解决的更深层次的信任问题。警务管理人员必须扪心自问，他们所选择的标准是否准确地反映了社区中的问题，如果在减少犯罪的同时也减少了对执法的信任的话，那么最终可能不会取得多大成功。

对于管理者而言，在预算缩减的时代，管理有限的资源已成为头等大事。[12]虽然大数据技术提高了日程安排和人员配置的效率，但是大数据警务可能会扭曲警察的工作方式。依靠对特定区域的预测会改变警察巡逻的方式，而无论对特定街区的进攻性警务是否能有效减少犯罪，这种方式都将改变这些街区的环境。现场问话卡改变了警察与市民互动的方式[13]，无论反复接触对收集情报的效果是好是坏，这些管控都改变了警察与市民的关系。持久的监控摄像机可以捕捉到犯罪活动，但这样做也会把市民变成监视对象。这些做法是鼓励在某些社区和针对特定人群开展社区控制工作，但是结果可能会造成反弹，尤其是当同样的策略没有在富人社区使用的时候。这些负面情绪需要被视为——并被承认为是应用大数据技术的结果。在定期的监控公共论坛上，警务管理人员必须认识到大数据技术的代价，并能够捍卫其对社区的价值。

正如美国司法部关于弗格森市和巴尔的摩市警察局的报告所显示的那样，某些警务策略会造成带有族群歧视的后果。根据经验与传言，警务系统导致了对贫困社区的族群歧视。[14]大数据警务也会带来类似的风险，这就是为什么采用大数据系统的警务管理人员必须能够捍卫社区不受族群因素的影响。警务管理人员必须能够指出具体的步骤、测试和策略，以避免应用该技术时对不同族群造成不平衡。"监视的颜色"不能一直是黑色的。

如果将社区信任作为优先考虑的结果，则警务管理人员可能需要使用蓝色数据系统来识别和帮助处于风险中的警察。如果期望改善社区与警察之间的关系，或节省下因为警察不端行为卷入诉讼而花费的资金，那么，将有风险的警察拉回正轨是有意义的。但是，这种对员工一举一动的监视可能会损伤他们的士气，影响他们的幸福感。警察可能会因为增加对其职业职责的个人监控而作出消极反应，管理人员需要为采用新的管理方法向警察工会作出解释，因为工会可能会抵制在工作场所进行更多的监视。至少在系统层面上，从一般的警务模式来看，管理者已经开始看到蓝色数据的价值，但是针对个人使用蓝色数据还是不容易的。采用蓝色数据系统可以创建一种问责文化，最终可以改善社区关系，但这将需要来自社区和职业上的巨大压力来促进实施。

最后，如果警察试图参与消解助长犯罪的潜在环境风险，并将自己变成公共卫生官员，那么就会出现大的愿景问题。显性数据可以识别风险，但是警察未必是应对那些风险的合适补救措施。用社区公共服务方案而不是警务方案解决社区问题，可能需要警方从某些责任中抽身。直截了当地说，派遣一名武装的、相对未受过训练的警察来处理一次心理健康危机可能不是最佳选择，尤其是在一名受过训练的社区工作者也可以回应911求救电话的情况下。[15]一份报告指出，在两年内被警察开枪打死的人中，有1/3至1/2的人有心理健康问题或残疾，所以人们不禁要问，为什么没有测试其他解决方案。[16]资助接受过心理疾病或残疾危机管理培训的应急人员，可能是降低可预见的暴力冲突的一种方式。这种变化也可以改善警察的生活，它可能改变谁被枪杀的情况，也可能意味着将财政资源从警察身上转移出去。根据警务管理人员设定的愿景，这种脱离以警察为导向的解决方案的做法可能会对警察预算和警察在社区中的作用产生重大影响。

警务管理人员经常必须回答关于结果的难题。这是"警察局局长"述职报告的一部分。在最近的大部分时间里，犯罪率的下降是衡量成功的主要标准，但是近年来，当族群紧张关系以至于压倒社区信任时，警察局局长就被解雇了（尽管犯罪率较低）。[17]大数据可能会提供另一种方式来影响这一结果。但是，要成功实现这一目标，必须对这些不同类型的输出进行衡量、权衡，并在社区公开辩论，以作为大数据警务愿景的一部分。

第四节　测试：你能测试这项技术（提供问责制和某种程度的透明度）吗

本书反复出现的主题——错误、偏见、扭曲以及系统性输入和输出的问题都引向一个解决方案：测试。警务工作中使用的大数据技术必须不断进行测试和再测试。

测试可以提高准确性，可以促进合法性，可以确保安全性。但更重要的是，这项技术可以被测试这一事实允许在民主政府体系中采取必要的问责措施。政治责任，而不是法律或科学责任，将是对这些强大的警务系统最重要的制约。

实际上，传统的问责形式可能过于缓慢，无法应对日渐兴起的大数据技术。法律层面的问责制采取法院问责警察的做法，一直是应对威胁宪法的技术的常见机制。然而，诉讼需要花时间，但技术发展日新月异。美国联邦调查局对安托万·琼斯（Antoine Jones）的调查始于2004年，美国联邦最高法院在2012年解决了搜查的合宪性问题。[18]在技术领域，8年就像一辈子那么长。科学测试也需要时间。兰德（RAND）公司研究《芝加哥"战略目标名单"1.0版》（通常称为"热点名单"）的有效性，但还没来得及发表就已经过时了，因为警方放宽了"热点名单"的标准。[19]因此，兰德公司的研究实际上是在批评一个已经不存在的系统。媒体的头条新闻认为"热点名单"失败了，但实际上只有"热点名单"1.0版没有成功。学术界和科学家在测试旧的预测系统时可能有更大的目标，这是有道理的，但是就现实世界的问责制来说，测试过程总是会被不断进步的技术所超越。许多预测模型每天都在变化，测试这样的动态目标仍然非常困难。

政治层面的问责制关注的是政治现状，要求警务管理人员"对他们的行为、可能的失败和错误行为负责"。[20]以年度公共论坛的形式进行的政治问责制——公开并接受监督——将为了解这个快速变化的格局提供一个窗口。在监控峰会上，警察局局长们应该回答如何测试大数据警务系统的问题。这个答案不同于"系统如何工作""系统是否有效""系统为什么有效"，虽然这些都是重要的问题，但是如何测试系统的问题更重要。警察局局长可能无法解释算法的细节，或者讲解为什么系统会起作用的犯罪学理论，但是他们应该能够解释测试的过程。"这是测试系统的方法"可能是比"这是系统的工作原理"更令人欣慰、更有启发性的答案。

但是，在过去，测试的事情排在"如何"或"为什么"问题之后，我们要求一名警务人员解释"为什么一个未经测试的系统会工作"，而不是询问"如何测试该系统是否工作"，这也许是不公平的。第一个问题的答案是有根据的推测，第二个问题的答案可以（也应该）依据关于独立审计、衡量标准和合规标准的具体参考得出。要求警察为达到这些标准负责，可能为成功使用任何新技术提供清晰的思路。如果这些答案可以得到审查专家的支持，无论在公共场合还是社区中，所有的参与者都会对使用这些新技术感到更加放心。

第五节　自主性：警察运用该项技术是否尊重它所影响的人的自主性

大数据警务的吸引力在于它依赖于看似客观的、而非人为的判断。当然，它的危险之处在于人为的后果会被归入对技术指导的追求中。无论是否受数据驱动，警务工作都是以人为本的，并触及个人正义和人的自主性的核心问题。因此，任何数据驱动的警务系统的用户都必须意识到人的因素。

人类会犯罪，人类会侦查犯罪。虽然这两种行为都可以简化为数据点，但任何一种行为都不能仅仅被看作数据，否则会在分析中遗漏一些重要的内容。具体而言，数据驱动的警务工作有可能在分析过程中忽视个人的、情感的甚至象征性因素，从而削弱了个人正义和人性尊严的原则。

这种依靠数据来影响警察行为的做法没有认识到人的自主性的重要性。正如芭芭拉·安德伍德（Barbara Underwood）在关于预测和量刑的文章中所写的那样："使用预测性标准进行选择不仅会受到准确性的质疑，而且还会与其他重要的社会价值观相冲突，包括对个人自主权的尊重。试图预测一个人的行为，似乎是把他贬低为一个可预测的对象，而不是把他当作一个自主的人。"[21] 在警务工作中，关注逮捕的统计价值会削弱犯罪嫌疑人的人性。例如，如果根据逮捕的人数对警察进行奖励，或者迫于压力而提高逮捕的统计数据，那么警务效率衡量标准背后的人的因素就变得有些次要了。或者从制度上讲，如果警务管理策略关注的是数字（犯罪率和模型），而不是社区需求（人和文化），那么以数据为导向的重点将会压倒社区照顾功能。

此外，当预测因素包含犯罪嫌疑人无法控制的事物时，破坏人的自主性的风险就会增加。[22]精算评估的许多因素包含了犯罪嫌疑人与生俱来、而非选择的因素，当然，即使是选择也会受到环境力量的影响。[23]与所有风险评估工具一样，基于人的预测方法包含了潜在的、歧视性的社会经济因素。意识到这些影响并有意识地采取纠正措施，以避免无意的歧视必须是优先考虑的事项。换句话说，选择的精算工具必须谨慎，避免产生歧视性影响，预测模型必须防范隐性或显性的偏见。

最后，作为一个法律问题，大数据警务将预测数据集的焦点从对个人的怀疑转移到对群体的怀疑或基于地点的怀疑，向普遍怀疑的转变也带来了刻板印象和关联犯罪的问题。反过来，这又扭曲了在街面的个别化怀疑的标准，削弱了宪法第四修正案的保护。[24]一个区域可能因为其他人的行为而成为目标，或者一个群体可能因为其他人的行为而被识别，甚至是目标个体，也可能仅仅因为他们与有问题的社交网络相关联而被识别。他们的兄弟是帮派成员，但不能据此假定这些男孩都是帮派成员，不是每个在高犯罪率街区出生的女孩都是犯罪嫌疑人。这种以偏概全的做法忽略了具体涉案犯罪嫌疑人的个人特征。[25]个别化怀疑是宪法第四修正案的一项要求，但它也提醒人们，关联怀疑或相关怀疑不应成为侵犯公民自由的充足理由。虽然预测可能表明某些人群将来会参与犯罪，但这些人群中的许多人都会避免参与犯罪，不能因为普遍怀疑而被抹黑。[26]无论选择哪种技术，警察部门都必须继续优先考虑设计以人的自主性为重点、致力于针对个体怀疑的系统。

* * *

黑色数据警务只是现实世界中的大数据警务。尽管带有新技术的色彩，但本书中讨论的问题仍反映了警务工作中的传统问题。算法和数据驱动的理论是新的，并且像大多数创新一样，它们将打破现状，但是警务实践可能需要一些改变。抗议警方处理方式的运动并不是自弗格森事件之后才开始的，挫败感、怨恨和愤怒的回声存在于整个美国历史，蔓延至整个国家。虽然愤怒的火花只是偶尔才会燃成大火，但并不意味着余烬不总是炽热的。不能因为采用大数据警务而忽视过去的警务现实。相信技术的前景可以避免人为问题，这是一个不切实际的奢望，因为没有任何新技术可以改变系统性的社会问题。

不过，大数据技术的涌入确实为我们提供了反思的空间。数据采集带来的是更多的信息、更好的工具，以及对犯罪和社区问题更清晰的认识。警务管理人员可以将地图、图表和记录的监控视频中提示的风险可视化；警务管理人员可以在黑色数据的迷雾中有更深刻的认识和理解。

通过本书，笔者希望在每一位警务管理人员的办公桌上腾出一个反思的空间：鼓励他们对风险、数据输入、数据输出、验证和人的自主性进行深思熟虑的解答和辩论；决定是否投资下一次大数据创新的时刻，也是系统地思考警务执法未来的时刻。大数据可能是警务未来的一部分，但蓝色数据或显性数据也可能是。事实上，在公共监控峰会上为下一个数据驱动的获取进行辩护的思考过程，可能会激励警务管理人员重新投资社区警务，而不是更多的计算机能力。

这些问题和解答不仅仅是留给警察的。在民主政府体制中，警察是为社区服务的。大数据警务的引入为社区成员代表、刑事司法倡导者和警务评论家提供了改变警务执法未来的机会。监控的架构也需要问责制的架构。

因此，本书以一个预测作为结束语：大数据技术将提高警察的风险识别能力，但不会提供关于适当补救措施的明确说明。传统的预算制度和联邦拨款将资源引导到执法部门，警务管理人员将首先决定使用哪些大数据技术以及如何实施这些技术。鉴于这一情况，警察局局长必须作出判断，将蓝色数据或显性数据纳入大数据的范畴是否能够扩大警方的视野。警察局局长必须最终对这些选择负责（希望是在新的常态化监控峰会上）。那些希望能影响警察决策的积极参与的公民和立法机构，需要找到民主问责的方法来检验大数据系统和教育公众。最终，对大数据警务的预测取决于我们选择如何阐释数据中固有的黑暗。无论是黑色、蓝色、显性的或其他形式，在可预见的未来，大数据将改变警务模式，我们需要能够预见未来的道路。

参考文献

导论

1. Darwin Bond & Ali Winston, *Forget the NSA, the LAPD Spies on Millions of Innocent Folks*, LA Weekly. (Feb. 27, 2014). While the term "data" is the plural form of "datum," in this book, I use "data" as a singular noun, in conformity with common usage.

2. Will Federman, *Murder in Los Angeles: Big Data and the Decline of Homicide*, Neon Tommy: Annenberg Digital News (Dec. 18, 2013).

3. Palantir, *Palantir at the Los Angeles Police Department* (promotional video, 2013), available at www.youtube.com/watch?v=aJ-u7yDwC6g.

4. *Id*.

5. *See* Jane Bambauer, *Is Data Speech?*, 66 Stan. L. Rev. 57, 59 n. 3 (2014).

6. Palantir, *Palantir Mobile Prototype for Law Enforcement* (promotional video, 2010), available at www.youtube.com/watch?v=aRDW_A8eG8g.

7. *Id*.

8. Kalee Thompson, *The Santa Cruz Experiment: Can a City's Crime Be Predicted and Prevented?*, Pop. Sci. (Nov. 1, 2011).

9. Andrew Guthrie Ferguson, *Predictive Policing and Reasonable Suspicion*, 62 Emory L. J. 259, 265-69 (2012).

10. Clare Garvie & Jonathan Frankle, *Facial Recognition Software Might Have a Racial Bias Problem*, Atlantic (Apr. 7, 2016), www.theatlantic.com.

11. Cheryl Corley, *When Social Media Fuels Gang Violence*, All Tech Considered (NPR radio broadcast, Oct. 7, 2015), available at www.npr.org.

12. Tal Z. Zarsky, *Governmental Data Mining and Its Alternatives*, 116 Penn St. L. Rev. 285, 287 (2011).

13. Steve Lohr, *Amid the Flood, a Catchphrase Is Born*, N. Y. Times (Aug. 12, 2012).
14. Viktor Mayer – Schonberger & Kenneth Cukier, Big Data: A Revolution That Will Transform How We Live, Work, and Think 2 (2013); Jules J. Berman, Principles of Big Data: Preparing, Sharing, and Analyzing Complex Information 3 – 4 (2013).
15. "Big data" is used here as a shorthand term for growing data sets and large quantities of digital information. There are many different definitions of big data, and some may contest this overbroad definition used throughout the book. But it represents an imprecisebut revealing descriptor of growing data collections that range from large to very large to massive. In the context of law enforcement, the concept of big data policing encompasses a host of emerging technologies involving predictive analytics, mass surveillance, data mining, and other digital tracking capabilities.
16. This is the subject of chapter 1.
17. Joshua L. Simmons, *Buying You: The Government's Use of Fourth – Parties to Launder Data about "The People,"* 2009 Colum. Bus. L. Rev. 950, 951.
18. Richard Lardner, *Your New Facebook "Friend" May Be the FBI*, NBC News (Mar. 16, 2010), www. nbcnews. com.
19. U. S. Dep't of Justice, Fusion Center Guidelines: Developing and Sharing Information and Intelligence in a New Era 2 (2006), *available at* www. it. ojp. gov.
20. Ellen Huet, *Server and Protect: Predictive Policing Firm PredPol Promises to Map Crime Before It Happens*, Forbes (Mar. 2, 2015).
21. Jeremy Gorner, *Chicago Police Use "Heat List" as Strategy to Prevent Violence*, Chi. Trib. (Aug. 21, 2013).
22. Andrew Guthrie Ferguson, *Predictive Prosecution*, 51 Wake Forest L. Rev. 705, 724 (2016).
23. Erin Murphy, *Databases, Doctrine, & Constitutional Criminal Procedure*, 37 Fordham Urb. L. J. 803, 830 (2010).
24. This is the subject of chapter 7.
25. This is the subject of chapter 2.
26. Office of the President, Big Data: A Report on Algorithmic Systems, Opportunity, and Civil Rights (May 2016), *available at* www. white – house. gov.
27. Ezekiel Edwards, *Predictive Policing Software Is More Accurate at Predicting Policing than*

Predicting Crime, Huffington Post (Aug. 31, 2016), www. huffington‐post. com.

第一章

1. Sir Arthur Conan Doyle, Sherlock Holmes: The Hound of the Baskervilles 28 (ebook pub. 2016).

2. Robert Epstein, *Google's Gotcha: The Surprising Way Google Can Track Everything You Do Online*, U. S. News and World Report (May 10, 2013); Charles Duhigg, *How Companies Learn Your Secrets*, N. Y. Times Mag. (Feb. 16, 2012).

3. James Manyika et al., McKinsey Global Institute, Big Data: The Next Frontier for Innovation, Competition, and Productivity 87 (June 2011).

4. Kevin Rector, *Car Data Draws Privacy Concerns*, Baltimore Sun (Aug. 3, 2014).

5. David Bollier, Aspen Inst., The Promise and Peril of Big Data 1–2 (2010).

6. Fed. Trade Comm'n, Data Brokers: A Call for Transparency and Accountability i–ii (May 2014), www. ftc. gov.

7. *Id*.

8. Julia Angwin, *The Web's New Gold Mine: Your Secrets*, Wall St. J. (July 31, 2010), at W1.

9. John Kelly, *Cellphone Data Spying: It's Not Just the NSA*, USA Today (Dec. 8, 2013); Nicolas P. Terry, *Protecting Patient Privacy in the Era of Big Data*, 81 UMKC L. Rev. 385, 391 (2012).

10. Julie E. Cohen, *What Is Privacy For?*, 126 Harv. L. Rev. 1904, 1920–21 (2013).

11. Exec. Office of the President, Big Data: Seizing Opportunities, Pre‐serving Values 2 (2014), www. whitehouse. gov.

12. Jules J. Berman, Principles of Big Data: Preparing, Sharing, and Analyzing Complex Information 2 (2013).

13. Steve Lohr, *Amid the Flood, a Catchphrase Is Born*, N. Y. Times (Aug. 12, 2012).

14. Marcus Wohlson, *Amazon's Next Big Business Is Selling You*, Wired (Oct. 16, 2012).

15. Andrew McAfee & Erik Brynjolfsson, *Big Data: The Management Revolution*, Harv. Bus. Rev. (Oct. 2012), http://hbr. org.

16. Constance L. Hayes, *What Wal‐Mart Knows about Customers' Habits*, N. Y. Times (Nov. 14, 2004).

17. Julia Angwin, Dragnet Nation: A Quest for Privacy, Security, and Freedom in a World of Relentless Surveillance 3 (2014).

18. Herb Weisbaum, *Big Data Knows You're Pregnant (and That's Not All)*, CNBC (Apr. 9, 2014), www.cnbc.com.

19. Kenneth Cukier, *Data, Data Everywhere*, Economist (Feb. 25, 2010).

20. Caleb Garling, *Google Enters Homes with Purchase of Nest*, S. F. Chronicle (Jan. 14, 2014); *see also* http://nest.com.

21. Ron Nixon, *U. S. Postal Service Logging All Mail for Law Enforcement*, N. Y. Times (July 3, 2013).

22. *See* United States Postal Service, *United States Postal Facts*, http://about.usps.com (accessed Feb. 15, 2017).

23. Lior Jacob Strahilevitz, *Reputation Nation: Law in an Era of Ubiquitous Personal Information*, 102 Nw. U. L. Rev. 1667, 1720 (2008); Christopher Slobogin, *Trans – actional Surveillance by the Government*, 75 Miss. L. J. 139, 145 (2005).

24. Omer Tene & Jules Polonetsky, *To Track or "Do Not Track": Advancing Transpar – ency and Individual Control in Online Behavioral Advertising*, 13 Minn. J. L. Sci. & Tech. 281, 282 (2012); Larry Port, *Disconnect from Tech*, 29: 6 Legal Mgmt. 46, 49 – 50 (Nov./Dec. 2010).

25. Andrew William Bagley, *Don't Be Evil: The Fourth Amendment in the Age of Google, National Security and Digital Papers and Effects*, 21 Alb. L. J. Sci. & Tech. 153, 163 (2011).

26. Alexandra Alter, *Your E – Book Is Reading You*, Wall St. J. (July 19, 2012).

27. Thomas P. Crocker, *Ubiquitous Privacy*, 66 Okla. L. Rev. 791, 798 (2014).

28. Rodolfo Ramirez, Kelly King, & Lori Ding, *Location! Location! Location! Data Technologies and the Fourth Amendment*, 30: 4 C rim. Just. 19 (2016).

29. United States v. Jones, 132 S. Ct. 945, 963 (2012) (Alito, J., concurring).

30. Ned Potter, *Privacy Battles: OnStar Says GM Can Record Car's Use, Even If You Cancel Service*, ABC News (Sept. 26, 2011), http://abcnews.go.com.

31. Jim Henry, *Drivers Accept Monitoring Devices to Earn Discounts on Auto Insurance*, Forbes (Sept. 30, 2012).

32. Troy Wolverton, *iSpy: Apple's iPhones Can Track Users' Movements*, San Jose Mercury

News (Apr. 20, 2011); Hayley Tsukayama, *Alarm on Hill over iPhone Location Tracking*, Wash. Post (Apr. 22, 2011).

33. Danielle Keats Citron, *Spying Inc.*, 72 Wash. & Lee L. Rev. 1243, 1272 (2015).

34. Tony Bradley, *Study Finds Most Mobile Apps Put Your Security and Privacy at Risk*, PC World (Dec. 5, 2013), www.pcworld.com.

35. Chris Jay Hoofnagle, *Big Brother's Little Helpers: How ChoicePoint and Other Commercial Data Brokers Collect and Package Your Data for Law Enforcement*, 29 N. C. J. Int'l L. & Com. Reg. 595, 595–96 (2004).

36. Fed. Trade Comm'n, Data Brokers: A Call for Transparency and Accountability 8 (May 2014).

37. Morgan Hochheiser, *The Truth behind Data Collection and Analysis*, 32 J. Mar–shall J. Info. Tech. & Privacy L. 32, 33 (2015).

38. Eric Lichtblau, *F. B. I.'s Reach into Records Is Set to Grow*, N. Y. Times (Nov. 12, 2003); Josh Meyer & Greg Miller, *U. S. Secretly Tracks Global Bank Data*, L. A. Times (June 23, 2006).

39. Susanne Craig, *Getting to Know You*, N. Y. Times (Sept. 5, 2012); *see also* www.opentable.com.

40. Andrew Guthrie Ferguson, *The Internet of Things and the Fourth Amendment of Effects*, 104 Calif. L. Rev. 805, 806–07 (2016); Scott R. Peppet, *Regulating the Internet of Things: First Steps toward Managing Discrimination, Privacy, Security, and Consent*, 93 Tex. L. Rev. 85, 93 (2014).

41. Tony Danova, *Morgan Stanley: 75 Billion Devices Will Be Connected to the Internet of Things by 2020*, Business Insider (Oct. 2, 2013).

42. Lois Beckett, *Everything We Know about What Data Brokers Know about You*, ProPublica (Sept. 13, 2013), www.propublica.org.

43. *See, e.g.*, Daniel J. Solove, *Access and Aggregation: Public Records, Privacy and the Constitution*, 86 Minn. L. Rev. 1137 (2002).

44. Fed. Trade Comm'n, Data Brokers: A Call for Transparency and Accountability i–ii (May 2014), *available at* www.ftc.gov.

45. *Id*.

46. Chris Jay Hoofnagle, *Big Brother's Little Helpers: How ChoicePoint and Other Commercial*

Data Brokers Collect and Package Your Data for Law Enforcement, 29 N. C. J. Int'l L. & Com. Reg. 595, 595 – 96 (2004).

47. Fed. Trade Comm'n, Data Brokers: A Call for Transparency and Accountability 8 (May 2014).

48. Majority Staff of S. Comm. on Commerce, Sci., & Transp., Office of Oversight & Investigations, A Review of the Data Broker Industry: Colle ction, Use, and Sale of Consumer Data for Marketing Purposes 5 – 8 (Dec. 18, 2013), *available at* www. commerce. senate. gov [*hereinafter* A Review of the Data Broker Industry].

49. *Id.*

50. *Id.*

51. Omer Tene & Jules Polonetsky, *A Theory of Creepy: Technology, Privacy, and Shift – ing Social Norms*, 16 Yale J. L. & Tech. 59, 66 – 68 (2013).

52. A Review of the Data Broker Industry at 14.

53. *Id.* at 14 – 15.

54. Leo Mirani & Max Nisen, *The Nine Companies That Know More about You than Google or Facebook*, Quartz (May 27, 2014), http: //qz. com.

55. Fed. Trade Comm'n, Data Brokers: A Call for Transparency and Accountability 20 (May 2014).

56. *Id.* at 47.

57. 2 Leon Radzinowicz, A History of English Criminal Law 46 – 47 (1956).

58. Wayne A. Logan & Andrew G. Ferguson, *Policing Criminal Justice Data*, 101 Minn. L. Rev. 541, 554 (2016).

59. 28 C. F. R. §§ 25.2, 25.4 (2012); US Department of Justice, FBI, Criminal Justice Information Services Division, CJIS Annual Report 4 (2015).

60. US Department of Justice, FBI, Criminal Justice Information Services Division, CJIS Annual Report 4 (2015).

61. Dara Lind, *Turning the No Fly List into the No Gun List Explained*, Vox (June 21, 2016), www. vox. com; Bart Jansen, *America's Terrorist Watchlist Explained*, USA Today (June 14, 2016).

62. K. Babe Howell, *Gang Policing: The Post Stop – and – Frisk Justification for Profile – Based Policing*, 5 U. Denv. C rim. L. Rev. 1, 15 – 16 (2015).

63. *See generally* Wayne A. Logan, *Database Infamia*: *Exit from the Sex Offender Registries*, 2015 Wis. L. Rev. 219.

64. Wayne A. Logan, Knowledge as Power: Criminal Registration and Community Notification Laws in America 178 – 81 (2009).

65. *See generally* Wayne A. Logan, *Database Infamia*: *Exit from the Sex Offender Registries*, 2015 Wis. L. Rev. 219.

66. Christopher Slobogin, *Transactional Surveillance by the Government*, 75 Miss. L. J. 139, 145 (2005).

67. Danielle Keats Citron & Frank Pasquale, *Network Accountability for the Domestic Intelligence Apparatus*, 62 Hastings L. J. 1441, 1451 (2011).

68. Robert L. Mitchell, *It's Criminal*: *Why Data Sharing Lags among Law Enforcement Agencies*, Computer World (Oct. 24, 2013), www. computerworld. com.

69. N – DEx, Privacy Impact Assessment for the National Data Exchange (N – DEx) System (approved May 9, 2014), *available at* www. fbi. gov.

70. *Id*.

71. Margaret Hu, *Biometric ID Cybersurveillance*, 88 Ind. L. J. 1475, 1478 (2013); Laura K. Donohue, *Technological Leap*, *Statutory Gap*, *and Constitutional Abyss*: *Remote Biometric Identification Comes of Age*, 97 Minn. L. Rev. 407, 435 (2012); Erin Murphy, *The New Forensics*: *Criminal Justice*, *False Certainty*, *and the Second Generation of Scientific Evidence*, 95 Cal. L. Rev. 721, 728 (2007).

72. FBI, CODIS NDIS Statistics (July 2016), www. fbi. gov.

73. U. S. Dep't of Justice, FBI, Criminal Information Services Division, Next Generation Identification Factsheet (2016), *available at* www. fbi. gov.

74. Andrew Guthrie Ferguson, *Big Data and Predictive Reasonable Suspicion*, 163 U. Pa. L. Rev. 327, 370 (2015); Elizabeth E. Joh, *Policing by Numbers*: *Big Data and the Fourth Amendment*, 89 Wash. L. Rev. 35, 42 (2014); Andrew Guthrie Ferguson, *Predictive Policing and Reasonable Suspicion*, 62 Emory L. J. 259, 266 (2012).

75. Alex Chohlas – Wood is the current director of analytics at the Office of Management Analysis and Planning, New York Police Department.

76. Laura Myers, Allen Parrish, & Alexis Williams, *Big Data and the Fourth Amendment*: *Reducing Overreliance on the Objectivity of Predictive Policing*, 8 Fed. Cts. L. Rev. 231,

234 (2015).

77. Charlie Beck & Colleen McCue, *Predictive Policing: What Can We Learn from Wal - Mart and Amazon about Fighting Crime in a Recession?*, Police Chief (Nov. 2009), www. policechiefmagazine. org.

78. 5 U. S. C. § 552a (1994).

79. Pub. L. No. 99 – 508, 100 Stat. 1848 (codified as amended in sections of 18 U. S. C.); Communications Assistance for Law Enforcement Act, Pub. L. No. 103 – 414 (1994) at § 207 (2).

80. 18 U. S. C. § § 2701 – 12.

81. 50 U. S. C. § § 1801 – 13.

82. 44 U. S. C. § § 3501 – 21.

83. 12 U. S. C. § § 35.

84. 15 U. S. C. § 6801.

85. 12 U. S. C. § § 1951 – 59 (2006).

86. 12 U. S. C. § § 3401 – 22 (2006); 12 U. S. C. § 3407.

87. 15 U. S. C. § 1681.

88. 45 C. F. R. 164. 512 (f) (1) (ii); 45 C. F. R. 164. 512 (f) (2).

89. 42 U. S. C. § § 2000ff to 2000ff – 11 (2012).

90. 15 U. S. C. § § 6501 – 06.

91. 20 U. S. C. § 1232g (2012).

92. 18 U. S. C. § 1039; *but see* 18 U. S. C. § § 2703 (c) (1) (B), 2703 (d).

93. 18 U. S. C. § 2710 (1994).

94. Erin Murphy, *The Politics of Privacy in the Criminal Justice System: Information Disclosure, the Fourth Amendment, and Statutory Law Enforcement Exemptions*, 111 Mich. L. Rev. 485, 487 n. 2 (2013).

95. Megha Rajagopalan, *Cellphone Companies Will Share Your Location Data—Just Not with You*, ProPublica (June 26, 2012), www. propublica. org.

96. Joshua L. Simmons, *Buying You: The Government's Use of Fourth - Parties to Launder Data about "The People,"* 2009 Colum. Bus. L. Rev. 950, 976; Jon D. Michaels, *All the President's Spies: Private - Public Intelligence Partnerships in the War on Terror*, 96 Cal. L. Rev. 901, 902 (2008).

97. Bob Sullivan, *Who's Buying CellPhone Records Online? Cops*, MSNBC (June 20, 2006), www. msnbc. msn. com; Robert Block, *Requests for Corporate Data Multiply*: *Businesses Juggle Law－Enforcement Demands for Information about Customers*, *Suppliers*, Wall St. J. (May 20, 2006), at A4.

98. Megha Rajagopalan, *Cellphone Companies Will Share Your Location Data—Just Not with You*, ProPublica (June 26, 2012), www. propublica. org.

99. Matt Apuzzo, David E. Sanger, & Michael S. Schmidt, *Apple and Other Companies Tangle with U. S. over Data Access*, N. Y. Times (Sept. 7, 2015), www. nytimes. com; Cory Bennett, *Apple Couldn't Comply with Warrant Because of Encryption*, Hill (Sept. 8, 2015), http：//thehill. com.

100. Viktor Mayer－Schonberger & Kenneth Cukier, Big Data: A Revolution That Will Transform How We Live, Work, and Think 2 (2013); Kate Crawford & Jason Schultz, *Big Data and Due Process*: *Toward a Framework to Redress Predictive Privacy Harms*, 55 B. C. L. Rev. 93, 96 (2014); Neil M. Richards & Jonathan H. King, *Big Data Ethics*, 49 Wake Forest L. Rev. 393, 394 (2014).

101. Jonas Lerman, *Big Data and Its Exclusions*, 66 Stan. L. Rev. Online 55, 57 (2013); Exec. Office of the President, Big Data: Seizing Opportunities, Preserving Values 2 (2014), *available at* www. whitehouse. gov.

102. Charles Duhigg, *How Companies Learn Your Secrets*, N. Y. Times Mag. (Feb. 16, 2012), www. nytimes. com.

103. *Id.*

104. Cathy O'Neil, Weapons of Math Destruction: How Big Data Increases Inequality and Threatens Democracy 98 (2016).

105. *See* chapter 2.

106. *Id.*

第二章

1. David Black, *Predictive Policing Is Here Now*, *but at What Cost?*, Dallas Morning News (Feb. 26, 2016).

2. Andrew Guthrie Ferguson, *Crime Mapping and the Fourth Amendment*: *Redrawing High Crime Areas*, 63 Hastings L. J. 179, 223－25 (2011).

3. U. S. Dep't of Justice, Community Oriented Policing Services (COPS), The Impact of the Economic Downturn on Police Agencies 2 – 5 (2011), *available at* www. smartpolicinginitiative. com; Police Executive Research Forum, Policing and the Economic Downturn: Striving for Efficiency Is the New Normal 1 – 3 (Feb. 2013).

4. *Id.*

5. *Id.*

6. Vera Institute, The Impact of Federal Budget Cuts from FY10 – FY13 on State and Local Public Safety: Results from a Survey of Criminal Justice Practitioners 1 – 4 (2013), *available at* www. vera. org.

7. *Id.*

8. Monica Davey & Julie Bosman, *Protests Flare after Ferguson Police Officer Is Not Indicted*, N. Y. Times (Nov. 24, 2014); Dana Ford, Greg Botelho, & Ben Brumfield, *Protests Erupt in Wake of Chokehold Death Decision*, CNN (Dec. 8, 2014), www. cnn. com.

9. *Reactions to the Shooting in Ferguson, Mo., Have Sharp Racial Divides*, N. Y. Times (Aug. 21, 2014); Yamiche Alcindor, Aamer Madhani, & Doug Stanglin, *Hundreds of Peaceful Protesters March in Ferguson*, USA Today (Aug. 19, 2014).

10. Roger Parloff, *Two Deaths: The Crucial Difference between Eric Garner's Case and Michael Brown's*, Fortune (Dec. 5, 2014); Shaila Dewan & Richard A. Oppel Jr., *In Tamir Rice Case, Many Errors by Cleveland Police, Then a Fatal One*, N. Y. Times (Jan. 22, 2015); Alan Blinder, *Walter Scott Shooting Seen as Opening for Civil Suits against North Charleston's Police Dept.*, N. Y. Times (Apr. 13, 2015).

11. Osagie K. Obasogie & Zachary Newman, *Black Lives Matter and Respectability Politics in Local News Accounts of Officer – Involved Civilian Deaths: An Early Empirical Assessment*, 2016 Wis. L. Rev. 541, 544.

12. *Ferguson Unrest: From Shooting to Nationwide Protests*, BBC News (Aug. 10, 2015), www. bbc. com.

13. Andrew E. Taslitz, *Stories of Fourth Amendment Disrespect: From Elian to the Internment*, 70 Fordham L. Rev. 2257, 2358 – 59 (2002); Andrew E. Taslitz, Reconstructing the Fourth Amendment: A History of Search and Seizure 1789 – 1868, 91 – 121 (2006).

14. James B. Comey, *Hard Truths: Law Enforcement and Race*, Remarks at Georgetown University (Feb. 12, 2105), *available at* www. fbi. gov.

15. *Id.*

16. Statement by IACP president Terrence M. Cunningham on the law enforcement profession and historical injustices, Remarks Made at the 2016 IACP Annual Conference, San Diego (Oct. 17, 2016), *available at* www. iacp. org.

17. U. S. Dep't of Justice, Civil Rights Div., Investigation of the Ferguson Police Department 5 – 8 (2015), *available at* www. justice. gov.

18. *Id.* at 4.

19. *Id.* at 5.

20. *Id.* at 4.

21. *Id.* at 72 – 73.

22. *Id.* at 9 – 15.

23. *Id.* at 2.

24. *Id.* at 15 – 41, 88.

25. *Id.* at 2.

26. Floyd v. City of New York, 959 F. Supp. 2d 540, 625 (S. D. N. Y. Aug. 12, 2013), *appeal dismissed* (Sept. 25, 2013); *see also* Daniels v. City of New York, 198 F. R. D. 409 (S. D. N. Y. 2001); Ligon v. City of New York, 736 F. 3d 118, 129 (2d Cir. 2013), *vacated in part*, 743 F. 3d 362 (2d Cir. 2014).

27. *Floyd*, 959 F. Supp. 2d at 562.

28. *Id.* at 603.

29. *Id.* at 573 – 76.

30. *Id.*

31. *Id.*

32. *Id.*

33. Chip Mitchell, *Police Data Cast Doubt on Chicago – Style Stop – and – Frisk*, WBEZ News (May 4, 2016), *available at* www. wbez. org.

34. Center for Constitutional Rights, Stop and Frisk: The Human Impact 3 – 4 (July 2012).

35. *Id.* at 17.

36. *Id.* at 15.

37. Sarah Childress, *Fixing the Force*, Frontline (Dec. 14, 2016), www. pbs. org.

38. *Id.*

39. Kimbriell Kelly, Sarah Childress, & Steven Rich, *Forced Reforms, Mixed Results*, Wash. Post (Nov. 13, 2015).

40. David Rudovsky, *Litigating Civil Rights Cases to Reform Racially Biased Criminal Justice Practices*, 39 Colum. Hum. Rts. L. Rev. 97, 103 (2007); David A. Harris, *Across the Hudson: Taking the Stop and Frisk Debate beyond New York City*, 16 N. Y. U. J. Legis. & Pub. Pol'y 853, 871 – 72 (2013) (citing Settlement Agreement, Class Certification, & Consent Decree, *Bailey v. City of Philadelphia*, No. 10 – 5952 (E. D. Pa. June 21, 2011)).

41. U. S. Dep't of Justice, Investigation into the Baltimore City Police Department 21 – 121 (Aug. 10, 2016), *available at* www. justice. gov.

42. *Id*.

43. Heather Mac Donald, *An Urgent Desire for More Policing*, Wash. Post: Volokh Conspiracy (July 22, 2016), www. washingtonpost. com.

44. Jelani Cobb, *Honoring the Police and Their Victims*, New Yorker (July 25, 2016); Jennifer Emily & Elizabeth Djinis, *Slayings of Baton Rouge Officers Compound Dallas' Grief but Don't Lessen City's Resolve*, Dallas Morning News (July 17, 2016); J. B. Wogan, *In Wake of Dallas and Baton Rouge, Police around U. S. Take Extra Safety Precautions*, Governing (July 19, 2016).

45. Simone Weichselbaum, *The "Chicago Model" of Policing Hasn't Saved Chicago*, Marshall Project (Apr. 19, 2016), www. themarshallproject. org.

46. *Chicago Experiences Most Violent Month in Nearly 20 Years*, All Things Considered (NPR radio broadcast, Aug. 31, 2016), *available at* www. npr. org.

47. Simone Weichselbaum, *The "Chicago Model" of Policing Hasn't Saved Chicago*, Marshall Project (Apr. 19, 2016), www. themarshallproject. org.

48. *Id*.; Andrew Fan, *The Most Dangerous Neighborhood, the Most Inexperienced Cops*, Marshall Project (Sept. 20, 2016), www. themarshallproject. org.

49. Jess Bidgood, *The Numbers behind Baltimore's Record Year in Homicides*, N. Y. Times (Jan. 15, 2016).

50. Justin Fenton & Justin George, *Violence Surges as Baltimore Police Officers Feel Hesitant*, Baltimore Sun (May 8, 2015).

51. *Id*.

52. John M. Violanti & Anne Gehrke, *Police Trauma Encounters: Precursors of Compassion*

Fatigue, 6: 2 Int'l J. of Emergency Mental Health 75 – 80 (2004); Mélissa Martin, André Marchand, & Richard Boyer, *Traumatic Events in the Workplace: Impact of Psychopathology and Healthcare Use of Police Officers*, 11: 3 Int'l J. of Emergency Mental Health 165 – 76 (2009); Allen R. Kates, Copshock: Surviving Posttraumatic Stress Disorder (2nd ed. 2008).

53. Pamela Kulbarsh, 2015 *Police Suicide Statistics*, Officer. com (Jan. 13, 2016).

54. Thomas R. O'Connor, *Intelligence – Led Policing and Transnational Justice*, 6 J. Inst. Just. & Int'l Stud. 233, 233 (2006) (citing Jerry H. Ratcliffe, *Intelligence – Led Policing*, Trends & Issues Crime & Crim. Just. 1 (Apr. 2003)); Nina Cope, *Intelligence Led Policing or Policing Led Intelligence?*, 44 Brit. J. Criminol. 188, 191 (2004); Olivier Ribaux et al., *Forensic Intelligence and Crime Analysis*, 2 L. Probability & Risk 47, 48, 54 (2003).

55. James J. Willis, Stephen D. Mastrofski, & David Weisburd, *Making Sense of Compstat: A Theory – Based Analysis of Organizational Change in Three Police Departments*, 41 Law & Soc'y Rev. 147, 148 (2007); James J. Willis, Stephen D. Mastrofski, & David Weisburd, Police Foundation, Compstat in Practice: An In – Depth Analysis of Three Cities (1999), www. policefoundation. org; Jack Maple, The Crime Fighter: How You can Make Your Community Crime – Free 93 – 96 (1999).

56. Stephen Rushin, *Structural Reform Litigation in American Police Departments*, 99 Minn. L. Rev. 1343, 1400 (2015).

57. Andrew Guthrie Ferguson, *Policing "Stop and Frisk" with "Stop and Track" Policing*, Huffington Post (Aug. 17, 2014), www. huffingtonpost. com.

58. Selwyn Robb, *New York's Police Allow Corruption, Mollen Panel Says*, N. Y. Times (Dec. 29, 1993).

59. *Id.*

60. William J. Bratton & Sean W. Malinowski, *Police Performance Management in Practice: Taking COMPSTAT to the Next Level*, 2: 3 Policing 259, 262 (2008).

61. Tina Daunt, *Consent Decree Gets Federal Judge's OK*, L. A. Times (June 16, 2001); Rick Orlov, *LAPD Consent Decree Wins Council OK*, L. A. Daily News (Nov. 3, 2000); Consent Decree, United States v. Los Angeles, No. 00 – 11769 GAF (C. D. Cal. June 15, 2001), *available at* www. lapdonline. org.

62. William J. Bratton & Sean W. Malinowski, *Police Performance Management in Practice*: *Taking COMPSTAT to the Next Level*, 2: 3 Policing 259, 262 (2008).

63. *Id*.

64. Anna Sanders, *NYPD Going Mobile with* 41,000 *Tablets and Handheld Devices for Cops*, Silive. com (Oct. 23, 2014).

65. *See, e. g.*, Tracey Meares, Andrew V. Papachristos, & Jeffrey Fagan, Project Safe Neighborhoods in Chicago, *Homicide and Gun Violence in Chicago*: *Evaluation* and Summary of the Project Safe Neighborhoods Program (*Jan.* 2009); Michael Sierra-Arevalo, How Targeted Deterrence Helps Police Reduce Gun Deaths, *Scholars Strategy Network* (*June* 3, 2013), http://thesocietypages.org; Tracey Meares, Andrew V. Papachristos, & Jeffrey Fagan, *Attention Felons*: *Evaluating Project Safe Neighborhood in Chicago* (*Nov.* 2005), available at www.law.uchicago.edu.

66. David M. Kennedy, Anne M. Diehl, & Anthony A. Braga, Youth Violence in Boston: Gun Markets, Serious Youth Offenders, and a Use-Reduction Strategy, 59 *Law & Contemp. P robs.* 147 (*Winter* 1996); David M. Kennedy, Pulling Levers: Chronic Offenders, High-Crime Settings, and a Theory of Prevention, 31 *Val. U. L. Rev.* 449 (1997); Andrew V. Papachristos, Tracy L. Meares, & Jeffrey Fagan, Why Do Criminals Obey the Law? The Influence of Legitimacy and Social Networks on Active Gun Offenders, 102 *J. C rim. L. & Criminol.* 397, 436 (2012).

67. Paul J. Brantingham & Patricia L. Brantingham (eds.), *Environmental Criminol.* (1981); Luc Anselin et al., Spatial Analyses of Crime, in 4 *Criminal Justice* 2000: *Measurement and Analysis of Crime and Justice* 215 (2000); Ralph B. Taylor, Crime and Small-Scale Places: What We Know, What We Can Prevent, and What Else We Need to Know, *Crime and Place*: *Plenary Papers of the* 1997 *Conference on Criminal Justice Research and Evaluation* 2 (*National Institute of Justice*, 1998); Anthony A. Braga, Pulling Levers: Focused Deterrence Strategies and Prevention of Gun Homicide, 36: 4 *J. C rim. Just.* 332-343 (2008); Daniel J. Steinbock, Data Mining, Data Matching and Due Process, 40 *Ga. L. Rev.* 1, 4 (2005).

68. *These partnerships are discussed in chapters* 3 *and* 4.

69. See, e. g., Kate J. Bowers & Shane D. Johnson, Who Commits Near Repeats? A Test of the Boost Explanation, 5 *W. Criminol. Rev.* 12, 21 (2004); Shane D. Johnson et al.,

Space – Time Patterns of Risk: A Cross National Assessment of Residential Burglary Victimization, 23 *J. Quant. Criminol.* 201, 203 – 04 (2007); *Wim Bernasco*, Them Again? Same – Offender Involvement in Repeat and Near Repeat Burglaries, 5 *Eur. J. Criminol.* 411, 412 (2008); Lawrence W. Sherman, Patrick R. Gartin, & Michael E. Buerger, Hot Spots of Predatory Crime: Routine Activities and the Criminology of Place, 27 *Criminol.* 27, 37 (1989).

70. David Alan Sklansky, *The Persistent Pull of Police Professionalism* 8 – 9 (2011); O. Ribaux et al., Forensic Intelligence and Crime Analysis, 2 *L. Probability & Risk* 47, 48 (2003).
71. Christopher Beam, Time Cops: Can Police Really Predict Crime before It Happens?, *Slate* (Jan. 24, 2011), www.slate.com.
72. See National Institutes of Justice, *Predictive Policing Research website*, www.nij.gov.
73. *Id.*
74. *Additional discussion of the rise of biometric databases is discussed in chapter* 6.
75. *Minority Report* (DreamWorks 2002).

第三章

1. Robert L. Mitchell, *Predictive Policing Gets Personal*, Computerworld (Oct. 24, 2013).
2. Monica Davey, *Chicago Tactics Put Major Dent in Killing Trend*, N.Y. Times (June 11, 2013); Bryan Llenas, *The New World of "Predictive Policing" Belies Specter of High – Tech Racial Profiling*, Fox News Latino (Feb. 25, 2014), http://latino.foxnews.com.
3. Jeremy Gorner, *The Heat List*, Chi. Trib. (Aug. 21, 2013); Jack Smith IV, *"Minority Report" Is Real—and It's Really Reporting Minorities*, Mic (Nov. 9, 2015), http://mic.com.
4. Nissa Rhee, *Can Police Big Data Stop Chicago's Spike in Crime?*, Christian Sci. Monitor (June 2, 2016); Monica Davey, *Chicago Police Try to Predict Who May Shoot or Be Shot*, N.Y. Times (May 23, 2016).
5. *See* Chi. Police Dep't, Custom Notifications in Chicago, Special Order S10 – 05 IV. B (Oct. 6, 2015), *available at* http://directives.chicagopolice.org.
6. Palantir, NOLA Murder Reduction: Technology to Power Data – Driven Public Health Strat-

egies 7 (white paper, 2014).

7. Matt Stroud, *Should Los Angeles County Predict Which Children Will Become Criminals?*, Pacific Standard (Jan. 27, 2016), http://psmag.com; Maya Rao, *Rochester Hopes Predictive Policing Can Steer Juveniles Away from Crime*, Star-Tribune (Oct. 24, 2014).

8. Anthony A. Braga, *Pulling Levers: Focused Deterrence Strategies and the Prevention of Gun Homicide*, 36 J. Crim. Just. 332, 332-34 (2008).

9. Andrew V. Papachristos & David S. Kirk, *Changing the Street Dynamic: Evaluating Chicago's Group Violence Reduction Strategy*, 14 Criminol. & Pub. Pol'y 3, 9 (2015).

10. Anthony A. Braga et al., SMART Approaches to Reducing Gun Violence 12-13 (2014), *available at* www.smartpolicinginitiative.com. 11. *Id.*

12. *Id.* at 18.

13. *Id.* at 13.

14. *Id.*

15. K. J. Novak, A. M. Fox, & C. N. Carr, Kansas City's Smart Policing Initiative: From Foot Patrol to Focused Deterrence ii (Dec. 2015), *available at* www.smartpolicinginitiative.com.

16. *Id.* at ii, 9.

17. *Id.* at ii.

18. *Id.*

19. John Eligon & Timothy Williams, *On Police Radar for Crimes They Might Commit*, N.Y. Times (Sept. 25, 2015).

20. *Id.*

21. *Id.*

22. *Id.*

23. *Id.*

24. Tony Rizzo, *Amid A Crackdown on Violent Criminals, Kansas City Homicides Sharply Decline*, Kansas City Star (Jan. 1, 2015).

25. Glen Rice & Tony Rizzo, 2015 *Was Kansas City's Deadliest Year for Homicides since* 2011, Kansas City Star (Dec. 31, 2015).

26. Mark Guarnio, *Can Math Stop Murder?*, Christian Sci. Monitor (July 20, 2014).

27. Nissa Rhee, *Can Police Big Data Stop Chicago's Spike in Crime?*, Christian Sci. Monitor

(June 2, 2016).

28. Editorial, *Who Will Kill or Be Killed in Violence – Plagued Chicago? The Algorithm Knows*, Chi. Trib. (May 10, 2016).

29. Andrew V. Papachristos, *Commentary: CPD's Crucial Choice: Treat Its List as Offenders or as Potential Victims?*, Chi. Trib. (July 29, 2016).

30. Chi. Police Dep't, Custom Notifications in Chicago, Special Order S10 – 05 III. C (Oct. 6, 2015), *available at* http://directives.chicagopolice.org.

31. *Id.*

32. Chi. Police Dep't, Custom Notifications in Chicago, Special Order S10 – 05 IV. A, IV. D, V. C (Oct. 6, 2015), *available at* http://directives.chicagopolice.org.

33. Jeremy Gorner, *The Heat List*, Chi. Trib. (Aug. 21, 2013).

34. Chi. Police Dep't, Custom Notifications in Chicago, Special Order S10 – 05 IV. D (Oct. 6, 2015), *available at* http://directives.chicagopolice.org.

35. Jeremy Gorner, *The Heat List*, Chi. Trib. (Aug. 21, 2013).

36. *Id.*

37. Monica Davey, *Chicago Police Try to Predict Who May Shoot or Be Shot*, N. Y. Times (May 23, 2016).

38. *Id.*

39. Matt Stroud, *The Minority Report, Chicago's New Police Computer Predicts Crimes, but Is It Racist?*, Verge (Feb. 19, 2014), www.theverge.com.

40. Monica Davey, *Chicago Has Its Deadliest Month in About Two Decades*, N. Y. Times (Sept. 1, 2016).

41. Jennifer Saunders, Priscilla Hunt, & John S. Hollywood, *Predictions Put into Practice: A Quasi – Experimental Evaluation of Chicago's Predictive Policing Pilot*, 12 J. Experimental Criminol. 347, 355 – 64 (2016).

42. *Id.* at 363.

43. *Id.* at 364.

44. Andrew V. Papachristos, *Commentary: CPD's Crucial Choice: Treat Its List as Offenders or as Potential Victims?*, Chi. Trib. (July 29, 2016).

45. *Id.*; *see also* Monica Davey, *Chicago Police Try to Predict Who May Shoot or Be Shot*, N. Y. Times (May 23, 2016).

46. Nissa Rhee, *Study Casts Doubt on Chicago Police's Secretive "Heat List,"* Chi. Mag. (Aug. 17, 2016).

47. Monica Davey, *Chicago Police Try to Predict Who May Shoot or Be Shot*, N. Y. Times (May 23, 2016).

48. Jeffrey Goldberg, *A Matter of Black Lives*, Atlantic (Sept. 2015).

49. Jason Sheuh, *New Orleans Cuts Murder Rate Using Data Analytics*, Gov tech. com (Oct. 22, 2014); City of New Orleans, NOLA for Life: Comprehensive Murder Reduction Strategy, *available at* www. nolaforlife. org.

50. Palantir, Philanthropy Engineering 2015 Annual Impact Report, *available at* www. palantir. com (quoting Sarah Schirmer, Criminal Justice Policy Advisor, Mayor's Office of Criminal Justice Coordination: "Since 2012, Mayor Mitch Landrieu has committed significant resources and effort to reducing mur – der in New Orleans, and has asked every partner and stakeholder in the city to play a role. Palantir has made it possible for our intelligence analysts to question preconceived ideas about murder victims and suspects. The analysis has strength – ened our ability to prevent and intervene in violent conflicts, and connect at – risk individuals to services.").

51. Palantir, NOLA Murder Reduction: Technology to Power Data – Driven Public Health Strategies 1 – 5 (white paper, 2014); City of New Orleans, NOLA for Life: Comprehensive Murder Reduction Strategy 33, *available at* www. nolaforlife. org.

52. Palantir, NOLA Murder Reduction: Technology to Power Data – Driven Public Health Strategies 5 (white paper, 2014).

53. *Id.* at 1.

54. *Id.* at 7.

55. *Id.* at 8.

56. *Id.* at 4.

57. *Id.*

58. City of New Orleans, NOLA for Life: Comprehensive Murder Reduction Strategy 2, *available at* www. nolaforlife. org.

59. *Id.*

60. Palantir, NOLA Murder Reduction: Technology to Power Data – Driven Public Health Strategies 9 (white paper, 2014).

61. City of New Orleans, NOLA for Life: Comprehensive Murder Reduction Strategy 3, *available at* www. nolaforlife. org.

62. Heather MacDonald, *Prosecution Gets Smart*, City J. (Summer 2014), www. city – journal. org; John Eligon, *Top Prosecutor Creates a Unit on Crime Trends*, N. Y. Times (May 25, 2010), at A22.

63. Chip Brown, *The Data D. A.*, N. Y. Times Mag. (Dec. 7, 2014), at 22, 24 – 25.

64. New York District Attorney's Office, Intelligence – Driven Prosecution: An Implementation Guide 10 (symposium materials, 2015).

65. *Id.* at 13.

66. *Id.* at 8.

67. *Id.*; Heather Mac Donald, *Prosecution Gets Smart*, City J. (Summer 2014), www. city – journal. org.

68. New York District Attorney's Office, Intelligence – Driven Prosecution: An Implementation Guide 11, 16 (symposium materials, 2015).

69. Heather Mac Donald, *A Smarter Way to Prosecute*, L. A. Times (Aug. 10, 2014), at A24.

70. Chip Brown, *The Data D. A.*, N. Y. Times Mag. (Dec. 7, 2014), at 22, 24 – 25.

71. New York District Attorney's Office, Intelligence – Driven Prosecution: An Implementation Guide 2 – 3 (symposium materials, 2015).

72. Chip Brown, *The Data D. A.*, N. Y. Times Mag. (Dec. 7, 2014), at 22, 24 – 25.

73. James C. McKinley Jr., *In Unusual Collaboration, Police and Prosecutors Team Up to Reduce Crime*, N. Y. Times (June 5, 2014), at A25.

74. *To Stem Gun Crime, "Moneyball,"* St. Louis Post – Dispatch (June 28, 2015), at A20.

75. Heather Mac Donald, *Prosecution Gets Smart*, City J. (Summer 2014), www. cityjournal. org.

76. *Id.*

77. Heather Mac Donald, *First Came Data – Driven Policing. Now Comes Data – Driven Prosecutions*, L. A. Times (Aug. 8, 2014).

78. David M. Kennedy, Anne M. Diehl, & Anthony A. Braga, *Youth Violence in Boston: Gun Markets, Serious Youth Offenders, and a Use – Reduction Strategy*, 59 Law & Contemp. Probs. 147, 147 – 49, 156 (1996); Anthony A. Braga et al., *Problem – Orien-*

ted Policing, Deterrence, and Youth Violence: An Evaluation of Boston's Operation Ceasefire, 38 J. Res. Crime & Del in q. 195, 195 – 200 (2001); Andrew V. Papachristos & David S. Kirk, Changing the Street Dynamic: Evaluating Chicago's Group Violence Reduction Strategy, 14 Criminol. & Pub. Pol'y 525, 533 (2015).

79. Andrew V. Papachristos, Social Networks Can Help Predict Gun Violence, Wash. Post (Dec. 19, 2013) (citing Andrew V. Papachristos & Christopher Wildeman, Network Exposure and Homicide Victimization in an African American Community, 104: 1 Am. J. Pub. Health 143 (2014)).

80. Andrew V. Papachristos, David M. Hureau, & Anthony A. Braga, The Corner and the Crew: The Influence of Geography and Social Networks on Gang Violence, 78: 3 Am. Soc. Rev. 417 – 47 (2013).

81. Id. at 419 – 23.

82. Andrew V. Papachristos, Anthony A. Braga, & David M. Hureau, Social Networks and the Risk of Gunshot Injury, 89: 6 J. Urb. Health 992 – 1003 (2012).

83. Andrew V. Papachristos & David S. Kirk, Changing the Street Dynamic: Evaluating Chicago's Group Violence Reduction Strategy, 14 Criminol. & Pub. Pol'y 525, 533 (2015).

84. Matt Stroud, Chicago's Predictive Policing Tool Just Failed a Major Test, Verge (Aug. 19, 2016), www. theverge. com.

85. Nate Silver, Black Americans Are Killed at 12 Times the Rate of People in Other Developed Countries, FiveThirtyEight (June 18, 2015), http://fivethirtyeight. com ("Black Americans are almost eight times as likely as white ones to be homicide victims.").

86. Kenneth B. Nunn, Race, Crime and the Pool of Surplus Criminality: Or Why the "War on Drugs" Was a "War on Blacks," 6 J. Gender, Race, & Just. 381, 391 – 412 (2002); David Rudovsky, Law Enforcement by Stereotypes and Serendipity: Racial Profiling and Stops and Searches without Cause, 3 U. Pa. J. Const. L. 296, 311 (2001); Jeffrey Fagan & Garth Davies, Street Stops and Broken Windows: Terry, Race, and Disorder in New York City, 28 Fordham Urb. L. J. 457, 482 (2000).

87. Bryan Llenas, Brave New World of "Predictive Policing" Raises Specter of High – Tech Racial Profiling, Fox News Latino, Feb. 25, 2014, http://latino. foxnews. com.

88. ACLU, The War on Marijuana in Black and White 47（2013）, *available at* www. aclu. org.

89. *Id.* at 18.

90. *Id.* at 18 – 20.

91. Vera Institute of Justice, Racial Disparity in Marijuana Policing in New Orleans 9 – 10（July 2016）, *available at* www. vera. org.

92. The Sentencing Project, The Color of Justice：Racial and Ethnic Disparity in State Prisons 3（2016）, *available at* www. sentencingproject. org.

93. Stephen M. Haas, Erica Turley, & Monika Sterling, Criminal Justice Statistical Analysis Center, West Virginia Traffic Stop Study：Final Report（2009）, *available at* www. legis. state. wv. us；ACLU and Rights Working Group, The Persistence of Racial and Ethnic Profiling in the United States 56（Aug. 2009）；Sylvia Moreno, *Race a Factor in Texas Stops：Study Finds Police More Likely to Pull over Blacks*, Latinos, Wash. Post（Feb. 25, 2005）；James Kimberly, *Minorities Stopped at Higher Rate in DuPage*, Chi. Trib.（April 29, 2006）.

94. Leadership Conference on Civil and Human Rights, Restoring a National Consensus：The Need to End Racial Profiling in America 9 – 12（2011）, *available at* www. civilrights. org.

95. Univ. of Minn. Inst. on Race & Poverty, Minnesota Statewide Racial Profiling Report 36（2003）, *available at* www1. umn. edu.

96. W. Va. Division Just. & Community Services, West Virginia Traffic Stop Study：2009 Final Report（2009）, *available at* www. djcs. wv. gov.

97. L. Song Richardson, *Police Efficiency and the Fourth Amendment*, 87 Ind. L. J. 1143, 1170（2012）；L. Song Richardson, *Arrest Efficiency and the Fourth Amendment*, 95 Minn. L. Rev. 2035, 2061 – 63（2011）.

98. L. Song Richardson, *Police Efficiency and the Fourth Amendment*, 87 Ind. L. J. 1143, 1170（2012）；L. Song Richardson, *Arrest Efficiency and the Fourth Amend – ment*, 95 Minn. L. Rev. 2035, 2061 – 63（2011）.

99. Chip Mitchell, *Police Data Cast Doubt on Chicago – Style Stop and Frisk*, WBEZ News（May 4, 2016）, *available at* www. wbez. org.

100. Calf. State Auditor, The CalGang Criminal Intelligence System, Report 2015 – 130 3（2016）, *available at* www. voiceofsandiego. org.

101. *Id.*
102. Julia Angwin et al., *Machine Bias*, ProPublica (May 23, 2016), www.pro-publica.org.
103. *Id.*
104. *Id.*
105. *Id.*
106. *Id.*
107. *Id.*
108. *Id.*
109. Anthony W. Flores, Christopher T. Lowenkamp, & Kristin Bechtel, *False Positives, False Negatives, and False Analyses: A Rejoinder to "Machine Bias": There's Software Used across the Country to Predict Future Criminals. And It's Biased against Blacks* 2 (unpublished paper, 2016).
110. *Id.* at 10–12.
111. *Id.* at 21–22.
112. Max Ehrenfreund, *The Machines That Could Rid Courtrooms of Racism*, Wash. Post (Aug. 18, 2016).
113. Sonja B. Starr, *Evidence-Based Sentencing and the Scientific Rationalization of Discrimination*, 66 Stan. L. Rev. 803, 806 (2014).
114. *Id.*
115. Andrew Guthrie Ferguson, *Big Data and Predictive Reasonable Suspicion*, 163 U. Pa. L. Rev. 327, 398–400 (2015).
116. *See generally* Wayne A. Logan & Andrew Guthrie Ferguson, *Policing Criminal Justice Data*, 101 Minn. L. Rev. 541 (2016).
117. U.S. Dep't of Justice, Office of the Attorney General, The Attorney General's Report on Criminal History Background Checks 3 (2006); U.S. Gov't Accountability Office, Report to Congressional Requesters: Criminal History Records: Additional Actions Could Enhance the Completeness of Records Used for Employment-Related Background Checks 20 (Feb. 2015).
118. Herring v. United States, 555 U.S. 135, 155 (2009) (Ginsburg, J., dissenting).
119. Amy Myrick, *Facing Your Criminal Record: Expungement and the Collateral Problem of*

Wrongfully Represented Self, 47 Law & Soc'y Rev. 73 (2013); Gary Fields & John R. Emshwiller, *As Arrest Records Rise, Americans Find Consequences Can Last a Lifetime*, Wall. St. J. (Aug. 18, 2014).

120. U. S. Const. Amend. V ("No person shall be... deprived of life, liberty, or property, without due process of law."); U. S. Const. Amend. XIV, § 1 ("Nor shall any State deprive any person of life, liberty, or property, without due process of law.").

121. Jennifer C. Daskal, *Pre – Crime Restraints: The Explosion of Targeted, Noncustodial Prevention*, 99 Cornell L. Rev. 327, 344 – 45 (2014).

122. Margaret Hu, *Big Data Blacklisting*, 67 Fla. L. Rev. 1735, 1747 – 49 (2015).

123. Ramzi Kassem, *I Help Innocent People Get of Terrorism Watch Lists. As a Gun Control Tool, They're Useless*, Wash. Post (June 28, 2016).

124. Andrew Guthrie Ferguson, *Big Data and Predictive Reasonable Suspicion*, 163 U. Pa. L. Rev. 327, 327 (2015).

125. Terry v. Ohio, 392 U. S. 1, 21 – 22 (1968).

126. United States v. Sokolow, 490 U. S. 1, 7 (1989).

127. Illinois v. Gates, 462 U. S. 213, 238 (1983).

128. Andrew Guthrie Ferguson, *Big Data and Predictive Reasonable Suspicion*, 163 U. Pa. L. Rev. 327, 337 – 38 (2015).

129. *Terry*, 392 U. S. at 6 – 8.

130. *Id.* at 8.

131. *Id.* at 7.

132. *Id.* at 8.

133. *Id.* at 30.

134. Andrew Guthrie Ferguson, *Big Data and Predictive Reasonable Suspicion*, 163 U. Pa. L. Rev. 327, 376 (2015).

135. *Id.*

136. *Id.* at 401.

137. *Id.* at 389.

138. *Id.*

139. *Id.* at 393 – 94.

140. Andrew Guthrie Ferguson, *Predictive Prosecution*, 51 Wake Forest L. Rev. 705, 722

(2016).

141. David O'Keefe, head of the Manhattan District Attorney's Crime Strategies Unit, interview by Aubrey Fox, Ctr. for Court Innovation (May 29, 2013), www. courtinnovation. org.

142. Madhumita Venkataramanan, *A Plague of Violence*: *Shootings Are Infectious and Spread like a Disease*, New Scientist (May, 18, 2014) (interviewing Gary Slutkin, professor at the University of Illinois).

143. Andrew Guthrie Ferguson, *Predictive Prosecution*, 51 Wake Forest L. Rev. 705, 726 - 27 (2016).

144. Micah Zenko, *Inside the CIA Red Cell*, Foreign Policy (Oct. 30, 2015).

145. *See generally* Ellen S. Podgor, *The Ethics and Professionalism of Prosecutors in Discretionary Decisions*, 68 Fordham L. Rev. 1511 (2000).

146. A similar story (or perhaps the same story) is recounted in Heather Mac Donald, *Prosecution Gets Smart*, City J. (Summer 2014), www. city - journal. org ("In 2012, police arrested a leading gang member in East Harlem for running toward people in a brawl brandishing a metal lock tied into a bandanna. The defendant had been shot in the past and had also likely witnessed a homicide, without cooperating with police after either crime. The attempted assault would ordinarily have gone nowhere, had the CSU not closely tracked the assailant. Instead, the prosecutor indicted him for criminal possession of a weapon in the third degree—a felony charge. ").

第四章

1. Nate Berg, *Predicting Crime*, *LAPD - Style*: *Cutting - Edge Data - Driven Analysis Directs Los Angeles Patrol Officers to Likely Future Crime Scenes*, Guardian (June 25, 2014).

2. Guy Adams, *The Sci - Fi Solution to Real Crime*, Independent (London) (Jan. 11, 2012), at 32; Joel Rubin, *Stopping Crime before It Starts*, L. A. Times (Aug. 21, 2010).

3. Kalee Thompson, *The Santa Cruz Experiment*, Popular Sci. (Nov. 2011), at 38, 40.

4. Martin Kaste, *Can Software That Predicts Crime Pass Constitutional Muster?*, All Things Considered (NPR radio broadcast, July 26, 2013), *available at* www. npr. org; Timothy B. Clark, *How Predictive Policing Is Using Algorithms to Deliver Crime - Reduction Results*

for Cities, Gov. Exec. (Mar. 9, 2015); David Smiley, *Not Science Fiction: Miami Wants to Predict When and Where Crime Will Occur*, Miami Herald (Mar. 30, 2015).

5. Andrew Guthrie Ferguson, *Predictive Policing and Reasonable Suspicion*, 62 Emory L. J. 259, 265–69 (2012).

6. Juliana Reyes, *Philly Police Will Be First Big City Cops to Use Azavea's Crime Predicting Software*, Technically Media Inc. (Nov. 7, 2013), http://technical. ly.

7. HunchLab, Under the Hood (white paper, 2015) (on file with author).

8. Maurice Chammah, *Policing the Future*, Marshall Project (Feb. 3, 2016), www. themarshallproject. org.

9. *Id.*

10. *Id.*

11. *Id.*

12. *See* P. Jeffrey Brantingham's publications listed on his university website, http://paleo. sscnet. ucla. edu.

13. Sam Hoff, *Professor Helps Develop Predictive Policing by Using Trends to Predict, Prevent Crimes*, Daily Bruin (Apr. 26, 2013), http://dailybruin. com.

14. Leslie A. Gordon, *Predictive Policing May Help Bag Burglars—but It May Also Be a Constitutional Problem*, A. B. A. J. (Sept. 1, 2013), www. abajournal. com; Ronald Bailey, *Stopping Crime before It Starts*, Reason (July 10, 2012), http://reason. com.

15. G. O. Mohler et al., *Randomized Controlled Field Trials of Predictive Policing*, 110 J. Am. Statistical Assoc. 1399 (2015).

16. Joel Rubin, *Stopping Crime before It Starts*, L. A. Times (Aug. 21, 2010).

17. *See, e. g.*, Spencer Chainey, Lisa Tompson, & Sebastian Uhlig, *The Utility of Hotspot Mapping for Predicting Spatial Patterns of Crime*, 21 Security J. 4, 5 (2008); Anthony A. Braga, David M. Hureau, & Andrew V. Papachristos, *The Relevance of Micro Places to Citywide Robbery Trends: A Longitudinal Analysis of Robbery Incidents at Street Corners and Block Faces in Boston*, 48 J. Res. Crime & Del in q. 7, 9 (2011).

18. Shane D. Johnson, Lucia Summers, & Ken Pease, *Offender as Forager? A Direct Test of the Boost Account of Victimization*, 25 J. Quant. Criminol. 181, 184 (2009).

19. Wim Bernasco, *Them Again? Same–Offender Involvement in Repeat and Near Repeat Burglaries*, 5 Eur. J. Criminol. 411, 412 (2008); Andrew Guthrie Ferguson, *Predictive*

Policing and Reasonable Suspicion, 62 Emory L. J. 259, 274 - 76 (2012).

20. Shane D. Johnson, Lucia Summers, & Ken Pease, *Offender as Forager? A Direct Test of the Boost Account of Victimization*, 25 J. Quant. Criminol. 181, 184 (2009).

21. Shane D. Johnson et al. , *Space - Time Patterns of Risk: A Cross National Assessment of Residential Burglary Victimization*, 23 J. Quant. Criminol. 201, 203 - 04 (2007).

22. *Id.* at 204.

23. Spencer Chainey & Jerry Ratcliffe, GIS and Crime Mapping 8 (2005); Keith Harries, Nat'l Inst. of Justice, Mapping Crime: Principle and Practice 92 - 94 (1999); Derek J. Paulsen & Matthew B. Robinson, Crime Mapping and Spatial Aspects of Crime 154 (2d ed. 2009); Luc Anselin et al. , *Spatial Analyses of Crime*, in 4 Criminal Justice 2000: Measurement and Analysis of Crime and Justice 213, 215 (2000).

24. Vince Beiser, *Forecasting Felonies: Can Computers Predict Crimes of the Future?*, Pacific Standard (July/Aug. 2011), at 20, http://psmag.com; Joel Rubin, *Stopping Crime before It Starts*, L. A. Times (Aug. 21, 2010); Christopher Beam, *Time Cops: Can Police Really Predict Crime before It Happens?*, Slate (Jan. 24, 2011), www.slate.com.

25. Aaron Mendelson, *Can LAPD Anticipate Crime with Predictive Policing?*, Calif. Rep. (Sept. 6, 2013), http://audio.californiareport.org.

26. David Talbot, *L. A. Cops Embrace Crime Predicting Algorithm*, MIT Tech. Rev. (July 2, 2012).

27. Lev Grossman et al. , *The 50 Best Inventions of the Year*, Time (Nov. 28, 2011), at 55, 82.

28. Vince Beiser, *Forecasting Felonies: Can Computers Predict Crimes of the Future?*, Pacific Standard (July/Aug. 2011), at 20, http://psmag.com.

29. Tessa Stuart, *The Policemen's Secret Crystal Ball*, Santa Cruz Wkly. (Feb. 15, 2012), at 9.

30. Will Frampton, *With New Software, Norcross Police Practice Predictive Policing*, CBS Atlanta (Aug. 19, 2013), www.cbsatlanta.com.

31. Erica Goode, *Sending the Police before There's a Crime*, N. Y. Times (Aug. 16, 2011); *Predictive Policing: Don't Even Think about It*, Economist (July 20, 2013), at 24, 26.

32. Upturn, Stuck in a Pattern: Early Evidence of "Predictive Policing" and Civil Rights 3 – 5 (Aug. 2016).

33. Tessa Stuart, *The Policemen's Secret Crystal Ball*, Santa Cruz Wkly. (Feb. 15, 2012), at 9.

34. Joel Caplan & Leslie Kennedy (eds.), Rutgers Center on Public Security, Risk Terrain Modeling Compendium Ch. 18 (2011).

35. As a disclosure, I have worked in a very limited capacity as an unpaid consultant with Joel Caplan, Leslie Kennedy, and Eric Piza as part of a National Institute of Justice grant for a study titled "A Multi – Jurisdictional Test of Risk Terrain Model – ing and a Place – Based Evaluation of Environmental Risk – Based Patrol Deployment Strategies." My contribution has been limited to a handful of brief consultations with no financial compensation, and I have had no role in the development of the RTM technology or the research studies.

36. Leslie Kennedy, Joel Caplan, & Eric Piza, Results Executive Summary: A Multi – Jurisdictional Test of Risk Terrain Modeling and a Place – Based Evaluation of Environmental Risk – Based Patrol Deployment Strategies 4 – 6 (2015), *available at* www.rutgerscps.org.

37. *Id.*

38. *Id.*

39. *Id.* at 6 – 9.

40. *Id.*

41. *Id.*

42. *Id.*

43. *Id.* at 10 – 11, 13 – 14, 17.

44. Jie Xu, Leslie W. Kennedy, & Joel M. Caplan, *Crime Generators for Shootings in Urban Areas: A Test Using Conditional Locational Interdependence as an Extension of Risk Terrain Modeling*, Rutgers Center on Public Security Brief 1 (Oct. 2010).

45. This figure comes from a Los Angeles Police Department media report promoted by PredPol on its website. PredPol, Management Team, www.predpol.com (last visited Feb. 15, 2017).

46. Ben Poston, *Crime in Los Angeles Rose in All Categories in* 2015, *LAPD Says*, L. A. Times (Dec. 30, 2015).

47. Zen Vuong, *Alhambra Police Chief Says Predictive Policing Has Been Successful*, Pasadena

Star – News（Feb. 11, 2014）；Rosalio Ahumada, *Modesto Sees Double – Digit Drop in Property Crimes—Lowest in Three Years*, Modesto Bee（Nov. 11, 2014）.

48. Mike Aldax, *Richmond Police Chief Says Department Plans to Discontinue "Predictive Policing" Software*, Richmond Standard（June 24, 2015）.

49. G. O. Mohler et al., *Randomized Controlled Field Trials of Predictive Policing*, 110 J. Am. Stat. Assoc. 1399（2015）.

50. *Id.* at 1402.

51. *Id.*

52. *Id.*

53. *Id.*

54. Priscilla Hunt, Jessica Saunders, & John S. Hollywood, Rand Corp., Evaluation of the Shreveport Predictive Policing Experiment（2014）, *available at* www. rand. org.

55. *Id.* at 4.

56. *Id.* at 10.

57. *Id.* at 33.

58. Andrew Papachristos, Anthony A. Braga, & David M. Hureau, *Social Networks and the Risk of Gunshot Injury*, 89：6 J. Urb. Health 992（2012）.

59. *Id.*

60. Leslie Brokaw, *Predictive Policing：Working the Odds to Prevent Future Crimes*, MIT Sloan Management Rev.（Sept. 12, 2011）, *available at* http：//sloanre – view. mit. edu.

61. Laura M. Smith et al., *Adaption of an Ecological Territorial Model to Street Gang Spatial Patterns in Los Angeles*, 32：9 Discrete & Continuous Dynamical Sys. 3223（2012）；*see also* interview with George Mohler, Data Sci. Wkly.（undated）, *available at* www. datascienceweekly. org.

62. Press Release, Bureau of Justice Statistics, U. S. Dep't of Justice, Office of Justice Programs, Nearly 3. 4 Million Violent Crimes per Year Went Unreported to Police from 2006 to 2010（Aug. 9, 2012）, *available at* www. bjs. gov.

63. David N. Kelly & Sharon L. McCarthy, *The Report of the Crime Reporting Review Committee to Commissioner Raymond W. Kelly Concerning CompStat Auditing*, NYPD Reports 5（2013）, *available at* www. nyc. gov；Graham Rayman, *The NYPD Police Tapes：Inside Bed – Stuy's 81st Precinct*, Village Voice（May 5, 2010）, at 12, 14, 15；Jeff Morganteen, *What the CompStat Audit Reveals about the NYPD*, N. Y. World（July 12, 2013）.

64. Graham Rayman, *The NYPD Police Tapes: Inside Bed - Stuy's 81st Precinct*, Village Voice (May 5, 2010), at 12, 14, 15.

65. Jeff Morganteen, *What the CompStat Audit Reveals about the NYPD*, N. Y. World (July 12, 2013).

66. Amos Maki, *Crimes Lurk in Police Memos*, Com. Appeal (Memphis) (Jan. 25, 2012); Mike Matthews, *MPD Memos Predicted to Drastically Increase Crime Stats*, ABC2 4 (Jan. 25, 2012), www. abc24. com; Chip Mitchell, *Police Data Cast Doubt on Chicago - Style Stop and Frisk*, WBEZ News (May 4, 2016), *available at* www. wbez. org.

67. Ezekiel Edwards, *Predictive Policing Software Is More Accurate at Predicting Policing than Predicting Crime*, Huffington Post (Aug. 31, 2016), www. huffington - post. com.

68. Ingrid Burrington, *What Amazon Taught the Cops*, Nation (May 27, 2015).

69. Sean Malinowski, Captain, LAPD, email to author (Feb. 9, 2012).

70. Ruth D. Peterson & Lauren J. Krivo, *Race, Residence, and Violent Crime: A Structure of Inequality*, 57 U. Kan. L. Rev. 903, 908 (2009).

71. Illinois v. Wardlow, 528 U. S. 119, 124 (2000).

72. Andrew Guthrie Ferguson, *Predictive Policing and Reasonable Suspicion*, 62 Emory L. J. 259, 312 - 13 (2012).

73. Tessa Stuart, *The Policemen's Secret Crystal Ball*, Santa Cruz Wkly. (Feb. 15, 2012), at 9.

74. Andrew Guthrie Ferguson & Damien Bernache, *The "High - Crime Area" Question: Requiring Verifiable and Quantifiable Evidence for Fourth Amendment Reasonable Suspicion Analysis*, 57 Am. U. L. Rev. 1587, 1627 (2008).

75. Andrew Guthrie Ferguson, *Predictive Policing and Reasonable Suspicion*, 62 Emory L. J. 259, 305 - 11 (2012).

76. *Stop LAPD Spying Coalition Visits the Regional Fusion Center*, Privacy SOS (Dec. 17, 2012), www. privacysos. org.

77. Hamid Kahn, Executive Director, Stop LAPD Spying Coalition, email to author (Aug. 18, 2016).

78. United States v. Montero - Camargo, 208 F. 3d 1122, 1143 (9th Cir. 2000) (*en banc*) (Kozinski, J., concurring).

79. Darwin Bond - Graham & Ali Winston, *All Tomorrow's Crimes: The Future of Policing*

Looks a Lot like Good Branding, S. F. Wkly. (Oct. 30, 2013), www.sfweekly.com.

80. Id.

81. Priscilla Hunt, Jessica Saunders, & John S. Hollywood, Rand Corp., Evaluation of the Shreveport Predictive Policing Experiment 12 (2014), *available at* www.rand.org.

82. *Id.* at 12–13.

83. Emily Thomas, *Why Oakland Police Turned Down Predictive Policing*, Vice Motherboard (Dec. 28, 2016), http://motherboard.vice.com.

84. *See, e.g.*, Danielle Keats Citron, *Technological Due Process*, 85 Wash. U. L. Rev. 1249, 1271–72 (2008); Kenneth A. Bamberger, *Technologies of Compliance: Risk and Regulation in a Digital Age*, 88 Tex. L. Rev. 669, 711–12 (2010).

85. Joel Caplan & Les Kennedy, *Risk Terrain Modeling: Crime Prediction and Risk Reduction* 106 (2016).

86. Kat Mather & Richard Winton, *LAPD Uses Its Helicopters to Stop Crimes before They Start*, L. A. Times (Mar. 7, 2015); Geoff Manaughmarch, *How Aerial Surveil-lance Has Changed Policing—and Crime—in Los Angeles*, N. Y. Times Mag. (Mar. 23, 2015).

87. Kat Mather & Richard Winton, *LAPD Uses Its Helicopters to Stop Crimes before They Start*, L. A. Times (Mar. 7, 2015); Geoff Manaughmarch, *How Aerial Surveillance Has Changed Policing—and Crime—in Los Angeles*, N. Y. Times Mag. (Mar. 23, 2015).

88. Upturn, Stuck in a Pattern: Early Evidence of "Predictive Policing" and Civil Rights 3–5 (Aug. 2016).

89. Christopher Bruce, *Districting and Resource Allocation: A Question of Balance*, 1: 4 Geography & Pub. Safety 1, 1 (2009).

第五章

1. Justin Jouvenal, *The New Way Police Are Surveilling You: Calculating Your Threat "Score,"* Wash. Post (Jan. 10, 2016); Brent Skorup, *Cops Scan Social Media to Help Assess Your "Threat Rating,"* Reuters (Dec. 12, 2014).

2. Justin Jouvenal, *The New Way Police Are Surveilling You: Calculating Your Threat "Score,"* Wash. Post (Jan. 10, 2016).

3. Id.

4. Id.

5. David Robinson, *Buyer Beware: A Hard Look at Police "Threat Scores,"* Equal Future (Jan. 16, 2016), *available at* www. equalfuture. us.

6. *Id.*

7. Justin Jouvenal, *The New Way Police Are Surveilling You: Calculating Your Threat "Score,"* Wash. Post (Jan. 10, 2016).

8. Thomas H. Davenport, *How Big Data Is Helping the NYPD Solve Crimes Faster*, Fortune (July 17, 2016).

9. *Id.*

10. *Manhunt—Boston Bombers*, NOVA (June 7, 2013), *excerpt available at* www. youtube. com/watch? v = ozUHOHAAhzg.

11. *Id.*

12. Tim Fleischer, *Officers Embrace New Smartphones as Crime Fighting Tools*, ABC7NY (Aug. 13, 2015), http://abc7ny. com.

13. Justin Jouvenal, *The New Way Police Are Surveilling You: Calculating Your Threat "Score,"* Wash. Post (Jan. 10, 2016).

14. Michael L. Rich, *Machine Learning, Automated Suspicion Algorithms, and the Fourth Amendment*, 164 U. Pa. L. Rev. 871, 880 (2016).

15. AOL Digital Justice, *Digisensory Technologies Avista Smart Sensors* (Sept. 14, 2012), *available at* www. youtube. com/watch? v = JamGobiS5wg; Associated Press, *NJ City Leading Way in Crime－Fighting Tech*, CBS News (June 19, 2010), *available at* www. cbsnews. com.

16. Halley Bondy, *East Orange Installs Surveillance Cameras That Sense Criminal Activities, Alerts Police*, Star－Ledger (Newark) (Mar. 18, 2010), www. nj. com.

17. Ethan Watters, *ShotSpotter*, Wired (Apr. 2007), at 146－52; Colin Neagle, *How the Internet of Things Is Transforming Law Enforcement*, Network World (Nov. 3, 2014).

18. Tatiana Schlossbergmarch, *New York Police Begin Using ShotSpotter System to Detect Gunshots*, N. Y. Times (Mar. 16, 2015).

19. Linda Merola & Cynthia Lum, *Emerging Surveillance Technologies: Privacy and the Case of License Plate Recognition (LPR) Technology*, 96: 3 Judicature 119－21 (2012).

20. Stephen Rushin, *The Judicial Response to Mass Police Surveillance*, 2011 U. Ill. J. L. Tech. & Pol'y 281, 285－86.

21. Margot E. Kaminski, *Regulating Real - World Surveillance*, 90 Wash. L. Rev. 1113, 1153 (2015).

22. Michael Martinez, *Policing Advocates Defend Use of High - Tech License Plate Readers*, CNN (July 18, 2013), *available at* www. cnn. com.

23. Simone Wilson, *L. A. Sheriff's Creepy New Facial - Recognition Software Matches Surveillance Video with Mug Shot Database*, L. A. Wkly. (Jan. 27, 2012).

24. Clare Garvie & Jonathan Frankle, *Facial - Recognition Software Might Have a Racial Bias Problem*, Atlantic (Apr. 7, 2016).

25. General Accounting Office, Face Recognition Technology, FBI Should Better Ensure Privacy and Accuracy 10 (report to the Ranking Member, Subcommittee on Privacy, Technology, and the Law, Committee on the Judiciary, U. S. Senate, May 2016).

26. *Id.* at 15 - 18.

27. Clare Garvie, Alvaro Bedoya, & Jonathan Frankle, Georgetown Law Center on Privacy & Tech. , The Perpetual Line - Up: Unregulated Police Facial Recognition in America (Oct. 18, 2016), *available at* www. perpetuallineup. org.

28. *Id.* at 17.

29. Cyrus Farivar, *Meet Visual Labs, a Body Camera Startup That Doesn't Sell Body Cameras*, Ars Technica (Sept. 3, 2016), http: //arstechnica. com.

30. Elizabeth E. Joh, *The New Surveillance Discretion: Automated Suspicion, Big Data, and Policing*, 10 Harv. L. & Pol'y Rev. 15, 15 (2016).

31. Karen Weise, *Will a Camera on Every Cop Make Everyone Safer? Taser Thinks So*, Bloomberg Businessweek (July 12, 2016).

32. Matt Stroud, *The Company That's Livestreaming Police Body Camera Footage Right Now*, Vice Motherboard (July 27, 2016), http: //motherboard. vice. com.

33. Yaniv Taigman et al. , *DeepFace: Closing the Gap to Human - Level Performance in Face Verification*, Facebook Research (June 24, 2014), *available at* http: // research. facebook. com.

34. Monte Reel, *Secret Cameras Record Baltimore's Every Move from Above*, Bloomberg Businessweek (Aug. 23, 2016).

35. Craig Timberg, *New Surveillance Technology Can Track Everyone in an Area for Several Hours at a Time*, Wash. Post (Feb. 5, 2014).

36. Monte Reel, *Secret Cameras Record Baltimore's Every Move from Above*, Bloomberg Businessweek (Aug. 23, 2016).

37. Don Babwin, *Chicago Video Surveillance Gets Smarter*, ABC News (Sept. 27, 2007), http://abcnews.go.com; Cara Buckley, *Police Plan Web of Surveillance for Downtown*, N.Y. Times (July 9, 2007), Nate Berg, *Predicting Crime, LAPD – Style: Cutting – Edge Data – Driven Analysis Directs Los Angeles Patrol Officers to Likely Future Crime Scenes*, Guardian (June 25, 2014), www.theguardian.com.

38. Sarah Brayne, *Stratified Surveillance: Policing in the Age of Big Data* 9–13 (draft on file with author).

39. *Id.*

40. *Id.* at 23–24.

41. Thom Patterson, *Data Surveillance Centers: Crime Fighters or "Spy Machines"?*, CNN (May 26, 2014), *available at* www.cnn.com.

42. *LAPD Uses Big Data to Target Criminals*, Associated Press (Nov. 14, 2014).

43. *Id.*

44. Sarah Brayne, *Stratified Surveillance: Policing in the Age of Big Data* 26 (draft on file with author).

45. Chris Hackett & Michael Grosinger, *The Growth of Geofence Tools within the Mapping Technology Sphere*, pdvwireless (Dec. 15, 2014), www.pdvwireless.com.

46. *See* Jenna McLaughlin, *L.A. Activists Want to Bring Surveillance Conversation Down to Earth*, Intercept (Apr. 6, 2016), http://theintercept.com.

47. Laura Moy, *Yet Another Way Baltimore Police Unfairly Target Black People*, Slate (Aug. 18, 2016), www.slate.com.

48. *In the Face of Danger: Facial Recognition and the Limits of Privacy Law*, 120 Harv. L. Rev. 1870, 1870–71 (2007).

49. Stacey Higginbotham, *Facial Recognition Freak Out: What the Technology Can and Can't Do*, Fortune (June 23, 2015).

50. P. Jonathon Phillips et al., *An Other – Race Effect for Face Recognition Algorithms*, 8 ACM Transactions on Applied Perception 14: 1, 14: 5 (2011).

51. Clare Garvie & Jonathan Frankle, *Facial – Recognition Software Might Have a Racial Bias Problem*, Atlantic (Apr. 7, 2016).

52. *Id.*

53. *Id.*

54. Eric Tucker, *Comey：FBI Used Aerial Surveillance Above Ferguson*, Associated Press（Oct. 15, 2015）.

55. Ian Duncan, *New Details Released about High–Tech Gear FBI Used on Planes to Monitor Freddie Gray Unrest*, Balt. Sun（Oct. 30, 2015）.

56. *Id.*

57. George Joseph, *Feds Regularly Monitored Black Lives Matter since Ferguson*, Interce pt（July 24, 2015）, http：//theintercept.com.

58. Green v. City & Cty. of San Francisco, 751 F. 3d 1039, 1044（9th Cir. 2014）.

59. *Id.*

60. *Id.*

61. United States v. Esquivel–Rios, 725 F. 3d 1231, 1234（10th Cir. 2013）.

62. *Id.*

63. United States v. Esquivel–Rios, 39 F. Supp. 3d 1175, 1177（D. Kan. 2014）, *aff'd*, 786 F. 3d 1299（10th Cir. 2015）, *cert. denied*, 136 S. Ct. 280（2015）.

64. Florence v. Bd. of Chosen Freeholders, 132 S. Ct. 1510（2012）; Herring v. United States, 555 U. S. 135（2009）; Rothgery v. Gillespie Cty. , 554 U. S. 191（2008）; Arizona v. Evans, 514 U. S. 1（1995）.

65. General Accounting Office, Face Recognition Technology：FBI Should Better Ensure Privacy and Accuracy, GAO–16–267, at 25（report to the ranking member, Subcommittee on Privacy, Technology, and the Law, Committee on the Judiciary, U. S. Senate, May 2016）.

66. *Id.* at 27–30.

67. Clare Garvie, Alvaro Bedoya, & Jonathan Frankle, Georgetown Law Center on Technology & Privacy, The Perpetual Line–Up：Unregulated Police Facial Recognition in America（Oct. 18, 2016）, *available at* www. per–petuallineup. org.

68. *Id.*

69. *Id.*

70. Stephen Henderson, *Fourth Amendment Time Machines（and What They Might Say about Police Body Cameras）*, 18 U. Pa. J. Const. L. 933, 933（2016）.

71. Neil Richards, *The Dangers of Surveillance*, 126 Harv. L. Rev. 1934, 1953 (2013).

72. Andrew Guthrie Ferguson, *Personal Curtilage*: *Fourth Amendment Security in Public*, 55 Wm. & Mary L. Rev. 1283, 1287 (2014).

73. *See generally* Christopher Slobogin, Privacy at Risk: The New Government Surveillance and the Fourth Amendment (2007).

74. United States v. Jones, 132 S. Ct. 945 (2012).

75. *Id.* at 948.

76. *Id.*

77. *Id.* at 949.

78. *Id.* at 956 (Sotomayor, J., concurring).

79. *Id.*

80. *Id.* at 963–64 (Alito, J., concurring).

81. Brian Barrett, *New Surveillance System May Let Cops Use All of the Cameras*, Wired (May 19, 2016).

82. Clifford Atiyeh, *Screen–Plate Club*: *How License–Plate Scanning Compromises Your Privacy*, Car & Driver (Oct. 2014).

83. Sarah Brayne, Stratified Surveillance: Policing in the Age of Big Data 17 (2015) (on file with author).

84. *Id.* at 55 (fig. 3).

85. *Id.* at 56 (fig. 4).

86. Craig D. Uchida et al., Smart Policing Initiative, Los Angeles, California Smart Policing Initiative: Reducing Gun–Related Violence through Operation LASER 6 (Oct. 2012).

87. *Id.* at 3, 10; Anthony A. Braga et al., Smart Policing Initiative, *SMART* Approaches to Reducing Gun Violence: Smart Policing Initiative Spotlight on Evidence–Based Strategies and Impacts (Mar. 2014).

88. Amy Feldman, *How Mark43's Scott Crouch*, 25, *Built Software to Help Police Departments Keep Cops on the Street*, Forbes (Oct. 19, 2016).

89. Terry v. Ohio, 392 U.S. 1, 8–9 (1968).

第六章

1. James B. Comey, Director, Federal Bureau of Investigation, Press Briefing on Orlando

Mass Shooting, Update on Orlando Terrorism Investigation, FBI Headquarters (June 13, 2016), *available at* www. fbi. gov.

2. Stephen E. Henderson, *Real – Time and Historic Location Surveillance after United States v. Jones: An Administrable, Mildly Mosaic Approach*, 103 J. C rim. L. & Criminol. 803, 804 – 05 (2013); Larry Hendricks, 18 *Years in Prison for High Country Bandit*, Ariz. Daily Sun (June 6, 2012).

3. Press Release, FBI, Wanted: "The High Country Bandits" (Feb. 18, 2010), *available at* http: //archives. fbi. gov.

4. Nate Anderson, *How "Cell Tower Dumps" Caught the High Country Bandits—and Why It Matters*, Ars Technica (Aug. 29, 2013), http: //arstechnica. com.

5. *Id.*

6. *Id.*

7. *Id.*

8. *Id.*

9. Evan Ratliff, *Lifted*, Atavist ch. 5 – 9 (2011), https: //magazine. atavist. com.

10. *Id.*

11. *Id.*

12. *Id.*

13. *Id.*

14. Stephanie K. Pell & Christopher Soghoian, *Your Secret Stingray's No Secret Anymore: The Vanishing Government Monopoly over CellPhone Surveillance and Its Impact on National Security and Consumer Privacy*, 28 Harv. J. L. & Tech. 1, 36 – 38 (2014).

15. Brian L. Owsley, *The Fourth Amendment Implications of the Government's Use of Cell Tower Dumps in Its Electronic Surveillance*, 16 U. Pa. J. Const. L. 1, 3 – 6 (2013).

16. Brian L. Owsley, *Spies in the Skies: Dirtboxes and Airplane Electronic Surveillance*, 113 Mich. L. Rev. First Impressions 75, 76 – 78 (2015).

17. Casey Williams, *States Crack Down on Police "Stingray" Tech That Can Intercept Your Texts*, Huffington Post (Jan. 28, 2016), www. huffingtonpost. com.

18. Robert Patrick, *Secret Service Agent's Testimony Shines Light on Use of Shadowy Cellphone Tracker in St. Louis*, St. Louis Post – Dispatch (Sept. 6, 2016).

19. *Id.*

20. C. Michael Shaw, *Court: Warrantless Use of Cell Site Simulators Illegal*, New American

(Apr. 1, 2016), www.thenewamerican.com.

21. Devin Barrett, *Americans' Cellphones Targeted in Secret U. S. Spy Program*, Wall St. J. (Nov. 13, 2014).

22. Brad Heath, *Police Secretly Track Cellphones to Solve Routine Crimes*, USA Today (Aug. 24, 2015), www.usatoday.com.

23. Id.

24. Id.

25. Robert Patrick, *Controversial Secret Phone Tracker Figured in Dropped St. Louis Case*, St. Louis Post – Dispatch (Apr. 19, 2015).

26. Justin Fenton, *Baltimore Police Used Secret Technology to Track Cellphones in Thousands of Cases*, Balt. Sun (Apr. 9, 2015).

27. Brad Heath, *Police Secretly Track Cellphones to Solve Routine Crimes*, USA Today (Aug., 24, 2015).

28. Kim Zetter, *U. S. Marshals Seize Cops' Spying Records to Keep Them from the ACLU*, Wired (June 3, 2014).

29. Justin Fenton, *Judge Threatens Detective with Contempt for Declining to Reveal Cellphone Tracking Methods*, Balt. Sun (Nov. 17, 2014).

30. Committee on Oversight and Government Reform, U. S. House of Representatives, Law Enforcement Use of Cell – Site Simulation Technologies: Privacy Concerns and Recommendations 5 (Dec. 19, 2016).

31. Paula H. Kift & Helen Nissenbaum, *Metadata in Context: An Ontological and Normative Analysis of the NSA's Bulk Telephony Metadata Collection Program*, 13 ISJLP_ (2017).

32. Decl. of Prof. Edward Felten at 30 – 37, Am. Civil Liberties Union v. Clapper, 959 F. Supp. 2d 724 (S. D. N. Y. 2013) (No. 13 – cv – 03994), *available at* www.aclu.org.

33. *See generally* Jeffrey Pomerantz, Metadata, 3 – 13 (2015).

34. Paula H. Kift & Helen Nissenbaum, *Metadata in Context: An Ontological and Normative Analysis of the NSA's Bulk Telephony Metadata Collection Program*, 13 ISJLP_ (2017).

35. Dahlia Lithwick & Steve Vladeck, *Taking the "Meh" out of Metadata*, Slate (Nov. 22, 2013), www.slate.com.

36. Decl. of Prof. Edward Felten at 30 – 37, Am. Civil Liberties Union v. Clapper, 959 F. Supp. 2d 724 (S. D. N. Y. 2013) (No. 13 – cv – 03994), *available at* www.aclu.org

37. *Id.* at 14.

38. *Id.* at 16, 19

39. *Id.* at 17-18.

40. Jonathan Mayer, Patrick Mutchler, & John C. Mitchell, *Evaluating the Privacy Properties of Telephone Metadata*, 113 PNAS 5536 (May 17, 2016).

41. *Id.* at 5536.

42. *Id.* at 5540.

43. *Id.*

44. Klayman v. Obama (*Klayman I*), 957 F. Supp. 2d 1, 41 (D. D. C. 2013); Am. Civil Liberties Union v. Clapper, 959 F. Supp. 2d 724, 752 (S. D. N. Y. 2013).

45. Chris Conley, *Non-Content Is Not Non-Sensitive: Moving Beyond the Content/Non-Content Distinction*, 54 Santa Clara L. Rev. 821, 824-26 (2014).

46. *In re Directives Pursuant to Section 105B of Foreign Intelligence Surveillance Act*, 551 F. 3d 1004, 1006 (Foreign Int. Surv. Ct. Rev. 2008); *see generally* Peter Margulies, *Dynamic Surveillance: Evolving Procedures in Metadata and Foreign Content Collection after Snowden*, 66 Hastings L. J. 1, 51-57 (2014); Laura K. Donohue, *Bulk Metadata Collection: Statutory and Constitutional Considerations*, 37 Harv. J. L. & Pub. Pol'y 757, 825 (2014).

47. Spencer Ackerman, *FBI Quietly Changes Its Privacy Rules for Accessing NSA Data on Americans*, Guardian (Mar. 10, 2016); John Shiffman & Kristina Cooke, *U. S. Directs Agents to Cover Up Program Used to Investigate Americans*, Reuters (Aug. 5, 2013).

48. Kenneth Lipp, *AT&T's Spying on Americans for Profit, New Documents Reveal*, Daily Beast (Oct. 25, 2016), www. thedailybeast. com.

49. Scott Shane & Colin Moynihan, *Drug Agents Use Vast Phone Trove, Eclipsing N. S. A. 's*, N. Y. Times (Sept. 1, 2013).

50. *Id.*

51. Dave Maass & Aaron Mackey, *Law Enforcement's Secret "Super Search Engine" Amasses Trillions of Phone Records for Decades*, Electronic Frontier Foundation (Nov. 29, 2016), www. eff. org.

52. Aaron Cantú, *#Followed: How Police across the Country Are Employing Social Media Surveillance*, MuckRock (May 18, 2016), www. muckrock. com.

53. Matt Stroud, #*Gunfire*: *Can Twitter Really Help Cops Find Crime?*, Verge (Nov. 15, 2013), www.theverge.com.

54. John Knefel, *Activists Use Tech to Fuel Their Movements, and Cops Turn to Geofeedia to Aggregate the Data*, Inverse (Nov. 20, 2015), www.inverse.com.

55. *Id.*

56. Joseph Goldstein & J. David Goodman, *Seeking Clues to Gangs and Crime, Detectives Monitor Internet Rap Videos*, N. Y. Times (Jan. 7, 2014).

57. Nicole Santa Cruz, Kate Mather, & Javier Panzar, #*100days100nights*: *Gang Threats of Violence on Social Media Draw Fear*, L. A. Times (July 27, 2015).

58. Ben Austen, *Public Enemies*: *Social Media Is Fueling Gang Wars in Chicago*, Wired (Sept. 17, 2013).

59. *Id.*

60. *Id.*

61. Cheryl Corley, *When Social Media Fuels Gang Violence*, All Tech Considered (NPR radio broadcast, Oct. 7, 2015), *available at* www.npr.org.

62. Russell Brandom, *Facebook, Twitter, and Instagram Surveillance Tool Was Used to Arrest Baltimore Protestors*, Verge (Oct. 11, 2016), www.theverge.com; Elizabeth Dwoskin, *Police Are Spending Millions of Dollars to Monitor the Social Media of Protesters and Suspects*, Wash. Post (Nov. 18, 2016).

63. Jan Ransom, *Boston Police Set to Buy Social Media Monitoring Software*, Bost. Globe (Nov. 26, 2016).

64. Liane Colonna, *A Taxonomy and Classification of Data Mining*, 16 SMU Sci. & Tech. L. Rev. 309, 314 (2013).

65. *See generally Data Mining, Dog Sniffs, and the Fourth Amendment*, 128 Harv. L. Rev. 691, 693 – 94 (2014); Tal Z. Zarsky, *Governmental Data Mining and Its Alternatives*, 116 Penn St. L. Rev. 285, 287 (2011).

66. Erin Murphy, *The New Forensics*: *Criminal Justice, False Certainty, and the Second Generation of Scientific Evidence*, 95 Cal. L. Rev. 721, 728 – 30 (2007).

67. Laura K. Donohue, *Technological Leap, Statutory Gap, and Constitutional Abyss*: *Remote Biometric Identification Comes of Age*, 97 Minn. L. Rev. 407, 413 (2012).

68. Press Release, FBI, FBI Announces Full Operational Capability of the Next Generation

Identification System (Sept. 15, 2014), *available at* www. fbi. gov.

69. Michael L. Rich, *Machine Learning, Automated Suspicion Algorithms, and the Fourth Amendment*, 164 U. Pa. L. Rev. 871, 876 (2016).

70. Colleen McCue, *Connecting the Dots: Data Mining and Predictive Analytics in Law Enforcement and Intelligence Analysis*, Police Chief (May 2016), www. policechiefmagazine. org.

71. *Id.*

72. Tierney Sneed, *How Big Data Battles Human Trafficking*, U. S. News (Jan. 14, 2015).

73. *Id.*

74. Bernhard Warner, *Google Turns to Big Data to Unmask Human Traffickers*, Businessweek (Apr. 10, 2013).

75. Tierney Sneed, *How Big Data Battles Human Trafficking*, U. S. News (Jan. 14, 2015).

76. Elizabeth Nolan Brown, *Super Bowl "Sex Trafficking Stings" Net Hundreds of Prostitution Arrests*, Reason (Feb. 13, 2016).

77. Tierney Sneed, *How Big Data Battles Human Trafficking*, U. S. News (Jan. 14, 2015).

78. *Id.*

79. Joseph Goldstein, *Police Take on Family Violence to Avert Death*, N. Y. Times (July 25, 2013).

80. *Id.*

81. *Id.*

82. *Id.*

83. Jeffery Talbert et al. , *Pseudoephedrine Sales and Seizures of Clandestine Meth – amphetamine Laboratories in Kentucky*, 308: 15 JAMA 1524 (2012); Jon Bardin, *Kentucky Study Links Pseudoephedrine Sales*, Meth Busts, L. A. Times (Oct. 16, 2012).

84. Jon Bardin, *Kentucky Study Links Pseudoephedrine Sales*, Meth Busts, L. A. Times (Oct. 16, 2012).

85. Andrew Guthrie Ferguson, *Big Data Distortions: Exploring the Limits of the ABA LEATPR Standards*, 66 Okla. L. Rev. 831, 841 (2014).

86. David C. Vladeck, *Consumer Protection in an Era of Big Data Analytics*, 42 Ohio N. U. L. Rev. 493, 495 (2016).

87. Moritz Hardt, *How Big Data Is Unfair*, Medium (Sept. 26, 2014), http: //medi-

um. com.

88. *See* PredPol, P redPol Predicts Gun Violence 3 (white paper, 2013), *available at* http: //cortecs. org.

89. *Id.*

90. *Id.*

91. The size of Chicago, Illinois, is approximately 237 square miles. City of Chicago, *Facts & Statistics* (2017), https: //www. cityofchicago. org.

92. Pedro Domingos, The Master Algorithm: How the Quest for the Ultimate Learning Machine Will Remake Our World (2015).

93. Matt McFarland, *Terrorist or Pedophile? This Start – Up Says It Can Out Secrets by Analyzing Faces*, Wash. Post (May 24, 2016).

94. *Id.*

95. Frank Pasquale, Black Box Society: The Secret Algorithms That Control Money and Information 38 (2015).

96. Solon Barocas & Andrew D. Selbst, *Big Data's Disparate Impact*, 104 Calif. L. Rev. 671, 691 (2016).

97. *Id.*

98. *Id.* at 675 – 76.

99. *Id.* at 677 – 78.

100. *Id.* at 680 – 84.

101. *Id.* at 688 – 90.

102. *Id.* at 691.

103. Jules Polonetsky, Omer Tene, & Joseph Jerome, *Beyond the Common Rule: Ethical Structures for Data Research in Non – Academic Settings*, 13 Colo. Tech. L. J. 333, 349 (2015).

104. Latanya Sweeney, *Discrimination in Online Ad Delivery*, 56 Comm. ACM 44 (2013).

105. Michael Brennan, *Can Computers Be Racist? Big Data, Inequality, and Discrimination*, Ford Foundation: Equals Change Blog (Nov. 18, 2015), www. fordfoundation. org.

106. Stacey Higginbotham, *Google's Sexist Algorithms Offer an Important Lesson in Diversity*, Fortune (July 8, 2015).

107. Jeremy Kun, *Big Data Algorithms Can Discriminate, and It's Not Clear What to Do about It*, Conversation (Aug. 13, 2015), http://theconversation.com.

108. Andrew Guthrie Ferguson, *Predictive Policing and Reasonable Suspicion*, 62 Emory L. J. 259, 286 (2012); Max Minzner, *Putting Probability Back into Probable Cause*, 87 Tex. L. Rev. 913, 958 (2009).

109. United States v. Grubbs, 547 U. S. 90, 95 (2006).

110. Illinois v. Gates, 462 U. S. 213, 238 (1983).

111. *Grubbs*, 547 U. S. at 95.

112. Erica Goldberg, *Getting Beyond Intuition in the Probable Cause Inquiry*, 17 Lewis & Clark L. Rev. 789, 790 – 91 (2013).

113. Maryland v. Pringle, 540 U. S. 366, 371 (2003).

114. *Gates*, 462 U. S. at 231.

115. Terry v. Ohio, 392 U. S. 1, 21 – 22 (1968).

116. Andrea Roth, *Safety in Numbers? Deciding When DNA Alone Is Enough to Convict*, 85 N. Y. U. L. Rev. 1130, 1134 (2010); David H. Kaye, *Rounding Up the Usual Suspects: A Legal and Logical Analysis of DNA Trawling Cases*, 87 N. C. L. Rev. 425, 439 (2009).

117. Arnold H. Loewy, *Rethinking Search and Seizure in a Post – 911 World*, 80 Miss. L. J. 1507, 1518 (2011).

118. *Id.*

119. Maryland v. Pringle, 124 S. Ct. 795, 800 (2003) (*citing* Ybarra v. Illinois, 444 U. S. 85, 91 (1979)).

120. Tracey Maclin, *The Pringle Case's New Notion of Probable Cause: An Assault on Di Re and the Fourth Amendment*, 2004 Cato Sup. Ct. Rev. 395, 411.

121. *See* Bernard E. Harcourt & Tracey L. Meares, *Randomization and the Fourth Amendment*, 78 U. Chi. L. Rev. 809, 813 (2011).

122. Andrew E. Taslitz, *Stories of Fourth Amendment Disrespect: From Elian to the Internment*, 70 Fordham L. Rev. 2257, 2355 (2002).

123. *See* Bernard E. Harcourt & Tracey L. Meares, *Randomization and the Fourth Amendment*, 78 U. Chi. L. Rev. 809, 813 (2011).

124. Daniel J. Steinbock, *Data Matching, Data Mining, and Due Process*, 40 Ga. L. Rev.

1, 30 (2005).

125. Erin Murphy, *Databases, Doctrine & Constitutional Criminal Procedure*, 37 Fordham Urb. L. J. 803, 830 (2010).

126. Alene Tchekmedyian, *Police Push Back against Using Crime – Prediction Technology to Deploy Officers*, L. A. Times (Oct. 4, 2016).

第七章

1. Charles J. Ogletree Jr., The Presumption of Guilt: The Arrest of Henry Louis Gates Jr. and Race, Class, and Crime in America 129 – 241 (2010).

2. Upturn, Stuck in a Pattern: Early Evidence of "Predictive Policing" and Civil Rights 5 (Aug. 2016).

3. Solon Barocas & Andrew D. Selbst, *Big Data's Disparate Impact*, 104 Calif. L. Rev. 671, 721 (2016).

4. Christopher Moraff, *The Problem with Some of the Most Powerful Numbers in Modern Policing*, Next City (Dec. 15, 2014), http://nextcity.org.

5. Joshua D. Wright, *The Constitutional Failure of Gang Databases*, 2 Stan. J. C. R. & C. L. 115, 120 – 21 (2005).

6. Sandra Bass, *Policing Space, Policing Race: Social Control Imperatives and Police Discretionary Decisions*, 28 Soc. Just. 156, 156 (2001); see also David S. Cohen, *Official Oppression: A Historical Analysis of Low – Level Police Abuse and a Modern Attempt at Reform*, 28 Colum. Hum. Rts. L. Rev. 165, 180 (1996).

7. Jonathan M. Smith, *Closing the Gap between What Is Lawful and What Is Right in Police Use of Force Jurisprudence by Making Police Departments More Democratic Institutions*, 21 Mich. J. Race & L. 315, 333 (2016); Karla Mari McKanders, *Sustaining Tiered Personhood: Jim Crow and Anti – Immigrant Laws*, 26 Harv. J. on Racial & Ethnic Just. 163, 190 – 207 (2010).

8. Justin S. Conroy, *"Show Me Your Papers": Race and Street Encounters*, 19 Nat'l Black L. J. 149, 151 – 61 (2007).

9. Christina Swarns, *"I Can't Breathe!": A Century Old Call for Justice*, 46 Seton Hall L. Rev. 1021, 1024 – 25 (2016); Andrew P. Cohen, *The Lynching of James Scales: How the FBI, the DOJ, and State Authorities "Whitewashed" Racial Violence in Blesdoe Coun-*

ty, *Tennessee*, 19 Tex. J. C. L. & C. R. 285, 287 – 88 (2014).

10. Clarence Page, *Forgotten Lessons of '60s Urban Riots*, Chi. Trib. (Aug. 27, 2014); Rick Perlstein, *From Watts to Ferguson*, In These Times (Sept. 22, 2014), http://inthesetimes.com.

11. Terry v. Ohio, 392 U. S. 1, 14 n. 11 (1968) (quoting Lawrence P. Tiffany et al., Detection of Crime: Stopping and Questioning, Search and Seizure, Encouragement and Entrapment 47 – 48 (1967)).

12. Alvaro M. Bedoya, *The Color of Surveillance*, Slate (Jan. 18, 2016), www.slate.com.

13. James Forman Jr., *A Little Rebellion Now and Then Is a Good Thing*, 100 Mich. L. Rev. 1408, 1416 (2002); David Johnston & Don Van Natta Jr., *Ashcroft Weighs Easing F. B. I. Limits for Surveillance*, N. Y. Times (Dec. 1, 2001).

14. Alvaro M. Bedoya, *The Color of Surveillance*, Slate (Jan. 18, 2016), www.slate.com.

15. Alvaro Bedoya, Executive Director, Center on Privacy & Technology, Georgetown University Law Center, email to author (Aug. 12, 2016).

16. Paul Butler, Professor of Law, Georgetown University Law Center, email to author (Aug. 14, 2016).

17. U. S. Dep't of Justice, Civil Rights Div., Investigation of the Ferguson Police Department 72 – 73 (2015), *available at* www.justice.gov.

18. *Id.* at 2.

19. Michael Feldman et al., *Certifying and Removing Disparate Impact*, KDD '15: Proceedings of the 21st ACM SIGKDD International Conference on Knowledge Discovery and Data Mining 259 (2015).

20. Ifeoma Ajunwa et al., Hiring by Algorithm: Predicting and Preventing Disparate Impact (Feb. 28, 2016) (unpublished manuscript, on file with author).

21. Michael Feldman et al., *Certifying and Removing Disparate Impact*, KDD '15: Proceedings of the 21st ACM SIGKDD International Conference on Knowledge Discovery and Data Mining 259 (2015).

22. Frank Pasquale, The Black Box Society: The Secret Algorithms That Control Money and Information (2015).

23. Andrew Guthrie Ferguson, *Predictive Policing and Reasonable Suspicion*, 62 Emory L. J. 259, 319 (2012).

24. Cathy O'Neil, Weapons of Math Destruction: How Big Data In – creases Inequality and

Threatens Democracy（2016）.

25. Frank Pasquale, The Black Box Society: The Secret Algorithms That Control Money and Information（2015）.

26. Mara Hvistendahl, Can "Predictive Policing" Prevent Crime before It Happens?, Science（Sept. 28, 2016）; Ellen Huet, Server and Protect: Predictive Policing Firm PredPol Promises to Map Crime before It Happens, Forbes（Mar. 2, 2015）.

27. Joshua A. Kroll et al., Accountable Algorithms, 165 U. Pa. L. Rev. 633（2017）.

28. Harry Surden, Machine Learning and Law, 89 Wash. L. Rev. 87, 89（2014）.

29. Joshua A. Kroll et al., Accountable Algorithms, 165 U. Pa. L. Rev. 633（2017）.

30. Id.

31. Id.

32. Id.

33. Stephen Rushin, The Judicial Response to Mass Police Surveillance, 2011 U. Ill. J. L. Tech. & Pol'y 281, 282.

34. Monu Bedi, Social Networks, Government Surveillance, and the Fourth Amendment Mosaic Theory, 94 B. U. L. Rev. 1809, 1841（2014）.

35. Andrew Guthrie Ferguson, Big Data and Predictive Reasonable Suspicion, 163 U. Pa. L. Rev. 327, 387–88（2015）.

36. Andrew Guthrie Ferguson, Predictive Policing and Reasonable Suspicion, 62 Emory L. J. 259 304–10（2012）.

37. Andrew Guthrie Ferguson & Damien Bernache, The "High–Crime Area" Question: Requiring Verifiable and Quantifiable Evidence for Fourth Amendment Reasonable Suspicion Analysis, 57 Am. U. L. Rev. 1587, 1588–90（2008）.

38. See generally Orin S. Kerr, The Fourth Amendment and New Technologies: Constitutional Myths and the Case for Caution, 102 Mich. L. Rev. 801（2004）.

第八章

1. Jon Swaine, Eric Holder Calls Failure to Collect Reliable Data on Police Killings Unacceptable, Guardian（Jan. 15, 2015）.

2. Kimbriell Kelly, Can Big Data Stop Bad Cops?, Wash. Post（Aug. 21, 2016）.

3. Id.

4. Death in Custody Reporting Act of 2013, Pub. L. No. 113–242, 128 Stat. 2860（2014）

(to be codified at 42 U. S. C. § 13727).

5. Press Release, White House, Launching the Police Data Initiative (May 18, 2015), *available at* www. whitehouse. gov.

6. *Id.*

7. Sari Horwitz & Mark Berman, *Justice Department Takes Steps to Create National Use – of – Force Database*, Wash. Post (Oct. 13, 2016).

8. Place – based predictive technologies are the subject of chapter 4.

9. Bernard E. Harcourt & Tracey L. Meares, *Randomization and the Fourth Amendment*, 78 U. Chi. L. Rev. 809, 862 n. 210 (2011).

10. Andrew Guthrie Ferguson, *Policing "Stop and Frisk" with "Stop and Track" Policing*, Huffington Post (Aug. 17, 2014), www. huffingtonpost. com.

11. Frank Pasquale, *The Other Big Brother*, Atlantic (Sept. 21, 2015).

12. Ben Horwitz, *Sneak Preview: NOPD Replacing Current Compstat Process with New, Interactive Open Data Website*, New Orleans Police Department (Aug. 10, 2016), www. nola. gov.

13. ACLU of Illinois, *Newly – Released Data Shows City Continues to Deny Equitable Police Services to South and West Side Neighborhoods* (Mar. 31, 2014), www. acluil. org.

14. Judi Komaki, *6 Ways Good Data Could Prevent Tragedies like Freddie Gray's Death*, Nation (May 23, 2016).

15. Person – based predictive technologies are the subject of chapter 3.

16. David J. Krajicek, *What's the Best Way to Weed Out Potential Killer Cops?*, Alter – Net (May 16, 2016), www. alternet. org.

17. Angela Caputo & Jeremy Gorner, *Small Group of Chicago Police Costs City Millions in Settlements*, Chi. Trib. (Jan. 30, 2016).

18. Rob Arthur, *How to Predict Bad Cops in Chicago*, FiveThirtyEight (Dec. 15, 2015), http: //fivethirtyeight. com.

19. Rene Stutzman & Charles Minshew, *Focus on Force*, Orlando Sentinel (Nov. 6, 2015), *available at* http: //interactive. orlandosentinel. com.

20. Rayid Ghani, *Developing Predictive Early Interventions/Warning Systems to Prevent Adverse Interactions with Police*, Center for Data Science and Public Policy (Feb. 21, 2016), http: //dsapp. uchicago. edu.

21. Jaeah Lee, *Can Data Predict Which Cops Are Most Likely to Misbehave in the Future?*,

Mother Jones (May/June 2016).

22. Michael Gordon, *CMPD's Goal: To Predict Misconduct before It Can Happen*, Charlotte Observer (Feb. 26, 2016).

23. Jaeah Lee, *Can Data Predict Which Cops Are Most Likely to Misbehave in the Future?*, Mother Jones (May/June 2016).

24. Rayid Ghani, interview by Audie Cornish, *Can Big Data Help Head Off Police Misconduct?*, All Tech Considered (NPR radio broadcast, July 19, 2016), *available at* www. npr. org.

25. Ted Gregory, *U of C Researchers Use Data to Predict Police Misconduct*, Chi. Trib. (Aug. 18, 2016).

26. Rob Arthur, *How to Predict Bad Cops in Chicago*, FiveThirtyEight (Dec. 15, 2015), http://fivethirtyeight. com.

27. Michael Gordon, *CMPD's Goal: To Predict Misconduct before It Can Happen*, Charlotte Observer (Feb. 26, 2016).

28. Jaeah Lee, *Can Data Predict Which Cops Are Most Likely to Misbehave in the Future?*, Mother Jones (May/June 2016).

29. Rayid Ghani, interview by Audie Cornish, *Can Big Data Help Head Off Police Misconduct?*, All Tech Considered (NPR radio broadcast, July 19, 2016), *available at* www. npr. org.

30. *Id.*

31. Rob Arthur, *How to Predict Bad Cops in Chicago*, FiveThirtyEight (Dec. 15, 2015), http://fivethirtyeight. com.

32. *Id.*

33. U. S. Dep't of Justice, Civil Rights Div. , Investigation of the City of Chicago Police Department 111 (2017), *available at* www. justice. gov.

34. Jonah Newman, *Program That Flags Chicago Cops at Risk of Misconduct Misses Most Officers*, Chi. Reporter (Dec. 18, 2015), http://chicagoreporter. com.

35. U. S. Dep't of Justice, Civil Rights Div. , Investigation of the City of Chicago Police Department 111 (2017), *available at* www. justice. gov.

36. Frank Pasquale, *The Other Big Brother*, Atlantic (Sept. 21, 2015).

37. U. S. Dep't of Justice, Civil Rights Div. , Investigation of the City of Chi–cago Police Department 147 (2017), *available at* www. justice. gov.

38. David J. Krajicek, *What's the Best Way to Weed Out Potential Killer Cops?*, Alter – Net (May 16, 2016), www. alternet. org.
39. Consumer data mining is the subject of chapter 1.
40. Floyd v. City of New York, 959 F. Supp. 2d 540, 558 (S. D. N. Y. 2013).
41. Jeffrey Bellin, *The Inverse Relationship between the Constitutionality and Effectiveness of New York City "Stop and Frisk"*, 94 B. U. L. Rev. 1495, 1514 (2014).
42. Sharad Goel et al., *Combatting Police Discrimination in the Age of Big Data*, New C rim. L. Rev. (forthcoming 2017) (draft on file with author), *available at* http://5harad. com.
43. *Id.* at 6.
44. *Id.*
45. *Id.* at 27.
46. *Id.*
47. *Id.* at 29.
48. *Id.* at 29 – 30; *see also generally* Sharad Goel, Justin M. Rao, & Ravi Shroff, *Precinct or Prejudice? Understanding Racial Disparities in New York City's Stop – and – Frisk Policy*, 10 Ann. App. Stats. 365 (2016).
49. Ric Simmons, *Quantifying Criminal Procedure: How to Unlock the Potential of Big Data in Our Criminal Justice System*, 2016 Mich. St. L. Rev. 947, 999 – 1005 (2016).
50. Max Minzner, *Putting Probability Back into Probable Cause*, 87 Tex. L. Rev. 913, 920 (2009).
51. *Id.*
52. *Id.* at 920 – 21.
53. Rebecca C. Hetey et al., *Data for Change: A Statistical Analysis of Police Stops, Searches, Handcuffings, and Arrests in Oakland, Calif.*, 2013 – 2014, Stanford SPARQ (Social Psychological Answers to Real – World Ques – tions) (June 23, 2016), *available at* https://sparq. stanford. edu.
54. *Id.* at 9.
55. *Id.*
56. *Id.*
57. *Id.* at 27.

58. *Id.* at 10.

59. *Id.* at 90 – 97.

60. Jennifer Eberhardt, *Strategies for Change*: *Research Initiatives and Recommenda – tions to Improve Police – Community Relations in Oakland*, *Calif.*, Stanford SPARQ (Social Psychological Answers to Real – World Ques – tions) (June 20, 2016), *available at* https: //sparq. stanford. edu.

61. *Id.* at 12.

62. *Id.* at 13.

63. *Id.* at 14.

64. *Id.* at 15.

65. Andrew Manuel Crespo, *Systemic Facts*: *Toward Institutional Awareness in Crimi – nal Courts*, 129 Harv. L. Rev. 2049, 2052 (2016).

66. *Id.* at 2069.

67. Jeffrey Fagan & Amanda Geller, *Following the Script*: *Narratives of Suspicion in* Terry *Stops in Street Policing*, 82 U. Chi. L. Rev. 51, 55 (2015).

68. Andrew Manuel Crespo, *Systemic Facts*: *Toward Institutional Awareness in Criminal Courts*, 129 Harv. L. Rev. 2049, 2075 – 76 (2016).

69. *Id.* at 2076.

70. *Id.*

71. *Id.* 2078 – 80.

72. *Id.* at 2079.

73. The surveillance technologies available in New York City are discussed in chapter 5.

74. Paul Butler, *Stop and Frisk and Torture – Lite*: *Police Terror of Minority Communities*, 12 Ohio St. J. C rim. L. 57, 64 – 66 (2014).

75. Ray Rivera, Al Baker, & Janet Roberts, *A Few Blocks*, *4 Years*, *52*, *000 Police Stops*, N. Y. Times (July 11, 2010).

76. *Id.*

77. *Id.*

78. *Id.*

79. The Domain Awareness System was not available in Brownsville at the time of the *New York Times* report.

80. Eli B. Silverman, *With a Hunch and a Punch*, 4 J. L. Econ. & Pol'y 133, 145 (2007).
81. David Rudovsky & Lawrence Rosenthal, *The Constitutionality of Stop-and-Frisk in New York City*, 162 U. Pa. L. Rev. Online 117, 123-24 (2013).
82. Press Release, Dep't of Justice, Office of Public Affairs, Justice Department Reaches Agreement with City of Newark, New Jersey, to Address Unconstitu-tional Policing in Newark Police Department (July 22, 2014), *available at* www.justice.gov.
83. U. S. Dep't of Justice, Civil Rights Div., Investigation of the Albuquer-que Police Department, Findings Letter 2-3 (2014), *available at* www.justice.gov.
84. Utah v. Strieff, 136 S. Ct. 2056, 2059 (2016).
85. U. S. Dep't of Justice, Civil Rights Div., Investigation of the Ferguson Police Department 8 (2015), *available at* www.justice.gov.
86. Center for Policing Equity, *About Us*, http://policingequity.org (last visited Feb. 15, 2017).
87. Phillip Atiba Goffet al., Center for Policing Equity, The Science of Justice: Race, Arrests, and the Police Use of Force 10 (July 2016), *available at* http://policingequity.org.
88. *Id.* at 26.
89. Project on Law, Order, and Algorithms, Stanford University, www.knightfounda-tion.org (last visited Feb. 15, 2017).
90. Edmund L. Andrews, *How Can We Improve the Criminal Justice System?*, Stanford Engineering Blog (Feb. 10, 2016), http://engineering.stanford.edu.
91. *The Counted: People Killed by Police in the U. S.*, Guardian (2016), www.the-guardian.com.
92. Wesley Lowery, *How Many Police Shootings a Year? No One Knows*, Wash. Post (Sept. 8, 2014).
93. *Police Data: A Curated Collection of Links*, Marshall Project (2017), www.themarshallproject.org; Julia Angwin et al., *Machine Bias*, ProPublica (May 23, 2016), www.propublica.org; Rob Arthur, *We Now Have Algorithms to Predict Police Misconduct*, FiveThirtyEight (Mar. 9, 2016), http://fivethirtyeight.com.
94. *See* Joshua Kopstein, *NYCLU's Stop & Frisk Watch App Lets You Rapidly Report Police Misconduct*, Verge (June 6, 2012), www.theverge.com.

95. Christopher Moraff, *Will New "Respect" Strategy Improve Police – Community Relations?* Next City (Aug. 28, 2015), http://nextcity.org.

96. *Id.*

97. Atul Gawande, The Checklist Manifesto 49 (2009); James Reason, Human Error 1 (1990).

98. Pamela Metzger & Andrew Guthrie Ferguson, *Defending Data*, 88 S. Cal. L. Rev. 1057, 1082 – 89 (2015).

99. Atul Gawande, The Checklist Manifesto 49 (2009).

100. Steven H. Woolf et al., *A String of Mistakes: The Importance of Cascade Analysis in Describing, Counting, and Preventing Medical Errors*, 2: 4 Ann. Fam. Med. 317 (2004).

101. *See generally* Michael D. Ferguson & Sean Nelson, Aviation Safety: A Balanced Industry Approach (2014); John Davies, Alastair Ross, & Brendan Wallace, Safety Management: A Qualitative Systems Approach (2003); Error Reduction in Health Care: A Systems Approach to Improving Patient Safety (Patrice L. Spath ed., 2000).

102. Atul Gawande, The Checklist Manifesto 49 (2009).

103. James Doyle, Nat'l Inst. of Justice, NCJ 2 4 7 1 4 1, Mending Justice: Sentinel Event Reviews 3 – 5 (2014), www.nij.gov.

104. *Id.* at 9.

105. *Id.* at 6.

106. *Id.* at 12.

107. John Hollway, Quattrone Ctr. for Fair Admin. Just., A Systems Approach to Error Reduction in Criminal Justice 4 (Feb. 2014), *available at* http://scholarship.law.upenn.edu.

108. Quattrone Ctr. for Fair Admin. Just., Using Root Cause Analysis to Instill a Culture of Self – Improvement: Program Replication Materials Innovations in Criminal Justice Summit III 1 – 3 (white paper, Apr. 20 – 21, 2015), *available at* www.law.upenn.edu.

109. Ligon v. City of New York, No. 12 Civ. 2274, 2012 WL 3597066, at *36 – 39 (S.D.N.Y. Aug. 21, 2012).

110. *Id.*

111. Paul Butler, *Stop and Frisk and Torture – Lite: Police Terror of Minority Communities*,

12 Ohio St. J. C rim. L. 57, 64 – 66 (2014); David A. Harris, *Frisking Every Suspect: The Withering of Terry*, 28 U. C. Davis L. Rev. 1, 45 – 46 (1994).

112. Brandon Garrett, *Remedying Racial Profiling*, 33 Colum. Hum. Rts. L. Rev. 41, 118 (2001).

113. Kami Chavis Simmons, *The Politics of Policing: Ensuring Stakeholder Collaboration in the Federal Reform of Local Law Enforcement Agencies*, 98 J. C rim. L. & Criminol. 489, 490 (2008); Samuel Walker, *The New Paradigm of Police Accountability: The U. S. Justice Department "Pattern or Practice" Suits in Context*, 22 St. Louis U. Pub. L. Rev. 3, 8 (2003).

114. 42 U. S. C. § 14141 (1994).

115. U. S. Dep't of Justice, Civil Rights Div. , The Civil Rights Division's Pattern and Practice Police Reform Work: 1994 – Present 3 (Jan. 2017).

116. Mary D. Fan, *Panopticism for Police: Structural Reform Bargaining and Police Regulation by Data – Driven Surveillance*, 87 Wash. L. Rev. 93, 115 (2012).

117. White House, Office of the Press Secretary, Fact Sheet: White House Police Data Initiative Highlights New Commitments (Apr. 21, 2016), *available at* www. whitehouse. gov.

118. *Id.*

119. *Id.*

第九章

1. Andrew Guthrie Ferguson, *The Big Data Jury*, 91 Notre Dame L. Rev. 935, 959 (2016).

2. Consumer big data is discussed in chapter 1.

3. Beware technology is discussed in chapter 5.

4. Robert D. Behn, The Performance Stat Potential: A Leadership Strategy for Producing Results (2014).

5. Information in the following paragraphs comes from conversations with Rafael Sa'adah, Assistant Chief, District of Columbia Fire and Emergency Medical Services Department (Dec. 2016).

6. Rafael Sa'adah, Acting Deputy Fire Chief, District of Columbia Fire and Emergency Medical Services Department, & Jessica Bress, Policy Advisor at DC Department of Behavioral Health, Presentation, Final Analysis of SBIRT Pilot Program 05/30/2015 – 08/02/2015

（Aug. 28，2015）（on file with author）.

7. *Id.*

8. *Id.*

9. Rafael Sa'adah, Acting Deputy Fire Chief, District of Columbia Fire and Emergency Medical Services Department, Presentation, Impact of Synthetic Cannabi – noid Use on the DC EMS System（Sept. 16，2015）（on file with author）.

10. The NYPD's Domain Awareness System is discussed in chapter 5.

11. The Chicago Police Department's heat list is discussed in chapter 3.

12. Palantir's tracking software with the LAPD is discussed in chapter 5.

13. Intelligence – driven prosecution is discussed in chapter 3.

第十章

1. The characters referenced in this chapter are fictional composites of individuals the author has known.

2. Jonas Lerman, *Big Data and Its Exclusions*, 66 Stan. L. Rev. Online 55, 56（2013）.

3. Kate Crawford, *Think Again：Big Data*, FP（May 9, 2013）, www.foreignpolicy.com.

4. Jonas Lerman, *Big Data and Its Exclusions*, 66 Stan. L. Rev. Online 55, 56（2013）.

5. Joseph W. Jerome, *Buying and Selling Privacy：Big Data's Different Burdens and Benefits*, 66 Stan. L. Rev. Online 47, 50（2013）.

6. *Id.*

7. William J. Stuntz, *The Distribution of Fourth Amendment Privacy*, 67 Geo. Wash. L. Rev. 1265, 1270 – 72（1999）.

8. *See generally* Bonnie S. Fisher et al., *Making Campuses Safer for Students：The Clery Act as a Symbolic Legal Reform*, 32 Stetson L. Rev. 61, 63（2002）; Corey Rayburn Yung, *Concealing Campus Sexual Assault：An Empirical Examination*, 21 Psychol. Pub. Pol'y & L. 1, 2（2015）.

9. Christopher Slobogin, *The Poverty Exception to the Fourth Amendment*, 55 Fla. L. Rev. 391, 401（2003）.

10. Jonathan Oberman & Kendea Johnson, *Broken Windows：Restoring Social Order or Damaging and Depleting New York's Poor Communities of Color?*, 37 Cardozo L. Rev. 931, 949（2016）.

11. Ronald F. Wright, *Fragmented Users of Crime Predictions*, 52 Ariz. L. Rev. 91, 94 (2010).

12. Thomas E. Feucht & William J. Sabol, *Comment on a "Modest Proposal" for a Crime Prediction Market*, 52 Ariz. L. Rev. 81, 84 (2010).

13. Press Release, Bureau of Justice Statistics, U. S. Dep't of Justice, Office of Justice Programs, Nearly 3. 4 Million Violent Crimes per Year Went Unreported to Police from 2006 to 2010 (Aug. 9, 2012), *available at* www. bjs. gov.

14. Camille Carey & Robert A. Solomon, *Impossible Choices: Balancing Safety and Security in Domestic Violence Representation*, 21 Clinical L. Rev. 201, 225 (2014); Jeannie Suk, *Criminal Law Comes Home*, 116 Yale L. J. 2, 15 – 16 (2006).

15. Myka Held & Juliana McLaughlin, *Rape & Sexual Assault*, 15 Geo. J. Gender & L. 155, 157 (2014).

16. Press Release, Bureau of Justice Statistics, U. S. Dep't of Justice, Office of Justice Programs, Nearly 3. 4 Million Violent Crimes per Year Went Unreported to Police from 2006 to 2010 (Aug. 9, 2012), *available at* www. bjs. gov.

17. *Id.*

18. *Id.*

19. Solon Barocas & Andrew D. Selbst, *Big Data's Disparate Impact*, 104 Calif. L. Rev. 671, 688 (2016).

20. Jeremy Kun, *Big Data Algorithms Can Discriminate, and It's Not Clear What to Do about It*, Conversation (Aug. 13, 2015), http://theconversation.com.

21. Andrew Guthrie Ferguson, *Predictive Policing and Reasonable Suspicion*, 62 Emory L. J. 259, 317 (2012).

22. Tod Newcombe, *What Predictive Policing Can, and Can't, Do to Prevent Crime*, Governing (Sept. 22, 2014), www. governing. com.

23. *Id.*

24. David J. Roberts & Meghann Casanova, Int'l Ass'n of Chiefs of Police, Automated License Plate Recognition Systems: Policy and Operational Guidance for Law Enforcement 9 (2012), *available at* www. ncjrs. gov.

25. Josh Sanburn, *Storing Body Cam Data Is the Next Big Challenge for Police*, Time (Jan. 25, 2016).

26. Mike LaBella, *Massachusetts Police Turn to Software to Battle Crime*, Officer. com（Mar. 24, 2014）.

27. Andrea Castillo, *ACLU Criticizes Fresno, Calif., PD for Social Media Surveillance System*, Government Technology（Jan. 4, 2014）, www. govtech. com.

28. Ryan Gallagher, *Meet the Machines That Steal Your Phone's Data*, Ars Technica（Sept. 25, 2013）, http：//arstechnica. com.

29. News Release, LAPD Media Relations, Grand Opening of New Facility for Real－Time Analysis and Critical Response Division（Sept. 15, 2009）, *available at* www. lapdonline. org; Chris Dolmetsch & Henry Goldman, *New York, Microsoft Unveil Join Crime－Tracking System*, Bloomberg（Aug. 8, 2012）, www. bloomberg. com.

30. Elizabeth E. Joh, *Privacy Protests: Surveillance Evasion and Fourth Amendment Suspicion*, 55 Ariz. L. Rev. 997, 1002（2013）.

31. *Id.*

32. Jimmy Stamp, *The Privacy Wars: Goggles That Block Facial Recognition Technol-ogy*, Smithsonian Mag. Blog（Feb. 6, 2013）, http：//blogs. smithsonianmag. com.

33. Nick Bilton, *Shields for Privacy in a Smartphone World*, N. Y. Times（June 24, 2012）; *Drivers Try an Anti－Photo Finish*, Wash. Post（July 21, 2004）, www. washingtonpost. com.

34. Tim Maly, *Anti－Drone Camouflage: What to Wear in Total Surveillance*, Wired（Jan. 17, 2013）, www. wired. com.

35. Catherine New, *Domestic Drone Countermeasures, Oregon Company, to Sell Defense Systems Direct to Consumers*, Huffington Post（Mar. 20, 2013）, www. huffingtonpost. com.

36. Christine Clarridge, *Protesters Steal the Show at Seattle Police Gathering to Explain Intended Use of Drones*, Seattle Times（Oct. 25, 2012）.

37. Brian Wheeler, *Police Surveillance: The US City That Beat Big Brother*, BBC News Mag.（Sept. 29, 2016）, www. bbc. com.

38. Kevin Rector & Luke Broadwater, *Secret Aerial Surveillance by Baltimore Police Stirs Outrage*, L. A. Times（Aug. 25, 2016）.

39. Monte Reel, *Secret Cameras Record Baltimore's Every Move from Above*, Bloomberg Businessweek（Aug. 23, 2016）.

结语

1. Jon Schuppe, *New Baltimore Aerial Surveillance Program Raises Trust Issues*, NBC News (Aug. 29, 2016), www.nbcnews.com; Joseph Serna, *Keep the LAPD Drone - Free, Downtown Protesters Demand*, L. A. Times (Sept. 15, 2014); Manuel Valdes, *Seattle PD Grounds Drones after Protests*, PoliceOne.com (Feb. 8, 2013).

2. The Beware alert system is discussed in chapter 5.

3. Wayne A. Logan & Andrew G. Ferguson, *Policing Criminal Justice Data*, 101 Minn. L. Rev. 541, 541-42 (2016).

4. Andrew Guthrie Ferguson, *Predictive Prosecution*, 51 Wake Forest L. Rev. 705, 736 (2016).

5. Fred H. Cate, *Government Data Mining: The Need for a Legal Framework*, 43 Harv. C. R. - C. L. L. Rev. 435, 475 (2008).

6. Kate Crawford & Jason Schultz, *Big Data and Due Process: Toward a Framework to Redress Predictive Privacy Harms*, 55 B. C. L. Rev. 93, 123 (2014).

7. *See generally* John B. Meixner & Shari Seidman Diamond, *The Hidden Daubert Factor: How Judges Use Error Rates in Assessing Scientific Evidence*, 2014 Wis. L. Rev. 1063, 1131 (2014).

8. Viktor Mayer-Schonberger & Kenneth Cukier, Big Data: A Revolution That Will Transform How We Live, Work, and Think 61 (2013).

9. Melissa Hamilton, *Public Safety, Individual Liberty, and Suspect Science: Future Dangerousness Assessments and Sex Offender Laws*, 83 Temp. L. Rev. 697, 730 (2011).

10. Kate J. Bowers & Shane D. Johnson, *Who Commits Near Repeats? A Test of the Boost Explanation*, W. Criminol. Rev. (Nov. 2004), at 13.

11. Many police departments include mission statements that include actual "Vision" sections.

12. Police department budget limitations are discussed in chapter 1.

13. Field interview cards are discussed in chapter 5.

14. The DOJ investigations into the Ferguson and Baltimore Police Departments are discussed in chapter 2.

15. Libor Jany, *Minneapolis Police to Try Buddy System on Mental Health Calls*, Star Tribune (Sept. 6, 2016); Jaeah Lee, *What the Hell Happened to the Chicago Police's "Crisis In-*

tervention" Training?, Mother Jones (Jan. 15, 2016); Wesley Lowery et al., *Distraught People, Deadly Results: Officers Often Lack the Training to Approach the Mentally Unstable, Experts Say*, Wash. Post (June 30, 2015).

16. David M. Perry & Lawrence Carter – Long, *The Ruderman White Paper on Media Coverage of Law Enforcement Use of Force and Disability*, Ruderman Family Foundation (Mar. 2016), *available at* www.rudermanfoundation.org.

17. Aamer Madhani, *Chicago Mayor Fires Police Chief amid Protests over Police Shooting*, USA Today (Dec. 1, 2015).

18. U. S. v. Jones, 132 S. Ct. 945 (2012).

19. Nissa Rhee, *Study Casts Doubt on Chicago Police's Secretive Heat List*, Chi. Mag. (Aug. 17, 2016).

20. Tal Z. Zarsky, *Transparent Predictions*, 2013 U. Ill. L. Rev. 1503, 1533 – 34 (2013).

21. Barbara D. Underwood, *Law and the Crystal Ball: Predicting Behavior with Statistical Inference and Individualized Judgment*, 88 Yale L. J. 1408, 1414 (1979).

22. *Id.* at 1436.

23. *Id.* at 1437 – 38.

24. United States v. Martinez – Fuerte, 428 U. S. 543, 560 (1976).

25. Christopher Slobogin, *Dangerousness and Expertise Redux*, 56 Emory L. J. 275, 289 (2006).

26. Albert R. Roberts & Kimberly Bender, *Overcoming Sisyphus: Effective Prediction of Mental Health Disorders and Recidivism among Delinquents*, 70: 2 Fed. Probation 19, 19 (2006).

索 引

索引页码为原书页码

accountability mechanisms 问责机制，171，185
annual auditing 年度审计，190
democratic methods 民主方法，198，201
design 设计，139－140
 governmental 政府的，170
 political 政治性，198
accuracy, of data systems 准确性，数据系统的，30，32，70－73，77，93－97，120，125－127，150，152－153，155－156，188，191－194，197，199
 consumer data 消费者数据，96，130，177－179
 descriptive accuracy 描述的准确性，156，179
 false positives 误报，192－193
 guarantee of 保证，192
 level of 层次，57，153
 maximize 最大化，72
 predictive 预测性，39，70，150，156
ACLU 美国自由公民联盟，48，161
 Criminal Law Reform Project 刑事司法改革项目，73
 Stop & Frisk Watch "拦截－搜查瞭望"应用程序，161
 Technology for Liberty Project 促进自由科技项目，74
Acxiom 阿克休姆公司，13
aerial surveillance 空中监视，90，93－94，129，134，194
Ajunwa, Ifeoma 伊法欧马·阿琼瓦，136
Alcohol, Tobacco, and Firearms（ATF）（美国）酒精、烟草、枪支和爆炸物管理局，15
alert systems 警报系统，43－44，129
 automatic 自动化的、自动的，92
 digital 数字化的，86
 predictive 预测性的，189
algorithms 算法，18，37－40，47－51，63，70，75－76，87－88，93－94，116－124，128－129，137－138，141，147，149
automated suspicion 自动化的怀疑，87，

95–96

computer 计算机，56，62，66，77，121，128

design 设计，118–119

hiring 雇用，136

pattern-recognition 模式识别，87

Alito, Samuel 塞缪尔·阿利托，100

ALPRs (automated license-plate readers) 车牌自动识别系统，1，11，86，88–89，91–92，95，97–98，181–182，184，192

accuracy 准确性，192

cost 成本，182

errors 错误，95

future 未来，101

resistance 阻力，184

Amazon 亚马逊，8–10，17，19

Angwin, Julia 朱莉娅·安格温，9

Atavist《Atavist》杂志，108

ATF (Alcohol, Tobacco, and Firearms)（美国）酒精、烟草、枪支和爆炸物管理局，15

at-risk police officers 问题警察，147，149

AT&T AT&T 电话公司，114

Austen, Ben 本·奥斯汀，115

autonomy 自主性，12，101，156，188，198–201

Baltimore 巴尔的摩市，4，21，27，42，44，90，93–94，116，175，184

Baltimore Police Department 巴尔的摩市警察局，26–27，110，195

Baltimore Sun《巴尔的摩太阳报》，95

Bank Secrecy Act《银行保密法案》，17

Barocas, Solon 索隆·巴罗卡斯，121–123，139

Bass, Sandra 桑德拉·巴斯，133

Beck, Charles 查尔斯·贝克，17

Bedoya, Alvaro 阿尔瓦罗·贝多亚，134–135

Behn, Robert D. 罗伯特·D. 贝恩，170

Beware technology Beware 技术，84–86，92，96，104，170，179，192

cost 成本，182

threat scores 危险系数，84–85，104

bias, racial 偏见，族群，47，49，51，54，59，75，119，122–124，128，133，135–136，139–140，150–151，193，197

explicit 显性的，49，131，135，136，164，199

implicit 隐性的，49，57，128，132，136，164，199

big data 大数据，2–9，12，18–19，56–58，84–85，121，130，142，149–150，178–180

definition 定义，8–9

sources 来源，9–17

big data blacklisting 大数据黑名单，52–53

big data companies 大数据公司，9–12，14，17–19，117

big data policing 大数据警务，1–6，8，

19，29 - 33，35，37，58，60，131 -
137，139 - 140，142 - 143，167，187 -
188，195 - 196，200 - 201

promise of，……的希望，35，178

strategies 策略，148，194

policing systems 警务系统，5，181，
167，198

big data surveillance 大数据监控，31，
83，98，101，134，140，143，150，
183 - 184，188

big data suspicion 大数据怀疑，54 - 58，
104 - 106

big data systems 大数据系统，46，85，
121，130，178，180 - 181，183，189，
191 - 193，195 - 196

big data technologies 大数据技术，2，6，
8，17，20，95，132，134，143，166，
170，183，187 - 188，191，194 - 195，
197，200 - 201

biometric collection 生物识别数据库，16，
32，116 - 117，141，191

datamining 数据挖掘，116，189

DNA 脱氧核糖核酸，16，32，116，126

iris scans 虹膜扫描，16，32，116

limitations 局限性，189

photographs 照相，16，32，89，93

scale 比例，2

BJA（Bureau of Justice Assistance）（美
国）司法援助局，32，35

black box 黑匣子，52，127

Black Box Society《黑匣子社会》，121

black data 大数据，3 - 5，131 - 142，
187，190

opacity 不透明性，137，139

policing 治安，135，137，142，188，200

problem 问题，4，97，131，140 -
142，190

Black Lives Matter"黑人民权"运动，
"黑人的命也是命"运动 21 - 23，27

Movement for Black Lives"黑人民权运
动"，4，95，134

blue data 蓝色数据，5，143 - 166，175，
196，201

collection systems 收集系统，151 - 52

future of ……的未来，165

innovations 创新，162

systems of ……（的）系统，143，148，
151，162 - 165，175

BlueJay，BlueJay 公司 114

blue lives 蓝领警察生活，27 - 28

body cameras 执法记录仪，89 - 90，
157 - 158，160，187

Boston Ceasefire Project 波士顿停火项
目，45

Boston Police Department 波士顿市警察
局，116

Brantingham，Jeffrey 杰弗里·布兰廷汉
姆，62，64 - 66，132

Bratton，William 威廉·布拉顿，29 - 31，
44，66

Brayne，Sarah 莎拉·布莱恩，91 - 92，102

bright data 显性数据，6，167 - 176，

196，201

insights 洞见力，167－168

patterns 模式，170－173

persons 人员，173－175

place 场所，167－169

risk map 风险地图，170－171

strategies 策略，167，170，174

Brown, Michael 迈克尔·布朗，21，63，143，160，164

Brown, Tyrone 泰龙·布朗，36－37

"Bud－Shell Method" Bud－Shell 方法，82－83

Bureau of Justice Assistance（BJA）（美国）司法援助局，32，35

Butler, Paul 保罗·巴特勒，134－135

CACs（Crime Analysis Centers）犯罪分析中心，15

CalGang Criminal Intelligence System 卡尔帮犯罪情报系统，49

cameras 摄像机，2，11，32，86－87，89－90，95，98，101，154，158，184

aerial 空中的，90，93－94，98，129，134，184，194

body－worn police 着装警察，32，87，89，154，158

Caplan, Joel 乔尔·卡普兰，67－69

Castile, Philando 菲兰多·卡斯提尔，21，164

cellphone－tower records 手机信号塔记录，107－109，116，141

searches 搜索，109－110

cell site simulation technology 基站模拟技术，109－110

Center for Policing Equity 警务执法公平中心，160－161

Center for Data Science and Public Policy 数据科学与公共政策中心，147－150

Central Intelligence Agency（CIA）（美国）中央情报局，15

Chammah, Maurice 莫里斯·查马，64

Charlotte－Mecklenburg Police Department 夏洛特－梅克伦堡市警察局，34，147－150

at－risk officers 问题警察，149

Chicago 芝加哥，27，31，34，39－41，43，45－47，69，115，120，138，140，147，149

Chicago Police Department 芝加哥市警察局，25，27，38，40，149

heat list "热点名单"，34，37，173，180

RAND study 兰德公司的研究，39－40，46，197－198

Strategic Subjects List 战略主题清单，34，39，197

Chronic Violent Crime Offender Bulletins 长期暴力犯罪罪犯简报，102－103

CODIS（Combined DNA Index System）脱氧核糖核酸综合索引系统，16

Colorado 科罗拉多州，67，96，107，168

color of surveillance 监控的颜色（对有色人种的监控），134－135，196

Comey, James 詹姆斯·科米，21，117

Communications Act（美国）《通信法》, 17

community objection to predictive policing in Oakland 在奥克兰发生的反对预测性警务的社区运动, 184

community trust 来自社区的信任, 23, 24, 166, 196 – 197

CompStat computer statistics 计算机统计分析, 29, 72, 161

constitutional protections 宪法保护, 35, 56, 98, 131, 141

consumer data, collection, 消费者数据，收集, 96, 169, 177 – 180, 184

customer – loyalty cards 消费者忠诚度卡片, 11

data – mining 数据挖掘, 118 – 119
 purchases 购买, 118, 137, 149
 surveillance 监控, 118, 150
 transactions 交易, 13, 149

COPPA（Children's Online Privacy Protection Act）《儿童在线隐私保护法》, 17

Crawford, Kate 凯特·克劳福德, 178

credit, scores and history 信用、评分和历史记录, 7, 11 – 12, 137, 149

Crespo, Andrew 安德鲁·克雷斯波, 155 – 157

crime analysts 犯罪分析师, 16, 70, 183

crime data, collected 收集的犯罪数据, 2, 42, 63, 75, 181, 191
 forecasted 预测的, 2, 73, 124
 historical 历史性的, 122

 mapped 绘制, 31, 83, 91, 143 – 146, 170
 place – based 基于场所的, 65
 reported 报告的, 72 – 73, 178, 181 – 182
 undercounted 被低估的, 178, 181

crime maps 犯罪地图, 144 – 147

crime patterns 犯罪模式, 15, 20, 63, 66, 74, 76, 132, 144, 169
 ever – shifting 不断变化的, 91
 granular 颗粒状的, 83
 studying 研究, 31

crime rates 犯罪率, 21, 69, 73, 85, 195, 199

Crime Strategies Unit（CSU），Manhattan. 曼哈顿地区的犯罪策略组, 42, 56, 58

Crockford, Kade 凯德·克罗克福德, 74

Cunningham, Terrence 特伦斯·坎宁安, 22

custom notifications 制式警告, 38 – 40, 46

databases 数据库, 2, 4, 9, 14 – 18, 32, 41, 44, 52 – 53, 59 – 60, 89, 92 – 93, 116 – 119, 129, 192
 aggregated 集合, 9, 12, 59, 92, 100, 105, 129, 191, 199
 biometric 生物识别, 2, 16, 32, 116 – 117, 132, 141, 189, 191
 criminal justice 刑事司法, 15, 92, 116 – 119, 180, 192
 commercial 商业的, 9, 18, 52, 92（see also consumer data）（另见消费者数据）
 correctional 矫正的, 117

error-filled，充满错误的，满是错误的；52-53，59，96，192

governmental 政府机构，14-16，40，89，96，127

facial-recognition 面部识别，89，97

sharable 可共享的，4，96

terrorist 恐怖分子，86

data bias 数据歧视，191

data brokers 大数据公司，12-14，17，84，96，105，169

convergence 融合，18

private 私人的，民营的，12-14，17

technologies 技术，18-19

data error 数据错误，35，52，73，109，191-192

audits 审计，72

inadvertent 无意的，73

systemic 系统的，73

data holes 数据漏洞，176-180，181-185

consumer gap 消费者数据缺口，178-180

cost 成本，182-183

police gap 警务数据缺口，警务数据漏洞，180-182

privacy fears 对隐私的担忧，183-185

Datalogix 数据逻辑 Datalogix 公司，13

data mining 数据挖掘，2-3，17，105，116-118，120，129，143，155-156

cell-tower 手机信号塔，124

consumer 消费者，9，18，52，150

defined 定义，116-119

probabilistic 概率性，127

searches 搜索，116

systems 系统，44，130，143，155

technology 技术，4，130

DEA（Drug Enforcement Administration）（美国）缉毒局，15，114

DeepFace，facial-recognition program 面部识别程序 DeepFace，90

Department of Behavioral Health，District of Columbia 哥伦比亚地区行为健康部，171-172

Department of Justice（DOJ）（美国）司法部，15，22，26，32，35，67，72，143-144，149，159，166，195

Civil Rights Division（美国司法部）民权司，22-24，26，195

COPS program 面向社区的警务服务，16

DOJ Albuquerque findings（美国）司法部在阿尔伯克基市调查的结果，159

DOJ Ferguson report（美国）司法部关于弗格森事件的调查报告，22-24

DOJ Baltimore report（美国）司法部关于发生在巴尔的摩市事件的调查报告，26，195

DOJ investigations（美国）司法部的调查，64，149

DOJ Newark findings（美国）司法部在纽瓦克市调查的结果，159

devices，handheld 手持设备，145，157-158

DHS（Department of Homeland Security）（美国）国土安全部，15

Digisensory Technologies Avista Smart Sensors 采用数字传感技术的 Avista 智能传感器，87

DNA 脱氧核糖核酸，16，32，116

evidence 证据，116

profiles 档案，116

Domain Awareness System 区域感知系统，86，90，94，98，101，130，140，157，173，189

cost 成本，182 – 183

Manhattan 曼哈顿，86 – 87

police awareness system 警务感知系统，157 – 160

domestic violence 家庭暴力，118，148

Domingos，Pedro 佩德罗·多明戈斯，120

Doyle，James 詹姆斯·多伊尔，163

drones 无人机，90，98，184

DRT – box surveillance tools DRT – 箱式监控工具，110

Drug Enforcement Administration（DEA）（美国）缉毒署，15，114

Eberhardt，Jennifer 詹妮弗·埃博哈特，153 – 155

Data for Change 数据驱动变革，153 – 155

Strategies for Change 变革的策略，154

Edwards，Ezekiel 以西基·爱德华兹，73

Electronic Communications Privacy Act（美国）《电子通信隐私法》，17

Emergency Medical Services Department（美国）紧急医疗服务部，171 – 172

errors，data（see also data error）错误的数据（另见数据错误）

common，常见的 193

demonstrated，展示了的 52 – 53

rates，费率，192

studying，研究，163

systemic 系统性的，73

Esquivel – Rios，Antonio，安东尼奥·埃斯奎维尔 – 里奥斯，96

Facebook（美国）社交网络 Facebook，3，10，90，93，114，137

facial – recognition technologies 面部识别技术，10，89 – 90，92 – 94，97，140

body – worn cameras 随身摄像机，89，90，145，153 – 155，158

discriminatory 歧视性的，93 – 94

matching 匹配，93

real – time 实时的，89

software 软件，56，89

Fair Credit Reporting Act《公平信用报告法》，17

Fakhoury，Hanni 哈尼·法科里，47

FBI（Federal Bureau of Investigation）（美国）联邦调查局，15 – 17，21，58，89，94，97，107 – 108，110，116，134

Director James Comey 局长詹姆斯·科米，21，107

Next Generation Identification（NGI）新一代身份识别系统，16

Federal Trade Commission（美国）联邦贸易委员会，119

Felten，Edward 爱德华·费尔顿，112，139

Ferguson，Missouri 密苏里州弗格森，4，

21-24，94，133，135，144

Ferguson Police Department 弗格森市警察局，22-24

Ferguson DOJ report 司法部关于弗格森事件调查报告，22-24，26

Ferguson protests 弗格森抗议活动，22-24，64

Financial Privacy Act《金融隐私法》，17

financial recession 经济衰退，20-21

Fire and Emergency Services Department（EMS），District of Columbia 哥伦比亚特区消防和紧急医疗服务部（EMS），171-72

FISA（Foreign Intelligence Surveillance Act）《外国情报监视法（FISA）》，17

Five Thirty Eight（*Five Thirty Eight*），161

Flores, Anthony 安东尼·弗洛雷斯，51

Floyd litigation 弗洛伊德诉讼案，24-26，150

focused deterrence 重点威慑，35-37，41，193

defined，界定的，35

Chicago project 芝加哥项目，37-40

Kansas City project 堪萨斯城项目，35-37

New Orleans project 新奥尔良市项目，40-42

Foothill Division of LAPD 洛杉矶市警察局山麓区分局，66，69

Fourth Amendment 第四修正案，76-77，98，100-101，125-28，140-142，152，156

analysis 分析，152

challenges 挑战，76，101，153

principles 原则，101

protections 保护，57，100，140-141，200

rights 权利，55，77，99

rules, traditional 传统规则，54

Frankle, Jonathan 乔纳森·弗兰克，93

Fresno police 弗雷斯诺市警方，84-85

fusion centers 融合中心，3，15

gangs 帮派，14，38，43-45，49，56，60，71，102，115，119，200

affiliations 关联，1，14，47，103-104

data 数据，2，45

databases 数据库，15，41，49，60，91，192

members 成员，27，47，49，57，91，102，115，119，200

GAO（Government Accountability Office）政府问责办公室，97

Gardner, Eric 埃里克·加德纳，21

Garvie, Clare 克莱尔·加维，93

General Motors（GM）OnStar 通用汽车的安吉星系统，11

Geofeedia（使用位置信息和社交媒体活动信息分析的）社交媒体监控工具 Geofeedia 114，116，119

geofence 地理围栏，92

geolocational data 地理定位数据，144

emitting 发出（信号），169

Georgetown University Law Center 乔治敦大

学法学院, 97, 134

geotagging 地理标记, 10, 117

Ghani, Rayid 赖德·加尼, 147 – 150

See also Center for Data Science and Public Policy（参见数据科学与公共政策中心）

GINA（Genetic Information Non – discrimination Act）《遗传信息非歧视法》, 17

Ginsburg, Ruth Bader 鲁斯·巴德·金斯伯格, 52 – 53

GIS（geographic information system）地理信息系统, 83

Glenn, Mario 马里奥·格伦, 37

Global Positioning System（GPS）全球定位系统, 11, 99, 122

GPS tracking 全球定位追踪系统, 101, 140, 145

Goel, Sharad 色拉德·戈尔, 150 – 152, 161

Goff, Phillip Atiba 菲利普·阿提巴·戈夫, 160

Google 谷歌, 10, 17, 124, 137, 146

AdWords（谷歌的）关键词广告, 123

Maps 地图, 11

search bias 搜索偏向, 124

Gorsuch, Neil 尼尔·戈尔苏赫, 96

Government Accountability Office（GAO）政府问责办公室, 97

Gramm – Leach – Bliley Act《格雷姆 – 里奇 – 比利雷法案》, 17

Gray, Freddie 弗雷迪·格雷, 21, 26 – 27, 95, 116

Green, Denise 丹尼斯·格林, 95

Guardian《卫报》, 161

Harcourt, Bernard 伯纳德·哈考特, 128

Harvey, Adam 亚当·哈维, 183

heat list/Chicago Police "Strategic Suspects List" "热点名单"/芝加哥警方的"战略嫌疑人名单", 2, 34, 37 – 40, 47, 49, 53, 55 – 56, 60 – 61, 143, 173 – 174, 189, 197 – 198

custom notification "制式警告通知书", 38, 40, 46

defined 界定的, 37 – 38

initial 最初的, 46

predictive 预测性的, 134, 192

public health approach 公共卫生方法, 40, 174

helicopters, predictive policing 直升机, 预测性警务, 81, 108 – 109

Hemisphere Project "半球项目", 114

Henderson, Stephen 斯蒂芬·亨德森, 98

High Country Bandits "高地匪徒", 107 – 8, 124

high – crime areas 高犯罪率地区, 27, 57, 94, 115, 151, 157, 180

court – approved 法院认可的, 157

predicted 预测的, 76, 123

traditional 传统的, 94

Hildeby, Jonas 乔纳斯·希尔德比, 108

Holder, Eric 埃里克·霍尔德, 143, 163

Hollway, John 约翰·霍尔韦, 164

hot spots 热点地区, 41, 62 – 63, 66,

71，74，144，146，171，190

Hu, Margaret 玛格丽特·胡，53

Huey, Joanna 乔安娜·休伊，139

HunchLab, HunchLab 公司 63 – 64，80，168，182，189

  cost 成本，182

  model 模型，63

  predictions 预测，64

IMSI – catchers "国际移动用户身份抓捕器"，109 – 110，137

Instagram（社交软件）"照片墙"，10

Internet 互联网，7，10，12，17，111，113

  corporate surveillance 企业监控，7 – 14

  police surveillance 警务监控，17 – 18

  technology 技术，18 – 19

internet of things 物联网，12

smart technologies 智能技术，9，11，12

Nest smart home 谷歌智能家居，9

Fitbits（美国）智能手环厂商 Fitbit 的产品，12

internet protocol（IP）互联网协议，10

International Association of Chiefs of Police 国际警察局局长协会，166

Intrado（美国）韦斯特公司的子公司 Intrado，85

iPhone 苹果公司发售的系列手机产品，10 – 11

Jennings, Missouri Police Department，密苏里州詹宁斯市警察局，63

Jerome, Joseph 约瑟夫·杰罗，123

Joh, Elizabeth 伊丽莎白·乔，183

Jones, Antoine 安托万·琼斯，99

Jones v. U. S. 琼斯诉美国案，99 – 101

Justice Department, violent crime statistics（美国）司法部，暴力犯罪数据，181

Kahn, Hamid 哈米德·卡恩，78

Kennedy, Les 莱斯·肯尼迪，67 – 69

Kenner, Thomas 托马斯·肯纳，64

Kozinski, Alex 亚历克斯·科金斯基，78

Kroll, Joshua 约书亚·克罗尔，139

Kun, Jeremy 杰里米·昆，124

Landrieu, Mitch 米奇·兰德里厄，40

LAPD（Los Angeles Police Department）洛杉矶市警察局，1，17，29 – 30，66，69，74，81，91，102，104，129

  chronic violent offender bulletins "长期暴力犯罪罪犯简报"，102 – 103

  community concerns 社区关注的问题，77，93

  CompStat West CompStat West 系统，29 – 30

  field interview cards 现场问话卡，102 – 104，145

  gang investigation 帮派调查，91

  helicopter pilot project 直升机项目，81 – 82

  leadership 领导力，17，29 – 30，66

  partnerships with academics 与学术机构的伙伴关系，31，35，66

  partnership with Palantir 与帕兰蒂尔公司的合作关系，1，91 – 93，102 – 103，129 – 130

  persistent surveillance system 长期监控系统，90

predictive policing 预测性警务，62–63，64–67，69–71，78–81

Project LASER 洛杉矶"剥离与恢复战略"项目，102

networked investigations 联网调查91–92

RACR Division 情报分析快速反应中心，1，183

Rampart scandal 兰帕特丑闻，29

surveillance 监控，87，89，92–93

Lerman, Jonas 乔纳斯·勒曼，178

LinkedIn（招聘平台）领英，10

locational data 定位数据，2，11，93，108

cellular 移动电话，109

collected 收集，111

Loewy, Arnold 阿诺德·洛维，126–27

Los Angeles 洛杉矶，29，31，35，62，69–71，77，80，82，87，89–92，94

Los Angeles Times《洛杉矶时报》，118

machine learning 机器学习，3，121，187

Algorithms 算法，18，121

systems 系统，139

Maclin, Tracey 特蕾西·麦克林，127

Malinowski, Sean 肖恩·马林诺夫斯基，66，74，80

Manhattan District Attorney's Office 曼哈顿地区检察官办公室，42，44

Manhattan Criminal Strategies Unit（CSU）曼哈顿刑事策略部门，42–44，58

arrest alert system 警报系统，43

concerns 关注的问题，59–60

intelligence-driven prosecution 情报驱动起诉，42–44，47，58，175

priority targets 优先目标，43–44，60

Maple, Jack 杰克·马普尔，29

Mark 43，（初创公司）迈克43 104

Marshall Project 马歇尔计划，63–64，161

McDaniel, Robert 罗伯特·麦克丹尼尔，38，52

Meares, Tracey 特蕾西·麦克林，128

metadata 元数据，111–14

administrative 行政的，管理性的，155

NSA 美国国家安全局，137

phone-record 通话记录，111

Stanford study 斯坦福大学的研究，112

Telephony 电话业务，112

Microsoft 微软公司，86，130

Minority Report（movie）（电影）《少数派报告》33，62

Minzner, Max 马克斯·明兹纳，152–53

Missouri 密苏里州，4，21–22，35，63–64，69，94，133，135，143

Mohler, George 乔治·莫勒，65

Mollen Commission 莫伦委员会，29

Monroe, Rodney 罗德尼·门罗，34

Murphy, Erin 艾琳·墨菲，17，129

National Crime Information Center（NCIC）（美国）国家犯罪信息中心，14–15，17，52

National Data Exchange Program（N-DEx）（美国）国家数据交换项目，15–16

National Institute of Justice（NIJ）（美国）国家司法研究所，32，70，163

National Public Radio, All Things Considered 美国国家公共广播电台，All Things Considered 栏目，115

National Security Agency（see NSA）near repeat effect（美国）国家安全局邻近重复效，66，194

New Orleans 新奥尔良市，26，34，40 - 42，46，48，56，59，193

NOLA for Life 路易斯安纳州新奥尔良社会治理工程，40 - 42

social network analysis 社交媒体分析，41 - 42

New York City 纽约市，24 - 25，29 - 30，44，47，72 - 73，82，86，94，103，157，164

New York Police Department（see NYPD）纽约市警察局

New York Times《纽约时报》，36，39，67，158

Next Generation Identification（NGI）新一代身份识别系统，16，116

No Fly List 禁飞名单，15，53

NSA（National Security Agency）（美国）国家安全局，15，111，113

NYPD（New York Police Department）纽约市警察局，16，20，24，29 - 30，42，44，86 - 87，130，145

NYPD arrest system 纽约市警察局预警系统，73

officers 警察，118，157

police commissioner William Bratton 警察局局长威廉·布拉顿，44

stop - and - frisk practices 拦截盘查的做法，24，30，79，133 - 134，150，158

surge patrols 激增的巡逻，158

Oakland 奥克兰市，88，114，153，184

Oakland Police Department 奥克兰市警察局，153 - 155

Stanford study, race discrimination 斯坦福大学的研究，族群歧视，153 - 154

Obama, Barack 巴拉克·奥巴马，144

Obama White House Police Data Initiative 奥巴马政府的白宫警务数据倡议，144，166

O'Neil, Cathy 凯西·奥尼尔，19

Palantir 帕兰蒂尔公司，1，34，91 - 93，130

analysis 分析，40 - 41

engineers 工程师，41

partnership with LAPD 和洛杉矶市警察局的伙伴关系，91 - 93，102 - 103，129 - 130

partnership in New Orleans 在新奥尔良市的伙伴关系，34，40 - 42

systems 系统，1，41，102

Papachristos, Andrew 安德鲁·帕帕克里斯托斯，45 - 46

Pasquale, Frank 弗兰克·帕斯夸莱，121

Patton, Desmond 德斯蒙德·巴顿，115 - 16

PerformanceStat "PerformanceStat" 模式，170

Perlman, Maya 玛雅·帕尔曼, 150

"The Perpetual Line – Up"（facial – recognition technology report）"永远在排队"（关于人脸识别技术的报告）, 97, 254

Persistent Surveillance Systems 持久监控系统, 90, 93, 98, 184, 195

 described 如描述的, 90

 locations 位置, 90, 184

Polaris Project "北极星项目", 117

police contacts 与警方的接触, 23, 25, 48, 56, 93, 103, 143

 prior 事先, 56

 regular 常规的, 103

 social control 社会控制, 191

 unconstitutional 违宪的, 23

police data 警务数据, 5, 35 – 36, 52, 75, 105, 131 – 132, 149, 151, 166, 181

 collected（see also databases）收集（另见数据库）, 154

 databases 数据库, 53, 56, 89, 96, 143, 171

 errors 错误, 53, 164（see also data error）（另见数据错误）

 existing 现存的, 85

Police Foundation 警察基金会, 166

police misconduct 警察的不当行为, 5, 142, 147 – 49

 shootings 开枪射击, 79, 143, 160 – 61

 surveillance 监控, 95, 178, 183 – 84

 studying systems 学习系统, 24, 162, 164

 unconstitutional 违宪的, 26, 196

 unsound 不合理的, 22

police unions 警察工会组织, 149, 166, 187, 196

police violence 警察暴力, 19, 21, 30, 148, 161 – 162, 164 – 165

policing, intelligence – led 情报驱动警务, 29 – 31, 59

policing patterns 警务模式, 73, 132, 146, 196

 biased 有偏见的, 75

Polonetsky, Jules 朱尔斯·波洛涅斯基, 123

pre – crime 犯罪发生之前, 103

predictive analytics 预测分析, 2, 4 – 5, 8, 18, 32, 52, 58, 82, 193, 123

predictive models 预测模型, 40, 74, 139 – 140, 148, 151, 191, 193 – 194, 199

 class labels 类别标签, 122

 definitional labeling 贴上标签, 122

 false positives 误报, 192

 feature selection 特征筛选, 123

 internal validity 内部有效性, 193

 overgeneralization 过度概括, 193

 target variables 目标变量, 122

 testing 试验性的, 197 – 198

predictive policing 预测性警务, 17, 20, 29 – 30, 32, 38 – 39, 46 – 47, 62, 65 – 66, 70 – 74, 76 – 80, 82, 168 – 169

 algorithms 算法, 73, 77, 167

 companies involved 涉及的公司, 82

 discrimination 歧视, 73

patrols 巡逻, 2

person - based predictive policing 基于人员的预测性警务, 34 - 44, 45 - 47, 147

place - based policing strategies 基于场所的警务策略, 62 - 64, 66, 69 - 70, 72, 76, 83, 132, 144, 194

property - crime algorithm 财产犯罪的算法, 122

predictive technologies 预测技术, 6, 35, 67, 75 - 77, 80 - 81, 83, 132, 144, 149, 189, 194

PredPol 预测性警务 PredPol 公司, 65 - 67, 70, 79

cost 成本, 182

gun study 枪支研究, 120

Evaluation 评估, 69 - 70

property - crimes, 财产犯罪 65 - 67

privacy 隐私, 6, 12, 98, 100, 106, 113, 131, 135, 172, 184, 189

privacy fears 对隐私保护的担忧, 183 - 185

probable cause 可能性, 54 - 55, 76, 103, 124 - 127, 141, 152 - 153, 157

probabilistic suspicion 或然性怀疑, 124 - 129

"Project on Law, Order & Algorithms"（Stanford study）（斯坦福大学的研究）"法律、秩序和算法项目", 161

ProPublica 美国新闻机构 ProPublica, 49 - 51, 161

Broward County investigation 在布劳沃德县的调查, 49 - 51

public health approach 公共卫生方法, 35, 40 - 41, 45 - 46, 59, 127, 137 - 138, 148, 171 - 175, 196

function 功能, 127

metaphor 隐喻, 175

proactive 积极主动的, 59

Quattrone Center（Penn Law School）（宾夕法尼亚大学法学院）"公正司法管理中心", 164

race 族群, 4 - 5, 21, 23, 47 - 52, 57, 74 - 75, 92 - 94, 122 - 124, 131 - 136, 154 - 155, 161, 165

animus 敌意, 23, 164

disparate effects 差异化的影响, 133

issues of ……的问题, 63, 75, 131

racial bias（see also bias）族群偏见（另见偏见）, 19, 23, 35, 48, 122 - 124, 133, 135 - 136, 142, 146, 150, 153, 157, 164, 188, 190, 192 - 193

racial discrimination 族群歧视, 19, 24, 30, 93, 133 - 135

racial disparities 族群差异, 73, 94, 131, 155, 161

embedded 植入……之中, 94

harm 伤害, 133 - 35

impact 冲击、影响, 134, 196

inequities 不平等, 49, 135

in place - based predictions 在基于地点的预测中, 73 - 76

racial profiling 族群划分, 77, 143

racial tensions 族群矛盾，3，21，132，190，197

RAND Corp. 兰德公司，39，71

analysts 分析师，70

Chicago study 芝加哥市的研究，39－40，46

RAND studies 兰德公司的研究，39－40，46，71，197

Shreveport pilot project 什里夫波特试点项目，70，79－80

Ratliff, Evan 埃文·拉特利夫，108－109

real-time surveillance 实时监控，11，84－85，88，90，92，95，98，114，129，141，145，157－158，160，172

threat assessments 威胁评估，189

operations systems 操作系统，91

video surveillance 视频监控，168

Regional Information Sharing Systems（RISS）区域信息共享系统，15

registries 登记，15

gang 帮派，15，41，60，192

gun 枪支，15

sex-offender 性犯罪者，15

RespectStat 数据采集的 RespectStat 模式，162

Rice, Tamir 塔米尔·赖斯，21，164

Richards, Neil 尼尔·理查兹，98

risk assessments 风险评估，35，50－51，84，144，179

mathematical 数学，138

pretrial 在审判前，133

score 评分，50

risk factors, identification 风险因素，识别，6，40，80，174，188

maps 地图，170－171

model 模型，49，70，147

remedy 解决办法，82

scores 评分，37，46，50－51，60

structural 结构性，163－164

technologies 技术，167

Risk Terrain Modeling（RTM）风险地形建模，67－69，70，81，168，189

approach 方法，67

car-theft case study 对汽车盗窃案的研究，168

target area 目标地区，68－69

RISS（Regional Information Sharing Systems）区域信息共享系统，15

Robinson, David 大卫·罗宾逊，139

Rudovsky, David 戴维·鲁多夫斯基，159

Scalia, Antonin 安东宁·斯卡利亚，99

Scheindlin, Shira 希拉·谢德林，24，30

Securities and Exchange Commission（SEC）（美国）证券交易委员会，116－117

Selbst, Andrew 安德鲁·塞尔布斯特，121－123

Senate Commerce Committee（美国）参议院商务委员会，12－14

sentencing, evidence-based 循证量刑，51

Sentencing Project "量刑工程"，48

The Color of Justice（2016 report）《正义的颜色》（2016 年报告），48

sentinel events 前哨事件，163－164

shooting deaths 枪击死亡，21，38，47，120，164

ShotSpotter"捕猎者"（一种声音识别技术），88

Shroff, Ravi 拉维·斯洛夫，150

Silver, Nate 内特·希尔，161

Sklansky, David 大卫·斯克兰斯基，150－152

"small data" policing "小数据"警务，54

smartphones, personal 智能手机，个人的，89，146

smart sensors 智能传感器，9，12，169

Snapchat 照片分享应用"阅后即焚"，10

Snowden, Edward 爱德华·斯诺登，111

social media 社交媒介，2，10，44，92，105，114－116，120，134，146

    connections 关联，141

    content 内容，85，114

    culture 文化，115

    platforms 平台，10

    postings 发布的信息，44，111，114－115，119，149

    scraping 抓取，2，169

    surveillance 监控，114－116

    threats 威胁，115，141

social networks 社交网络，2－3，35－36，40，44，58，114，129，200

    co-arrests 共同被逮捕的人，39

    data set 数据集，36，41，56

    technologies 技术，18，174

    theory 理论，44－46

Sotomayor, Sonia 索尼娅·索托马约尔，100

Stanford University 斯坦福大学，112，153－154，161

Starr, Sonja 索尼贾·斯塔尔，51

Steinbock, Daniel 丹尼尔·斯坦博克，128

Sterling, Alton 阿尔顿·斯特林，21

stingray devices "黄貂鱼装置"，109－110，137

    cost 成本，182

    Harris International (maker) 哈里斯国际公司（制造商），110

    intercepts 拦截，141

"stop and frisk" 拦截盘查，24，134 (see also reasonable suspicion)（另见合理怀疑）

    Floyd case 弗洛伊德案，24－26 (see also NYPD)（另见纽约市警察局）

    practices 实践，24，26，30，150，152，158－160

    aggressive 攻击性的，25－26

Stop LAPD Spying Coalition "洛杉矶市警察局反监视联盟"，77－78，93

"stop-level hit rate" (SHR) "拦截盘查命中率"，150－152

    predictive model 预测模型，151

Stored Communications Act (SCA)（美国）《存储通信法》，17

Sunlight Foundation（美国）阳光基金会，166

Supreme Court 最高法院，52，55，76－

77，96，99，101，125，127，134，140，165，197

surveillance 监控，3-4，6-7，14，58，95，98，100-101，106，109，134-135，180，183-184

aggregated 聚合的，100，140

all-seeing 洞悉一切，85，189

blocking 阻断，184

consumer 消费者，19（see also consumer data）（另见消费者数据）

drone 无人机，101

mass 大众，94，98，101

observational 观察性的，98

old-fashioned 老套的，100

pervasive 普遍存在的，98

racial history of …… 歧视的经历，133-134

real-time 实时，84，87（see also real-time surveillance）（另见实时监控）

secret 秘密，110

short-term 短期的，140

systems 系统，93，99-100，188，191-192

surveillance summits 监控峰会，188，192，194，198

annual 年度的，190

public 公众的，201

regularized 合法化，201

suspicion, algorithmic 算法怀疑，128，133（see also big data suspicion）（另见大数据怀疑）

generalized 普遍的，125-127，141，200

individualized 个人的，126，128，200

particularized 具体的，127

probabilistic 概率性的，109，124-125，141，143，178

Sweeney, Latanya 拉坦娅·斯威尼，123-124

systemic facts 系统性因素，155-157

Target（零售巨头）塔吉特公司，18-19

Tene, Omer 奥马尔·特恩，123

Terrorist Screening Database（TSD）恐怖分子筛查数据库，15

Terrorist Watch List 恐怖分子嫌疑名单，53

Terry v. Ohio 特里诉俄亥俄州案，54-56，105，126，133-134，165

Terry, John 约翰·特里，55-56，104

Thomas, Shaquon 沙群·托马斯，39

threat scores 威胁评分，84-85，103-104

TIDE（Terrorist Identities Datamart Environment）智能恐怖分子身份识别系统，15

Timberg, Craig 克雷格·蒂姆伯格，90

time-machine problem 时间刻录机问题，98，100

Tita, George 乔治·泰坦，65

toll collection, electronic 电子收费器，11

tracking capabilities 追踪能力，9，11，88-90，99-101，105，109，140，145-146，173

big data's 大数据的, 99, 109, 119, 146
cars 车辆, 88-90, 99-101
indiscriminate 无差别的, 9
large-scale 大规模, 85, 173
limited 有限的, 145
trafficking 非法交易, 92, 117-118
human 人, 92
sex 性, 117-118
transparency 透明度, 53, 61, 77, 131, 136-139, 142, 155, 157, 160, 166, 188, 190, 197
algorithmic 算法的, 138-140
complete 完全的, 140
problem 问题, 136-140
proprietary 所有权, 136
TSD (Terrorist Screening Database) 恐怖分子筛查数据库, 15
Twitter (社交网络) 推特, 3, 10, 13
monitoring 监视, 114-115
UF-250 card UF-250 卡, 141, 151
Underwood, Barbara 芭芭拉·安德伍德, 199
United States Postal System Mail Isolation Control and Tracking program 美国邮政系统邮件隔离控制和跟踪系统, 9
Vance, Cy 赛勒斯·万斯, 44
Verizon 美国移动通信运营商 Verizon, 107-108
video surveillance, continuous real-time 视频监控, 持续的、实时的, 157
surveillance system 监控系统, 173
surveillance technologies 监控技术, 189
Vladeck, David 大卫·弗拉德克, 119
VRS (violence reduction strategy) "减少暴力策略", 45
Walmart 沃尔玛, 8-9, 17
Wall Street Journal《华尔街日报》, 110
Washington Post《华盛顿邮报》, 90, 121, 161
Wernick, Miles 迈尔斯·韦尼克, 37
Wired 网站 Wired, 101, 115
World Privacy Forum 世界隐私论坛, 9
Wright, Ronald 罗纳德·赖特, 181
YouTube 网站 YouTube, 3, 11
police monitoring 警务监控, 115-116
Yu, Harlan 哈兰·余, 139